21世纪高职高专旅游服务与管理专业工学结合系列教材

导游口才教程

主　编　柏　莹
副主编　赵金霞　张　莉

中国物资出版社

图书在版编目（CIP）数据

导游口才教程/柏莹主编 . —北京：中国物资出版社，2012.1（2021.8 重印）
（21 世纪高职高专旅游服务与管理专业工学结合系列教材）
ISBN 978-7-5047-4034-2

Ⅰ.①导…　Ⅱ.①柏…　Ⅲ.①导游—口才学—高等职业教育—教材　Ⅳ.①F590.63

中国版本图书馆 CIP 数据核字（2011）第 238109 号

策划编辑	谷秀莉		责任印制	尚立业
责任编辑	邢有涛　崔晨芳		责任校对	孙会香　梁　凡

出版发行　中国物资出版社（现中国财富出版社）

社　　址　北京市丰台区南四环西路 188 号 5 区 20 楼　　**邮政编码**　100070

电　　话　010-52227588 转 2098（发行部）　　010-52227588 转 321（总编室）
　　　　　　　010-52227588 转 100（读者服务部）　　010-52227588 转 305（质检部）

网　　址　http://www.cfpress.com.cn

经　　销　新华书店

印　　刷　北京九州迅驰传媒文化有限公司

书　　号　ISBN 978-7-5047-4034-2/F·1618

开　　本	787mm×1092mm　1/16	**版　　次**	2012 年 1 月第 1 版
印　　张	14.5	**印　　次**	2021 年 8 月第 5 次印刷
字　　数	326 千字	**定　　价**	38.00 元

21 世纪高职高专旅游服务与管理专业工学结合系列教材编审委员会

出 版 说 明

为了编写这套教材，中国物资出版社筹备的"21世纪高职高专旅游服务与管理专业工学结合系列教材编审委员会工作会议"第一次会议和第二次会议先后在杭州和北京召开，会议贯彻以职业技能训练为中心任务、以工学结合为体系的现代化高职教育教材编写理念，探索具有旅游服务与管理专业特色的工学结合的教材编写模式，搭建了企业管理人员与一线教师交流的平台。

工学结合的教材应该根据具体的专业所属的行业领域和职业岗位（群）的任职要求，参照相关的职业资格标准，按照职业岗位编排教材体系与实训项目内容，从而使教材有效地体现知识与职业岗位的一体化。这样的教材必然具备两个特点：一是必须由企业人员参与教材编写，体现校企合作、工学结合；二是必须与相关职业资格标准相结合。

那么，旅游服务与管理专业工学结合的教材应该是怎样的？

旅游服务与管理专业工学结合的教材应该是以岗位（群）为依据划分项目，再将项目分解成任务，并且具体地讲解完成任务所需要的步骤，从而同时实现技能目标和知识目标。它不同于传统的"实训教程"，也不等于众多小模块的拼凑，更不是简单地将"章"变"项目"，"节"变"任务"。而是将系统的知识与技能有机地结合起来表述，有严格的项目、任务分解依据，读来既轻松又不失严谨。

本系列教材还配有电子教学资料，包括电子教案、教学指南、课时建议、练习题答案、实训设置期末考试A、B试卷等，能够为老师授课和学生学习提供诸多便利，起到小型"资料库"的作用，欢迎登录中国物资出版社网站（http：//www.clph.cn）进行下载，同时将本书最后一页填好传真回我社索要密码即可使用电子教学资料。

本系列教材从策划伊始到问世，都伴随着策划人的详尽调研、行业专家的认真解惑和编写老师的严谨耕耘，具备如下特点：

1. 通俗易读，深浅有度。理论知识广而不深，基本技能贯穿教材的始终。图文并茂，以例释理的方法得到广泛的应用，十分符合职业院校学生的学习特点。

2. 工学结合的编写思路。一方面注重企业的参与，另一方面注重与相关职业资格标准相结合。

3. "套餐式"教材，电子教学资料请专业人士制作。现代化的手段可以帮助丰富和发展传统的教材。

4. 兼顾老师授课和学生学习。教材不仅设置电子教学资料，从而减少老师备课的工作量，而且内容安排上兼顾了可读性，使学生能够自主学习。

"21世纪高职高专旅游服务与管理专业工学结合系列教材"符合职业教育的教学理念和发展趋势，能够成为广大教师和学生教与学的优秀教材，同时也可以作为旅游业管理人员、相关从业人员的自学读物。

前　　言

　　职业高校教育以培养技能型人才为特色，倡导"双证"教育（学历教育＋职业技能教育），职业教育使受教育者具备职业能力——特定职业能力、通用职业能力和基础职业能力。特定职业能力是专门职业岗位上、专业范围内、符合专门工作要求的职业能力，它是职业岗位的最终表现；通用职业能力是某种职业领域一般应有的、具有共性的普通职业能力；基础职业能力是从事任何职业都需要的普遍适用的能力。基础职业能力具有普遍的适用性和广泛的可迁移性，其影响辐射到整个通用职业能力和特定职业能力领域，对人的终身发展和终身成就影响深远。

　　我国将基础职业能力称为"职业核心能力"，有的国家又叫"关键能力"（如德国、澳大利亚）或"基本能力"（如美国），可分为职业方法能力（如"自我学习""信息处理""数字应用"等）和职业社会能力（如"与人交流""与人合作""解决问题""创新"等）两类。

　　语言表达能力的培养和训练，是学习者基础职业能力养成不可或缺的一环，特定行业的言语交际能力训练使学习者获得从业技能，职业资格证书考试使学习者具备职业资格准入凭证。导游口语课程，既培养学生基础职业能力所需的人际交流能力，又培养学生从事导游员工作所需的职业口语能力，还给予学生参加导游员资格证书的口试指导。

　　口才教程以口语能力训练为目标，在提高普通话音准水平的基础上，尽可能培养学生在现实社会中人际语言沟通能力，培养准确接受来自他人与传媒的信息、正确表达自己的思维能力，提高学生在未来职场中与服务对象的言语交际能力，使之得以胜任职位，并构建和谐的人际关系。同时，本教材的教学内容又遵守不重复、不替代专业相关内容教学的原则，以语音标准、口头表达流畅、用语恰当、句法规范、态势语得体、口齿清晰、声音洪亮为主体。对导游专业学生而言，以上是对其语言表达的总要求，适用于其所做的任何讲解服务，但仍需在其本专业课程中学习接团欢迎辞、自我介绍、自然景点介绍、人文景点解说、食宿引导、送团告别致辞等职业技术技巧，唯有如此，专业知识和职业技能才是系统全面的。

　　基于上述课程理念，本书为导游口才训练提供教学材料。

　　在本教材的建设过程中，突出了以下几个特点。

　　1. 体例安排原则具有创新性

　　全书采用理论实践一体化的体例安排原则，打破了以往教材对理论知识系统讲解的框架，教学过程中集理论与实训于一体。一本教材既是理论知识传授的材料，也是课堂内外实践的手册，学做结合，提高实操能力与调动学习兴趣并行，实用价值与知识体系并重。

2. 可操作性强

围绕理论实践一体化的体例安排原则，构建本书框架：知识目标→技能目标→问题讨论→任务描述→必备知识→实训项目（实训名称、实训要求、操作提示、实训评测、实训内容）。学习者可将本书作为操作手册使用，在操作过程中学习，在学习过程中操作。

3. 注重职业岗位情景性

项目、任务、能力训练都围绕导游职业岗位的内容和要求来设计，有很强的针对性。教材搜集、展示导游工作的许多鲜活案例，充分体现了职业化特征，使学习者对导游职业有深刻的认知和实际的体会。

4. 使用范围广泛

在职业工作中，口才培养是一件极其重要的事，口语交际能力是现代社会对职业人的基本素质要求，较高的口才技巧能够提高执行力和工作绩效。本书可作为高职高专院校导游专业学生、社会导游人员培训机构的教材，也可供一切有志于提高自身口才的人们使用。

本书由柏莹确定整体框架、负责全书的修改统稿，并编写了项目一、项目九、项目十和附录；赵金霞、张莉协助统稿。崔言编写了项目二、项目四，高卫红编写了项目三，赵金霞编写了项目五，张莉编写了项目六。项目七由马思斯编写，项目八由王晞扬编写。

本书在编写过程中借鉴了国内外的最新研究成果，参考了必要的相关资料（详见书后的参考文献），得到了扬州中国青年旅行社有限公司、扬州个园景区管理部门、中央民族大学文传学院、江苏经贸职业技术学院、扬州职业大学、扬州环境资源职业技术学院、浙江丽水职业技术学院等单位的领导和同人们的协助，在此一并向有关专家学者及单位表示衷心的感谢。本书在编写、出版过程中得到了中国物资出版社的领导和工作人员、扬州职业大学省级特色专业"旅游管理"项目组的大力支持，在此表示诚挚的谢意。

由于作者水平有限，书中难免有偏颇、疏漏之处，诚请各位专家学者、从事旅游管理教育的同行、导游工作者和广大读者批评指正。

编　者

2011 年 8 月 31 日

目　录

项目一　导游口才认知

● 认知口才的相关概念。
● 了解导游口语的功能。
● 了解导游口才训练的内容有哪几个部分。

技能目标

1. 能理解口才对导游职业的重要意义。
2. 能从自身综合素质入手，提高口语表达技能。
3. 能建立自我训练的意识，按口才训练方法训练，提高职业口语技能。

案例1

金先生刚刚拿到驾驶证，就高高兴兴驾着爱车出游去了。新手上路，总有那么点儿顾此失彼，结果没注意看交通标志，逆行违章，被交警拦下了罚款。金先生也守规矩，该罚就罚了。他去银行缴了罚款后，银行的小姐微笑着，把相关的单据递给他，说："欢迎再来！"

金先生本来就心里有火，听她这么一说就更恼火了："你说谁？你站起来！"

银行小姐很委屈："我们单位都是这么要求的呀。"

金先生："那好，我在八宝山工作，你来扫墓，我也说：欢迎再来！下回诚邀你们全家一起来！"

案例2

薄熙来偕夫人谷开来与韩国老朋友安相洙先生会见结束后，有位朋友请薄熙来对夫人作一下评价。

薄熙来回答："一般来说，漂亮的不一定聪明，聪明的不一定忠诚，忠诚的不一定有才华，有才华的不一定实干，实干的不一定有理论，有理论的又不一定漂亮。而这一切长处都集中在我老伴儿的身上。"

1. 银行小姐按照单位规定，对金先生说道别的礼貌语。可是金先生为什么发那么大的火？

2. 听了薄熙来的一番话，夫人谷开来会有什么感觉？如果别人这样赞美你，你喜欢听他说的话吗？

3. 这两个小故事对你有什么启发？

任务一　了解口语与口才

任务描述

"说"和"能说会道"一样吗？"口才"等不等于"口语"？请阅读"必备知识"，逐一回答每部分的【想一想】中的小问题，知晓要从自身综合素质入手，才能提高口语表达技能的道理。

必备知识

一、口才的概念

（一）口才

口才是在交谈、演讲和论辩等口语交际活动中，表达者根据特定的交际目的和任务，结合特定的言语交际环境，准确、得体、生动地运用连贯、标准的有声语言，并辅之以适当的体态，表情达意以取得圆满交际效果的口头表达能力。它是人们的素养、能力和智慧的一种综合反映。其中，交际双方（说话者和听话者）、交际的语言环境及交际工具（口语）是口语交际的三要素。在这三要素中，语言处于交际活动的核心，没有语言也就没有口语交际活动。

（二）口语与口才

口语是指说话时使用的语言，是由声音和意义组成的自然语言，与书面语相对应，凡是从口中说出的话语，都叫口语。口才则指说话过程中所体现出来的个人才能，即善于用口语准确、恰当、生动地表达自己的思想感情的能力，包括个人人格与智慧的各种储备以及运用和发挥这些储备的能力。"储备"与"运用"缺一不可。

所以口才是高于口语的。如果用"说"指代"口语"，那么一个人有"口才"，就要用"能说""会说""说得好"这些词语表示了。

【想一想】

请联系导游职业回答：导游的工作语言中，口语与口才有什么不同？

示例：

答：以导游给游客做景点讲解为例。

导游口语，说对，说准，说得清楚；是规定动作，动作规范；得基本分。

导游口才，说好，说巧，说得生动、形象；好像比赛的自选动作、加时动作，动作精彩；得附加分。

二、口才的特点

在人际交往和社会实践中，口才表现出如下主要特点。

（一）明确的目的性

口语表达总是有较明确的目的性，或向别人陈述一件事情，说明一个道理；或向别人提出一个问题，期待答复；或请别人办一件事，期待许诺等。当然，也可能是即兴而发，但是一旦说起来了，就要自觉地围绕一个中心阐发自己的观点。表达者的每一句话，都是为传播一定的信息或表达一定的思想服务的，于是就需要围绕自己的目的组织语言。如果目的不明确，就无法自觉控制整个说话流程，不能把握说话中心，或是思路混乱，无的放矢，上句说此，下句谈彼，交际效果就不理想了。

【读－读】

一个小偷深夜潜进一户人家偷东西，不想惊醒了熟睡的主人夫妻俩。妻子吓得不知所措，丈夫知道硬拼不行，急中生智，对妻子喊道："别怕！快把鸟枪拿来！"

妻子慌张，茫然，问："哪有鸟枪？"

"在墙上挂着！"

"胡说！"妻子反驳道。

"胡说？——"丈夫见妻子不明白，又不能挑明，又喊："就把'胡说'拿来！'胡说'比鸟枪更厉害！"

小偷一听，"妈呀，鸟枪就够厉害的了，'胡说'比鸟枪还厉害?!让'胡说'打着就倒大霉了！赶紧逃命吧！"于是夺门而出。

男主人由于目的明确，竟然使得"胡说"比鸟枪还厉害了。这就是在清醒的目的意识支配下出现的奇迹。目的明确，你的谈话，你的社交往往能够取得良好的效果，有时甚至能够使你急中生智，化险为夷，渡过难关。

【读－读】

法国著名作家大仲马的小说畅销世界。一次，意大利一家书店老板获悉大仲马即将光临，便立刻把别的作者的书统统从书架上取下，全部换上大仲马的著作，想讨好一下这位大名鼎鼎的作家。大仲马到书店一看，询问别人的书都到哪儿去了。老板急不择言，应声答道："都卖完了。"这话使大仲马莫名惊诧：想不到自己竟然成了这里的头号滞销书作家。

书店老板言语失控弄巧成拙，这说明清醒的目的意识对于说话有多么重要。明确说话目的，是说话取得成功的首要条件。目的明确了，才知道准备什么话题和资料，采取什么样的说话语体风格，运用哪些技巧，从而做到有的放矢，临场应变。

如果你缺乏清醒的目的意识，就会如盲人骑瞎马，像这个书店老板一样，适得其反。

（二）高度的适应性、得体性

在口语交际时，情形往往较为复杂，表达者为实现特定的目的，在因人、因事、因物、因景而进行的讲说中，必须选用特定的表达方式和技巧以切合语言内容，切合特定语境，切合自己的身份和交际对象的特点，才能创造出效果良好的口才佳品来。

1. 对象的差异性

交际对象对语言有制约作用。"人上一百，五颜六色"，人和人之间存在个体差异。这就决定了人们的交际中不可能只用一套模式化的口语表达方式，必须根据交际对象的不同情况，如年龄、性别、身份、职业、文化、性格、心理等因素，有针对性地确定交际内容和方式，即说话人必须顾及倾听者的接受水平，说话要看对象。

【想一想】

1. 以下是探视病人的几种说法，请比较交际效果。

（1）"我听医生说了，你这病还真得当回事来治，1 号病房的那位和你一样的病，昨天进太平间了！唉！"

（2）"瞧你垂头丧气的样儿，有点小病就打不起精神来，还有点男子汉的气魄没有？"

（3）"你呀，真是个怕死鬼，不就那一点病吗？阎王还没向你发请帖呢！"

2. 猜测船长的话分别针对什么人，把这几个人的国籍在括号里补充出来。

当一艘船开始下沉时，几位来自不同国家的商人还在船上开会。船长命令大副通知他们穿上救生衣跳下水去。几分钟后大副回来说："他们不往下跳。"船长只得亲自去说。

他对（　　）人说："那是一项体育锻炼。"

又对（　　）人说："那是很浪漫的。"

对（　　）人说："这是命令！"

对（　　）人说："这不是被基督教所禁止的。"

对（　　）人说："跳吧，你是入了保险的。"

结果，他们全都跳下去了。

从船长的表达中你觉悟出点什么？你善于针对不同人的心理、需求说得体的话吗？

（参考答案：a 英国；b 法国；c 德国；d 意大利；e 美国）

2. 时空的情景性

话语交流总离不开一定的现实语言环境，交际还需要随机应变。交际的双方都处在一个特定的时间、地点及特定的人物关系中。不同交际场合有不同的表达要求。交际双方应根据特定的场合采用适当的表达语言，使之与交际场合相适应、相吻合。例如，用 QQ 聊天时，话题比较随便、自然；而庄重场合下的谈话，话题则比较集中，逻辑性强，较多用正式词语。

【读－读】

著名国画大师张大千先生为人一向孤傲。在一次为他举行饯行的宴会上，大家入席坐定，都有点拘谨。宴会开始后，张大千举杯向戏剧大师梅兰芳敬酒："梅先生，你是君子，我是小人。我先敬你一杯!"听了这句祝酒辞，众宾客都愣住了，梅兰芳也不解其意。接着，张先生笑着说："你是君子——动口，我是小人——动手!"这话正好合着唱戏动口、绘画动手（君子动口不动手），于是逗得宾客大笑不止，梅先生也乐不可支，举杯一饮而尽，气氛顿时变得十分热烈。

张大千不愧为大师，在饯别宴会这种社交场合，他一扫孤傲之气，用上了幽默口才，使宾客间关系融洽，宴会气氛热闹。

【想－想】

1. 结合说话要看语境，说说"问题讨论"案例 1 里的银行小姐为什么出错？金先生的话又错在哪里？

2. 你能举个例子说明说话要契合场合吗？

说得好、说得动听，并不意味着虚情假意，也并不是要阿谀奉承。话要说得真诚才能打动听众。"感人心者，莫先乎情"，情真意切。情真，是说话的内容和表达方式都有真挚的感情；意切，是表达的旨意切合内容、切合时代、切合听者的要求。

如果你带的团里有游客生病了，你说："你多么幸运啊，但愿我也生点小病，休息几天。"想想看，客人会喜欢听吗？他可能感到你在揶揄他吧。

（三）综合性

优秀的口才是一个人素质和能力的全面综合反映。这里的素质，主要包括思想境界、道德情操、知识学问和天赋秉性。能力则主要包括观察能力、思维能力、决断能力、记忆能力、表达能力、交际能力和应变能力。人的素质和能力综合形成一种潜在的文化储备，这种储备在特定的语境中，通过想象和联想、发挥和创造，为说话者提供说话材料和说话方式，从而为实现口语表达的目的起到积极的支持作用。所以，从根本上讲，好的口才，是表达者学识、素养和能力的综合表现。

【想－想】

导游口才有哪些特点？

提示：对照这个部分里说的口才特点，结合导游员服务的内容来思考。

三、口才的要素、形成条件与训练

（一）口才的七要素

口才的基本要素有七：德、才、学、识、胆、情、体。说话与口有关，但又不仅仅关于"口"，而是说话者综合素养的体现。所谓综合素养，是指人的适应能力、生存能力、社交能力（包括创新能力、实践能力）以及在体育、文艺、美术、音乐、舞蹈、语言等方面的内在基础条件的总和。通常人们将综合素养的基本内涵归纳为"德、才、学、识、胆、情、体"七个方面。这七个方面奠定了口才的基础，要想具有一流的口才，必须"浇筑"好这七大基石。

口才是一门综合性的艺术，影响表达效果的不仅仅是清晰、生动的口语，还有体态和神情动作。所以，口才家需要培养审美情趣从而提高鉴赏力，通过语言创造听觉艺术和视觉艺术感染人、打动人。

（二）口才的形成条件与训练

1. 口才的形成条件

把话说好，形成良好的口才，需要具备三个方面的条件：文化素质、思维能力和语言素养。

如果将形成口才的智能结构比喻成北京外国语大学网络学院的"彩虹塔"，如图1-1所示，文化素质就是又宽又厚的塔基，它包括人的品德修养、文化修养、知识积累等；思维能力就是塔身，它包括思辨能力、应变能力和想象力；语言素养则是塔顶，它表现为口语表达能力（口头表达能力）。

	语言素养	口语表达能力	
思维能力	思辨能力	应变能力	想象力
文化素质	品德修养	文化修养	知识积累

图1-1　口才形成的智能结构

在这三个层次中，文化素质、思维能力属于一个人内在的素质修养，是通过后天努力提炼、升华、积淀而成的，常常借助口头表达能力得以外现；而口头表达能力的提高，又必须从素质修养入手。只有三个方面相互配合、相互促进，才能做到巧舌如簧、字字珠玑。

2. 口才训练

（1）训练内容。围绕上述的三个方面培养口才，即积累文化知识，提升品德修养；进行思维训练；掌握语言知识和运用技巧。

（2）培养口才的途径：

一是到书本中学习。要知天下事，须读天下书。从书籍中汲取知识，提高自己的文化素质。

二是向生活学习。在社会实践中体验社交、公关、会谈等口才活动，积极锻炼，用心积累。

三是在口才训练课上学习。课堂上的理论、实践、实训具有整套体系，科学而高效，珍惜课堂学习，积极参与项目训练。

【想－想】

旅游专业开设的课程有哪些？它们对你的口才形成与训练有什么益处？体会各门课与你个人口才之间存在的联系。

【读－读】

口才七要素：德、才、学、识、胆、情、体。

"德"，指一个人的德性和德行，包括遵守社会公德、职业道德、家庭美德，也包括一个人的意志品质和非智力因素，如自信、坚强、刚毅、正直、善良、诚恳、勤劳、廉洁、乐于助人、宽厚仁爱等。"德"是一个人的灵魂所在，人的口才很大程度上受到"德"的制约，它决定一个人的言论立场，体现着明显的倾向性，是评价一个人口才优劣的关键所在。

"才"，指才华、才能和才气，通常表现为"专才"和"通才"两种方式。说话者除了自己要学有专长外，应该尽可能让自己成为学识渊博、见多识广的通才。人的才能是建立在知识的基础上，由知识转化而来的。才能是知识的产物、是知识的结晶，知识是才能的元素和细胞。一个人才能的大小，首先取决于自身知识的多寡、深浅和完善程度。古今中外的口才家无不以拥有渊博的知识而著称。

"学"，是指学识、学养、学问。所谓"腹有诗书气自华""工欲善其事，必先利其器"。要想会说话、说好话，首先必须充实知识，掌握知识这一利器。说话者应该勤学苦练，博学深思。

当前，很多渴望提高口语表达水平的人，都不太懂得知识积累是口才学习入门的"敲门砖"，没有养成勤于积累的习惯，当然难进口才之门。许多时候，口才不佳并不在开口表达之时，而是在开口表达之前。因为知识底蕴的不足、知识储备的贫乏，一开始就限制了表达者的思路和视野，使表达者不能浮想联翩、思接千载、视通万里。没有足够的"储备"可供"运用"，就削弱了表达者的才情，使表达者丧失了说话的兴味，语言表现力也随之降低，说出来的话自然就显得平庸、空洞。

"识",指目光敏锐,博古通今、见多识广、洞明事理、练达人情。口才家应是"有识之士",具有览众山、识本质的远见卓识,见人所未见,讲人所未讲。优秀的口才家的表达具有一定的前沿性,总能让人产生精神上的撼动,并能促使人付诸于行动。

"胆",指开朗豁达、正直果敢、无私无畏、敢作敢为。能以开拓创新精神挑战权威,以科学求索的勇气说他人没说过的话,"开风气之先"。

"情",指一个人的情商和情绪。说话者应该情感丰富、情调高雅、情趣高尚、情绪健康、抒情真诚、自制力强。

"体",指精神和身体状况。说话者应身体健康、精力充沛、精神饱满、仪态大方、仪表美观。

任务二　掌握导游语言

任务描述

语言是导游员履行其职责的一个重要工具。请阅读"必备知识",掌握导游员主要的工作语言形式及其功能、导游口才的要求,认识拥有口才对导游服务的重要性,并逐一回答【想一想】里的小问题。

必备知识

一、导游语言的含义

(一)导游服务

导游服务是导游员代表被委派的旅行社,接待或陪同游客旅行、游览,按照组团合同或约定的内容和标准向其提供的旅游接待服务。导游员提供的导游服务的主要内容是接待游客、陪同游客旅行和游览。

(二)导游员

导游员是指依照《导游员管理条例》的规定取得导游证,接受旅行社委派,运用专门知识和技能为旅游者组织、安排旅行和游览活动,提供向导、讲解和旅途服务的人员。在我国,习惯将所有从事导游工作的人员统称为导游员,简称"导游"。①

(三)导游语言与导游口才

1. 导游语言

导游语言是一种行业语言,具有职业特征。

(1)从广义上说,导游语言是导游员在导游服务过程中必须熟练掌握和运用的,

---

① "导游"有两层含义:一指导游员,二指导游活动。

具有一定意义并能引起互动的一种符号，包括口头语和各种体态语。

（2）从狭义上说，导游语言是导游员用于同旅游者进行交流、传播知识、介绍景点、实现沟通的一种生动形象的有声语言。

导游语言是导游员实质上去具体地履行其职责的一个重要工具，是导游员在特定的环境中，借助语言艺术、通过对人文或自然景观进行讲解，满足旅游者需要的一种信息交流活动。

2. 导游口才

从某种意义上说，导游语言是一门艺术，导游效果很大程度上取决于导游语言运用水平的高低。好口才是语言魅力的展现，口才对任何人、任何行业都很重要，但对导游员来说特别重要。

导游口才指的是导游人员具有的艺术地运用语言的能力。有时也把富有语言魅力的导游语言称之为导游口才。

【想－想】

判断下列各句话的正误：

1. 导游语言可等同于导游口头语言。导游员主要的工作语言形式是有声语言。

2. 导游服务语言是导游员履行其职责的一个重要工具。

3. 用"导游口才"这个词语，是为了突出导游员在服务过程中所运用的语言的艺术性，或者说，是为了突出导游员的语言技巧。

4. 导游语言、导游服务语言、导游口语、导游口才这几个概念，内涵核心是一致的。

二、导游语言的功能与要求

（一）导游语言的功能

1. 讲解功能

旅游产品的吸引力，一方面来自实物形态产生的视觉冲击；另一方面来自导游、讲解员生动解说产生的听觉冲击。将这两方面完美结合起来，才能给游客留下深刻的印象。游客到一个地方旅游，总是希望更多地了解那里的文化历史、风土人情等。导游、讲解员的作用，就是用他们的口头表达，引导游客游览，在边走边看边听中深刻地了解、欣赏这一旅游景点，从而获得更多的知识和更深一层的美感享受，达到游览的最佳效果。同时，高水平的导游和高质量讲解，还会通过游客的传播，使旅游产品更具魅力，从而吸引越来越多的旅游者。

2. 沟通功能

导游员与旅游者朝夕相处，要随时和旅游者交谈，认真回答旅游者提出的各种问题，关心旅游者的状态、动向，为遇到困难的旅游者提供帮助，对体弱者给予照顾，发生意外情况要及时安抚旅游者的情绪并进行必要的解释和安慰——这一切都要靠导游语言来传递信息。这种信息的内容是导游员与旅游者思想上的沟通。

3. 交流功能

导游员服务的对象是旅游者，因此从某种意义上可以说导游服务工作是做人的工作。旅游者是有丰富情感的，他们需要导游员与之交流，感情的交流通过语言来实现，导游员热情认真地为广大旅游者提供服务，会很快得到旅游者的认可和称赞，彼此间建立起感情。

所以，语言就像一座桥梁、一条纽带、一种润滑剂，导游员用它与游客由素不相识到建立密切的联系。一个口才好的导游才能提供高质量的服务：不仅使游客游历、观赏美景，而且享受旅行团这个临时集体的和谐融洽，满足情感、精神上的需求。

（二）导游语言的要求

1. 诚实守信

导游人员在带团讲解的过程中，要秉承诚实守信的原则。这就要求导游员一方面介绍内容要真实，切忌空穴来风、夸大其词、道听途说、弄虚作假；另一方面要求导游人员不要轻易向客人承诺，承诺的事情就一定要办到。

2. 目的性强

导游口语表达应有一定的目的性，或是为了表示欢迎，或是为了联络感情，或是为了介绍景点情况。

3. 对象明确

导游员的服务对象是特定的，他们讲解的目的就是吸引游客的注意力，让游客高兴而来，满意而归。因此，导游员在讲解前必须根据有关资料充分了解旅游者的情况，分析即将接待的旅游者的心理需求，以便在运用口语时，能够投游客之所好，达到良好的讲解效果。

4. 表述充分

表述越充分的语言，信息传递越准确，越能赢得顾客的信任，对游客吸引力就越强。使导游口语表达充分应注意以下要求：熟悉所讲解的内容，语言的语调、词汇、句式、修辞丰富，突出情感、时代感。

【想一想】

1. 这儿的"导游语言的要求"和前文的"口才的特点"有什么联系？请再读一读"口才的特点"中的小故事，作进一步理解。

2. 导游在讲解的时候，总使用诸如"可能""大概""也许"之类模棱两可的话语，游客对他会有什么想法？

3. 相同的一个景点，同一段导游词，如果讲给不同的游客（小学生、老年人、医生、美国游客……）听，导游口语需要做什么变动？

4. 要达到"表述充分"的要求，你认为需要做哪些知识储备和技能准备？

三、导游口语类型与特点

（一）从语体角度看——口语语体

就导游员的语言运用而言，绝大多数情况，其语言属于口语语体，可以将其划分为正式口语与非正式口语。

1. 正式口语与非正式口语

正式口语主要适用于正式的口头交际中。它通常是指有关各方经过协商，协定主题、明确目的、约好时间与地点的正式口头交谈。双方事先会为此进行多方面的准备，在交谈中，讲究郑重其事，语言规范，直奔主题。

非正式口语，则是属于有关各方事先未经任何准备而进行的一种随机性交谈。它可长可短，随和、轻松，几乎可以无话不谈，比较容易表明人们各自的观点，有利于人们的相互了解与接近。

正式口语与非正式口语二者之间也存在共性，导游想使自己所运用的口语发挥其应有的功效，在面对游客时往往有可能会需要正式口语与非正式口语并用。

2. 特点

无论是正式还是非正式口语，导游要掌握导游口语的三个主要特点：

（1）目的明确，主题集中，观点鲜明。即使是非正式的交谈，导游也应有着一定的目的，例如与游客建立融洽的关系、调节气氛等。

（2）通俗活泼。浅显易懂，生动形象，口语不同于书面语，口语中要多用短句子，不用长句子，少用术语，忌讳故弄玄虚，高深莫测。必要时可辅之以表情、动作。

（3）简明扼要。陈述事实要简洁，说明要点要有条理。简单明快，突出重点，才被视为是成功的导游口语。

【想一想】

1. 请举例：什么情况下，导游使用正式口语语体？什么情况下导游与游客的沟通使用的是非正式的口语？

2. 为什么说导游员的非正式口语也应是目的明确的？请举例说明。

（二）从表述角度看——单向表述、双向交流

了解单向表述和双向交流这一对概念，对口才技能建立训练体系十分有益。导游语言既有单向的表述，如导游独白式讲解，又有双向交流，如"导游—游客"对话，互动式解说等。

1. 单向表述

（1）单向表述，指口才交际过程中，"说、听"双方一般都有着明确的身份限定，"说"方以"自己"为主，"听"方以"听人说"为主，双方的这种既定身份，一般不做改换，或不宜多做改换。

（2）在诵读、复述、诠释、主持、演讲、报告中，发言人的口语都属于单向表述型。

（3）客体表述与主体表述。诵读、复述、诠释具有共性，那就是表述内容与说话人之间没有联系，更换说话人后，表述内容基本不变或完全没有改变。而主持、演讲、报告三者存在共性，说话人处于表述主体地位，带有内容、风格等特点。主体表述对导游口才更有价值。

（4）导游员单向表述是"导游员讲""游客听"的语言传递方式，导游需要向游客传递大量的有关景点的信息时使用，又称为"独白式"解说。向游客作自我介绍、致欢迎辞、欢送辞、景点概述时，往往采用这种独白的口语形式。

【做－做】

请你扮演导游，向游客作自我介绍。

（游客从江苏省连云港市，来到山东青岛旅游。你是地陪，将陪伴这个旅行团两天）

【想－想】

诵读、复述不带有说话人风格，而且每个人诵读或复述同一段文字时内容没什么变化，那么，口才训练还要不要做诵读、复述、诠释练习呢？

2. 双向交流

（1）双向表述，指交流双方一般不做"说"与"听"的身份限定，双方是"说"还是"听"，不仅身份可以互换，而且这种互换有时还是即时、快捷的。

（2）交谈、辩论都属于双向表述型口语。

（3）导游口语双向表述就是导游与游客间的"对话式"交流。导游运用问答法向游客介绍景观，或与游客商讨问题时，都会运用双向交流的形式，对话体现了导游与游客之间的互动性，为众多游客所喜爱。例如：

导游：各位朋友，现在呢，请回答我的问题，绝对容易答的问题呀！我们来到了哪里了？

游客：天安门广场！

导游：完全正确！我先为大家作一个简单的介绍，天安门广场是目前世界上最大的城市中心广场——知道它究竟有多大吗？猜一猜？

游客 A：很大！

游客 B：真大！

游客 C：猜不出具体有多大，你告诉我们吧……

导游：它位于北京市区的中心，呈长方形，南北长 880 米，东西宽 500 米，总面积 44 万平方米。如果人们肩并肩地站在广场上，整个广场可容纳 100 万人，就是说全北京总人口的 1/13 都可以同时站在这里，够大的吧！

（4）特点。一是情景性强，双向表述话语对语言环境有较强的依赖性，双方对话语背景都有共同的认识，时有手势、表情作补充。有些话不展开来说，只言片语也能表达一个完整的或双方都能理解的意思。因此，对话的语言形式一般都较简明。二是反馈及时，导游员可根据反馈情况调整说话时间的长短，内容的深浅以及话题等，以求对话有利于双方互相沟通和交流。

【做－做】

分角色扮演导游和游客，体会双向表述口语的特点。

导游："各位知道天津什么风味小吃最有名气吗？"

游客："知道，叫'狗不理'包子。"

导游："哪位知道它的来历？"

游客："知道一点儿，好像'狗不理'是一个人的名字。"

导游："您说得很对。一百多年前，天津一家包子铺有个小学徒本名叫高贵友，乳名叫狗不理，他做的包子味道特别鲜美……"

任务三 导游口才训练内容与方法

任务描述

根据对项目一的任务一和任务二的认知，围绕口才的特点和导游口语的表述类型，构建导游口才训练体系和内容，建立自主训练的意识，并制订详细的训练计划，努力达到导游口才的能力目标。

必备知识

一、导游口才的构成

【想－想】

1. 请回忆"彩虹塔"，导游口才的塔基、塔身、塔顶各是什么？

2. 这三大块和导游基础知识、导游法规知识、导游服务技能、世界遗产保护与旅游资源开发、导游口才训练、大学语文等专业课程、通识课程有什么联系？

导游口才由三大部分构成，即文化素质、思维能力、语言素养。一个品德、文化修养好，知识丰富，思维敏捷，语言素质高，服务技能强的人，才能成为优秀导游。

素来有一些语句形容导游：上知天文，下知地理。风景美不美，全凭导游一张嘴。

由此可知，导游口才多么重要，而导游的好口才需要深厚的文化修养、知识积淀为底蕴。仍以彩虹塔为喻，导游只有夯实了塔基，巩固了塔身，才能登上塔顶，口才训练也应该植根于文化素质、思维能力、语言素养这三大内容。

【读一读】

导游口才以高素质为依托：自信、自尊，积极、乐观，宽容待人，诚实守信，竞争意识、适应力强，人际关系良好，具有独特个性。

导游口才以知识为后盾：博览旅游文学知识，精通史地文化知识，美学知识丰富全面，熟悉政策法规知识。

导游口才以职业道德为准绳：真挚、坦诚待客，始终如一对待游客。

二、导游口才训练体系与内容

（一）导游口才训练体系

我们知道，口才并不仅仅与语言相关，在训练之始，有必要科学地建立口才训练体系，这样才能培养出具有综合素养的好口才导游。当然，导游服务以语言为重要工具，口才训练仍应该以语言训练为轴心。

具体而言，导游口才训练体系由语言能力训练和与导游服务相关的口才技能训练组成，它包括逻辑思维训练、口才心理训练、记忆训练、倾听训练、语音训练、体态语训练、职业口才技能训练等方面。

（二）导游口才训练内容

语言是导游员履行职责的重要工具，导游口才训练以培养、提高语言素养、口才技巧为主要内容。它包括：

1. 语言

学习语音、词汇、语法、修辞和逻辑方面的知识、法则，提高口语表达的正确性、生动性和严谨性。

2. 副语言和体态语

学习和掌握副语言特征和体态语言等方面的知识，更好地展现导游员的精神风貌、情绪感受和个性特征。副语言特征主要包括音质、音强、音色、语气、语调、语速、节奏等，体态语言主要包括表情、神态、动作、身姿、手势等。

3. 生活语言

从生活中为自己补充新鲜的语言信息，积累和吸收优秀的语言养料，譬如学习和借鉴经典名家的演讲，大量阅读中外名著，在现实生活中与时俱进地学习那些有生命力的"活"语言等。

由于导游员主要是使用有声语言为游客服务的，口语表达是导游口才训练的重要内容。是否能掌握有声语言的规范和技巧，是衡量导游口才的标准之一。做一名拥有好口才的导游，既要做好规定动作，又要练好自选、加时动作。

具体来说：一是练好语音基本功；二是学习口才技巧；三是掌握导游职场口语。导游口才训练体系、内容的层次结构，如图1-2所示。

$$导游口才训练\begin{cases}语音规范训练\\口才技能训练\\职场口语训练\end{cases}\begin{cases}心理素质训练\\风度气质训练\end{cases}$$

图1-2　导游口才训练层次

【想－想】

生活中"活"的语言，是提高导游语言素质的永不枯竭的源泉。请带领××大学的新生做一次"××市一日游"，你会用上"给力""神马""狂漂亮""超好吃"等新鲜语言吗？请说出更多的新词新语或新表达法。

三、导游口才能力目标

口才主要表现为说话的六种才能（能力）。导游应具有如下口才能力。

（一）说明能力

说明能力，即把话说得准确明白的能力。

（二）吸引能力

吸引能力，即通过说话把别人的注意力吸引住的能力，也就是吸引周围的人倾听自己说话，使之愿意听，能听进去，并有所乐、有所得的能力。

（三）说服能力

说服能力，即通过言语的表达，使人心悦诚服的能力。口才好的人，并不一定讲得很多，妙就妙在他了解别人的想法，对症下药，三言两语就能使人折服。

（四）感人能力

感人能力，即用语言感动人的能力。也就是要求讲话人以自己的真情感动听者，获得以情动人的效果。

（五）创造能力

创造能力，即讲话中根据思想表达的需要创造语言的能力，或者说是创造性地运用语言来表达自己思想的能力。

（六）控制能力

控制能力即控制自己语言所能引起的后果的能力。

（1）准确把握说话分寸的能力，既要把意思说到，又不说过头，说得恰如其分，这是一种控制能力。

（2）针对不同的听话人和不同的情况，准确预测和有效控制听话人对自己语言所能作出反应的能力。

（3）在说话过程中已经出现问题的情况下，改用恰当的语言进行补救的能力。

【想－想】

下面有五个故事，请用口才能力目标衡量故事主人公的口才（答案参考第一个故事句末括号内内容）。

1. 数学家陈景润，他非常有学问，曾经写过不少专著，但他在讲授数学课的时候，很难让学生听得明白，最后只能离开讲台，转向对数学知识的研究方向了。（不具备说明能力）

2.1991 年 11 月，中国电影"金鸡奖"与"百花奖"在北京揭晓。李雪健因主演《焦裕禄》中的焦裕禄，获得这两项大奖的"最佳男主角"奖。他在台上致答谢词时说："苦和累都让一个好人——焦裕禄受了；名和利却让一个傻小子——李雪健得了……"他的话音刚落，赢得全场一片掌声。（　　）

3. 考官问一个应聘者："为什么你要选择教师这个职业？"应聘者回答说："我小时候曾立志长大后要做伟人的妻子。但现在，我知道我能做伟人妻子的机会实在渺茫，所以又改变主意，决定做伟人的老师。"（　　）

4. 林肯正在演讲，有人递给他一张纸条。他打开纸条，纸上写着："笨蛋。"林肯脸上掠过一丝不快，但很快恢复了平静，笑着说："我曾经收到过很多匿名信，但大部分都只有正文，没有署名；而今天正好相反，刚才哪位先生只署上了自己的名字，却忘了写正文。"说完，他便继续演讲。（　　）

5. 老人有三个儿子，两个大儿子在城市扎了根，他与小儿子相依为命。乔治·拜伦要介绍小儿子进城，多次被老人拒绝。拜伦最后对老人说："假如把你的小儿子介绍给石油大王洛克菲勒做女婿，你同意我把你的小儿子介绍进城吗？"老人经过再三思考终于同意了。拜伦找到石油大王洛克菲勒对他说："如果我能让你女儿嫁给世界银行的副总裁，你会同意吗？"洛克菲勒同意了。拜伦又找到世界银行总裁，对他说："如果我把石油大王洛克菲勒的女婿介绍给你做副总裁，你是否会考虑再设置一个位置？"总裁也同意了。（　　）

四、导游口才训练方法

【读－读】

1. 美国前总统林肯为了练口才，徒步 30 英里，到一个法院去听律师们的辩护词，看他们如何论辩，如何做手势，他一边倾听，一边模仿。他看到那些云游八方的福音传教士挥舞手臂、声震长空的布道，回来后也学他们的样子。他曾对着树、树桩、成行的玉米练习口才。

2. 日本前首相田中角荣，少年时曾患有口吃病，但他不被困难所吓倒。为了克服口吃，练就口才，他常常朗诵、慢读课文，为了准确发音，他对着镜子纠正嘴和舌根的部位，严肃认真，一丝不苟。

3. 我国著名的数学家华罗庚，不仅有超群的数学才华，而且也是一位不可多得的"辩才"。他从小就注意培养自己的口才，学习普通话，他还背了唐诗四五百首，以此来锻炼自己的"口舌"。

上述这些名人与伟人为训练口才树立了榜样，要想练就一副过硬的口才，就必须像他们那样，一丝不苟，刻苦训练，正如华罗庚先生在总结练"口才"的体会时说的："勤能补拙是良训，一分辛苦一分才。"

（一）训练方法

练口才不仅要刻苦，还要掌握一定的方法。科学的方法可以使你事半功倍，加速你口才的形成。当然，每个人要选择最适合自己的方法。

请把以下这些方法逐个儿试一试，并从中找到适合自己的训练方法。

1. 速读法

快速地朗读（大声而清晰地读）。

这种训练方法的目的，在于锻炼人口齿伶俐，语音准确，吐字清晰。

2. 背诵法

这种训练方法，既要"背"，还要"诵"。一能培养记忆能力，二能练气练音量，三能培养口头表达能力。

3. 练声法

此种方法即练肺活量、练嗓子，练吐字清晰。用深呼吸、夸张读音节、读绕口令的办法，锻炼出一副好嗓子，练就悦耳动听的音色，练出字正腔圆的语音。

4. 复述法

把文本内容或别人的话重述一遍。其目的在于锻炼人的记忆力、反应力和语言的连贯性。

5. 模仿法

模仿别人说话。最好是模仿播音员、主持人、演员（他们的语音素养好）的声音、语调，神态、动作，边听边看边模仿。既能提高你的口语能力，还会丰富词汇量，增长文学知识。

6. 描述法

描述法就类似于看图说话，比以上的几种训练法更高一层次，要求说话人自己组织语言进行描述。这个方法可达到训练语言组织能力和语言的条理性的目的。

7. 角色扮演法

扮演设定的情景中的各种人物，当然主要是在语言上的扮演，训练难度较高。这种模拟训练能够培养说话人语言的适应性、个性，训练适当的表情、动作。

8. 讲故事法

故事里面既有独白，又有人物对话，还有描述性、叙述性的语言，所以讲故事可以训练人的多种口语能力。

（二）制订自主训练计划

【做一做】

这是一份口才自我训练计划，如果你觉得有益，可效仿。

1. 自我暗示：每天清晨默念 10 遍"我一定要最大胆地发言，我一定要最大声地说话，我一定要最流畅地演讲。我一定行！今天一定是幸福快乐的一天！"

2. 想象训练：至少花 5 分钟想象自己在公众场合成功地演讲，想象自己成功的时刻。

3. 至少花 5 分钟在镜前学习微笑，展示自己的手势及形态。

4. 每天至少与 3 个人有意识地交流思想。

5. 每天大声朗诵或大声讲话至少 5 分钟。

6. 每天给亲人、同学讲一个故事或完整叙述一件事情。

 项目总结

语言是导游员履行工作的重要工具，只有口才好的导游才能具备职业胜任力，才能为游客提供高质量的服务。口才是后天练就的，只要刻苦勤奋练习，方法科学得当，每一位立志从事导游工作的人，都能拥有好口才。

 复习思考题

一、选择题

1. 口语交际活动的核心是（　　）。

A. 语言环境　　　　B. 说话者　　　　C. 交际工具　　　　D. 听话者

2. 在人际交往和社会实践中，口才表现出来的主要特点有（　　）。

A. 目的性　　　　B. 得体性　　　　C. 适应性　　　　D. 综合性

3. 导游口才由以下（　　）构成。

A. 文化素质　　　　B. 思维能力　　　　C. 语言素养　　　　D. 心理素质

4. 副语言特征不包括以下（　　）。

A. 语调　　　　B. 神态　　　　C. 表情　　　　D. 音色

5. 导游语言的要求是（　　）。

A. 诚实守信　　　　B. 目的性强　　　　C. 对象明确　　　　D. 表述充分

二、简答题

1. 什么是口才？口才的基本要素有哪些？

2. 请你谈谈培养口才的途径。

3. 导游应具备哪些口才能力？

4. 导游口才的训练方法有哪些？

实训项目

【实训名称】引发学习欲求

【实训要求】激发积极主动的口语交际欲。

【操作提示】①分组，每组不多于6人，按照实训内容分组讨论，以组为单位，每组一位代表，班内交流发言；②教师事先布置实训内容，学生课前准备，实训实践中用于展示，每组提交交流记录；③教师巡视组内交流，以确保每位同学都参与活动。

【实训评测】以学生参与活动的活跃度评定成绩。

【实训内容】

1. 组内讨论。

（1）你希望在本课程中学到什么？你认为怎样才能学好这门课？

（2）从本项目介绍的训练方法中任选一个，尝试一下，在组内做一次复述或背诵……

2. 制订一份口才的自我训练计划，在组内交流，交流之后再做进一步修改、完善，使计划具体、可行。

项目二　口才心理与思维训练

 **知识目标**

- 认知自卑、胆怯、焦虑等常见心理障碍。
- 认知逻辑思维、形象思维和发散思维方法。
- 初步掌握导游口才的心理与思维训练方法和途径。

 技能目标

1. 能自觉消除导游工作情境下常见的心理障碍。
2. 能综合、灵活运用多种思维方法，提高导游服务口语水平。

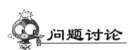 **问题讨论**

案例1

一位大学生手记："在交际场合，我总表现为不安、局促，变得沉默、内向和自卑，心里总觉得有一种孤独感。我和宿舍的同学之间关系总处不好，不想同他们说话。我曾几次调换宿舍，但郁闷的心情总摆脱不掉。"

案例2

一位实习导游手记："实习一个多月了，要么在社里接听游客报团的电话，要么就是跟团出去做景点讲解。每天接触的大多是陌生人，这倒是给了我许多锻炼的机会。虽然还没有资深导游那么老练，但明显感觉自己不怕了，解说越来越熟练，也敢和游客互动了。"

1. 每个人心理素质的优劣，会对口语交际有什么影响？
2. 我们如果在口语交际中出现迟疑、胆怯、自卑、恐惧等状况，该怎么办？
3. 实习导游手记对你有什么启示？

任务一　心理素质训练

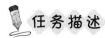 **任务描述**

　　口语交际中常见"不愿讲""不敢讲"的现象，这是说话人受到胆怯、自卑、焦虑等心理障碍的影响所致。如果你在与人沟通交流时，也存在某些心理障碍，你知道哪些办法能帮助你克服紧张达到良好的心理状态，进入"不怕讲""讲得好"的境界？请阅读"必备知识"，然后完成每个【做一做】以及实训环节里布置的任务。

必备知识

　　如果我们把一个人的口才能力看做一座高层大厦，可以这样去理解，这座大厦的地面以上部分，包括"造什么"和"如何造"（如何选择话题材料"说什么"和如何确定话题形式"怎么说"），内部结构是否合理有序（话题显现的层次性、条理性等），以及大厦是否具有独特的风格（话题显现是否有思想闪光点以及有多少闪光点）等，几乎全部是由说话人的思想素质所决定的。但是，这座大厦地面以下的部分——地基，则基本是由心理素质来决定的。

一、口语交际中常见的心理障碍

（一）胆怯

　　有些人怕和陌生人讲话，尤其怕在众人面前讲话，不敢正视对方，声音很低，未语脸先红，甚至手脚发抖、语无伦次。胆怯是很正常的心理现象，心理学调查表明，90%的人都害怕在大庭广众之下说话。研究表明，性格开朗外向的人，由于喜欢与人交流而获得了较多的锻炼机会，并因之消除了胆怯心理。所以要克服口语的胆怯、畏惧心理，就得增加沟通次数，有意识地与人交往，积极参加口语训练。可以尝试以下办法：

　　（1）坐到人群中间的位置，故意"引人注目"。

　　（2）收集自己的优缺点卡片：用两种颜色的卡片分别写上自己的优点和缺点，写得越细越好。然后检验哪个优点还没有发挥，应该怎样发挥；哪个缺点是可以忽略或者没必要那么在乎的，最终丢掉这个可以忽略、不予在乎的缺点。

　　（3）与人交谈时，注意音量和眼神。一定要尽量大声说话，这样你会觉得自己有权说话；一定要与对方进行眼神交流，这样才能克服胆怯心理。另外，即使别人没有应答你的话，你也一定要重复一遍；即使别人打断你的话，你也要继续把话说完。

【做一做】

在寝室对室友发表一次讲话。

在班级做一次发言（事先准备好讲稿）。

假日到本地的景点，跟游客说一次话。

（二）自卑

自卑的本质是自我意识的弱化——过分地看重自己的弱点而看不到自己的优势。有自卑心理的人，并非没有交际欲望，而是不敢与人交往，担心受到冷落或嘲笑。

自卑的对立面是自信。可以用通过心理调节走向自信的方法克服自卑，如找出自己的长处和优势，并以己之长比人之短，肯定自己的能力，激发自信。

【做一做】

找出自己的长处与优势（例如我个子比××高，我声音比××大，我英语比××好，我计算机得了A……）。

（三）焦虑

紧张是一种程度较轻的焦虑，恐惧则是程度较严重的焦虑。焦虑心理使人焦躁不安，不能静下心来学习或做事，为一点小事都会过度着急、坐立不安，有时还会有心慌、头痛、气促、出汗、呕吐等症状；很容易为情绪所左右——情绪差时，不愿说话；或者平时与人谈天说地，但一到正式场合便焦躁不安，不知所措。

焦虑是当一个人意识到自己的完美状况正处在危险状态或受到威胁时所产生的一种强烈的情绪反应。这里所说的完美状况包括很多方面：比如生理上的健康、身体上的安全、心理上的宁静、工作上的成功，还有自尊的维护、为他人安危的担心等。

【想一想】

1. 你有过焦虑的经历吗？

2. 焦虑心理影响口语表达的表现有：说话唐突，语无伦次，表情特殊，面部痉挛，笨手笨脚，结结巴巴，思绪不清等。焦虑除了影响导游口才，还会对导游服务工作产生哪些不良影响？导游员的焦虑情绪会不会影响游客的情绪？

（四）自傲

自傲是一种以自我为中心的心理倾向。在口语交际中表现出自傲心理的人，只把注意力集中在自我身上，他们往往有一定的口才，但是过高地估价了自己的能力。于是在交际会话中滔滔不绝，自以为技压群雄，不顾听众的情绪，交际效果并不好。所以，自傲也是应该克服的心理障碍。

【想 — 想】

从导游的工作性质出发，说一说，自傲心理会对旅游服务产生什么不良影响？

二、克服心理障碍的方法

克服心理障碍，根本在于正确地认识和估价自己，同时通过积极的、有意识的训练，逐步形成健康的交际心理。

（一）克服紧张情绪、稳定心理的方法

1. 自我暗示

由于自我分析不当，期望值过高而引起自卑，可采用自我心理暗示法，有意识地做自我心理调节。

2. 强化训练

如果因为性格内向而不爱讲话，或吐字不清、不善讲话而引起胆怯与自卑，则可以采用强化训练法，通过增加实践机会来取得效果。

【做 — 做】

1. 同陌生人、名人、异性交谈时出现紧张，可做心理暗示，帮助克服紧张心理："大家都是人，有什么好紧张的呢。也许他正想同我交谈，难以启齿呢。我做了充分准备，比他有利，交谈一定能成功……"请你试一试。

2. 请你写出一句或数句心理暗示，帮助自己克服紧张。

3. 想一想，通过主动、积极参加哪些活动可以获得强化训练的机会？

（二）克服自卑、自傲心理的方法

在公开场合发言时，出现自卑、自傲的心理，请用以下方法调节。

1. 直接暗示

有人称直接暗示为"镜子技巧"。在参加活动之前，先对着镜子修饰自己的容貌，然后自信地凝视着自己的形象大声说几遍："我今天一定成功！"最后精神焕发地出发。这种做法听起来可笑，其实是一种自我暗示、自我肯定，会帮你克服自卑与胆怯，增强信心。

2. 联想求同

避开现实中的差距，通过联想找出双方共同点的心理暗示方法就是联想求同。在导游讲解、演讲比赛中发现强大的对手，绝不要盲目自卑："我的口才、风度都不及他，我多么无能呀！"而要想："他能这样绝不是一朝一夕形成的，也许开始还不如我呢。马克思欣赏这样一句格言：'你之所以感到伟大高不可攀，只因为自己跪着。'如果我站起来，绝不比别人矮半截！"

3. 交叉比较

交叉比较，克服自卑与自傲。"尺有所短，寸有所长"，有自卑与自傲心理的人应

该采用两种不同的比较法。

自卑者要找出自己的长处同对方的短处比，然后想："天生我材必有用。我并非一无是处，只要扬长补短，我也会超过他。"

自傲者要找出自己的短处同对方的长处比，然后想："我这方面不如 A，那方面不如 B。哪里值得骄傲呢?"

（三）建立自信心理的训练方法

1. 渐进训练

心理障碍不是一时一日就能克服得了的，不必急躁，需要用渐进训练的方法，从容易的事情做起，即使效果不明显也不要放弃训练，逐渐增强自信。例如：第一次演说可能不成功，可以先从在自己的班级（或小组）内讲一段话开始；与名人交谈太拘束，可以先从跟老师交谈做起；与性格内向的人交往不成功，可以先从与性格热情的人交往开始。由此从易到难，逐步加深难度，逐渐提高口语交际水平。

2. 强化训练

实施强化训练法要注意设法激发训练欲望，训练时要以赞赏、表扬、鼓励为主，绝不要因暂时效果不佳而产生新的心理负担。

【做－做】

1. 常识题快问快答。训练应付突发性提问的稳定心理。

（1）设计十几组常识题（每组 5 题）。

（2）训练者抽签上台。

（3）每人完成一组快问快答题，提问后 3 秒内回答。

（4）计分评比：每题答对得 10 分；但每题答题超过 3 秒钟，则不得分。

（提示：常识题可从旅游基础知识中选编）

2. 指定 5 人上台，抽题后当场讲述。题目应有助于肯定自我形象、提高自尊和自信，诸如，《我就是这样一个人》、《我的优点》、《我的特长》、《我最得意的一件事》、《我成功地……》。

3. 介绍自己初次登台发言的心理体验，介绍自己如何用自我暗示来稳定情绪的经验。

【读－读】

如何克服说话时的心理障碍?

1. 从生理角度调节；

2. 以心理暗示放松自己；

3. 淡化表现欲望或成功欲望；

4. 想想自己曾经成功的情景；

5. 打好腹稿，做足语言准备。

三、训练示例

（一）放松训练

（1）音乐放松：运用舒缓的音乐，放松情绪。

（2）呼吸放松：舒服地坐或卧，将注意力集中在吸气和呼气上，注意节奏；慢慢将空气吸进肺里（尽可能使吸进肺里的空气最多），让空气在肺里停留几秒，然后缓缓呼出；有节奏地吸入呼出，一边呼吸一边数数，例如吸气（一、二、三、四），停留（一、二），呼气（一、二、三、四）；如果找到了合适的节奏感，可以不再数数，而将注意力放在"吸气"与"呼气"上，以同一节奏默念"吸——呼，吸——呼"。

（3）肌肉放松：从头到脚，一个部位、一个部位逐一地绷紧肌肉，绷得越紧越好，再突然放松，松到不能再松的地步，随着肌肉的松弛，情绪也逐渐放松。肌肉放松的要领在于体会紧张和放松的区别，以此舒缓焦虑等情绪。

例如放松上肢：首先，握紧右拳，同时开始吸气，继续握紧右拳，并感受右手、右臂的紧张，然后呼气，释放这种紧张，体验放松后的感觉。重复一遍。然后，将注意力集中在左手，重复上述动作。吸气时紧张左拳，并感受这种紧张，然后呼气，释放这种紧张，体验放松后的感觉。重复一遍。

（4）感觉放松：运用温冷感觉、轻重感觉的调换，放松情绪。

（二）"皮格马利翁效应"训练

皮格马利翁是古希腊神话里的塞浦路斯国王，他喜爱雕塑。一次，他成功雕塑了一个美女的形象，对它爱不释手，并真诚地期望自己的爱能被接受。爱神阿芙洛狄忒被他感动了，于是赋予雕塑以生命，美女竟然活了。一个人希望成为什么样的人，也就有可能成为什么样的人，此即"皮格马利翁效应"。

（1）想象一个好口才的人（可以选自己十分钦佩的人）在公开场合发言时，他的语言、形象，他的表情、手势，他说话的速度、音质、语调等完美的状态，越细致越好，越逼真越好；

（2）想象自己像他一样，同样的语言和形象，同样的表情、手势，同样的说话速度、音质、语调等；

（3）多次不断地在头脑中交替重复这样两幅图景。

（三）系统脱敏训练

当人们对某一事物或环境产生敏感反应（羞怯、焦虑、自卑、受挫）的时候，在他身上发展起一种不相容的反应。即对他本来可以引起敏感反应的事物或环境，不再产生敏感反应。

系统脱敏训练，有以下三个环节。

（1）进行全身放松训练；

（2）从弱到强，建立刺激等级表；

（3）刺激与松弛相配合。

训练示例：说话者对上讲台发言十分紧张

1. 进行放松训练

借助音乐，伴随肌肉放松训练。

2. 建立刺激等级（1～N级）

（1）看其他人在讲台上发言；

（2）自己站到讲台上，不发言，低头；

（3）自己站到讲台上，不发言，抬头，保持五秒；

（4）自己站到讲台上，轻声念讲稿；

（5）自己站到讲台上，大声念讲稿；

（6）自己站到讲台上，看着桌子椅子，大声说讲稿上的内容；

（7）自己站到讲台上，看着其他同学，大声说讲稿上的内容；

（8）自己站到讲台上，看着其他同学，大声说讲稿上的内容，说完后回忆自己刚才的声音、语调、眼神、手势等细节。

训练时，从（1）级开始，当（1）级刺激完成后，马上交替放松训练；直到对（1）级刺激不再紧张时，进入下一个等级的刺激；以此类推，直至完成最后一个等级的刺激，并且能够处于自然放松的状态。

【读－读】

一、焦虑自评

以下共有二十道题（如下表所示）。

■ 答案选项为：

A. 没有或很少时间；B. 小部分时间；C. 相当多时间；D. 绝大部分或全部时间。

★ 计分：

正向计分题A、B、C、D按1、2、3、4分计；

反向计分题按4、3、2、1计分。反向计分题号为：5、9、13、17、19。

★ 将20道题的得分相加算出总分"Z"。根据 $Y=1.25 \times Z$，取整数和部分的标准分。

$Y<35$，心理健康，无焦虑症状；$35 \leqslant Y<55$，偶有焦虑，症状轻微；

$55 \leqslant Y<65$，经常焦虑，中度症状；$65 \leqslant Y$，有重度焦虑。

★ 请根据自己的实际情况，选择恰当的选项。

焦虑自评量表

序号		答案	序号		答案
1	觉得比平时容易紧张或着急		3	容易心里烦乱或感到惊恐	
2	无缘无故感到害怕		4	觉得自己可能将要发疯	

续 表

序号		答案	序号		答案
5	觉得一切都很好		13	吸气呼气都感到很容易	
6	手脚发抖打战		14	手脚麻木和刺痛	
7	因为头疼、颈痛和背痛而苦恼		15	因为胃痛和消化不良而苦恼	
8	觉得容易衰弱和疲乏		16	常常要小便	
9	觉得心平气和,并且容易安静坐着		17	手脚常常是干燥温暖的	
10	觉得心跳得很快		18	脸红发热	
11	因为一阵阵头晕而苦恼		19	容易入睡并且一夜睡得很好	
12	觉得要晕倒似的		20	做噩梦	

二、阿德勒《自卑与超越》

《自卑与超越》是阿德勒从个体心理学观点出发,阐明人生道路和人生意义的通俗性读物。在书中,作者提出:每个人都有不同程度的自卑感,因为没有一个人对其现时的地位感到满意;对优越感的追求是所有人的通性。然而,并不是人人都能超越自卑,关键在于正确对待职业、社会和性,在于正确理解生活。书中不仅涉及人为什么活着,心灵与肉体的关系,自卑感和优越感,家庭和学校对人的影响,而且还论及了早期记忆,梦,犯罪及爱情、婚姻等内容。

自卑感在阿德勒的论述中占有很大比重。他认为,一般的自卑感是行为的原始决定力量,自卑感本身并不是变态的,它是一个人在追求优越地位时的一种正常的发展过程。优越感则是每个人在内驱力的策动下力求达到的最终目标,它因每个人赋予生活的意义而不同。人的行为都是出于自卑感及对自卑感的克服和超越。

三、关于挫折的名人名言

流水在碰到抵触的地方,才把它的活力解放。(歌德)

失败是坚忍的最后考验。(俾斯麦)

我们关心的,不是你是否失败了,而是你对失败能否无怨。(林肯)

暂时的失利,比暂时的胜利好得多。(阿卜·法拉兹)

水果不仅需要阳光,也需要凉夜。寒冷的雨水能使其成熟。人的性格陶冶不仅需要欢乐,也需要考验和困难。(美国作家布莱克·H.)

我可以拿走人的任何东西,但有一样东西不行,这就是在特定环境下选择自己的生活态度的自由。(德国小说家弗兰克·L.)

想想他人的不幸,你就能坦然面对人生。(米南德)

对于害怕危险的人,这个世界上总是危险的。(英国剧作家肖伯纳·G.)

让我们建议处在危机之中的人:不要把精力如此集中地放在所涉入的危险和困难上,相反要集中在机会上——因为危机中总是存在着机会。(英国医生卡罗琳·S.)

小困难，大声叫嚷；大困难，闷声不响。（古罗马哲学家尼加·L.A.）

乐观主义者总是想象自己实现了目标的情景。（古罗马哲学家尼加·L.A.）

从希望中得到欢乐，在苦难中保持坚韧。（美国总统肯尼迪·J.）

中文的"危机"分为两个字，一个意味着危险，另外一个意味着机会。（英国作家布瑞杰）

对于过去不幸的记忆，构成了新的不幸。（西班牙作家塞万提斯·M.）

千磨万击还坚劲，任尔东南西北风。（郑板桥）

四、羞怯是怎么来的

羞怯严格意义上讲是一种由不正确的自我暗示引发的心理障碍，少数人是遗传基因造成，而大多数人则是受家庭和周围环境影响所致。无论是先天还是后天的羞怯，原因通常都有如下几点。

1. 过度缺乏自信；

2. 认知领域里的概念错误；

3. 怕丢面子；

4. 对安全感的过分追求。

如果你是一个羞怯的人，请你告诫自己：

1. 我要增加曝光度；

2. 自信源于对自己熟悉领域的高度认知；

3. 好口才是说出来的；

4. 真正看重你的面子的人只有你自己；

5. 不要过度放大说错话对自己的不良后果。

请完成与本任务相关的实训项目一至三。

任务二 口才思维训练

 任务描述

口才的功夫不仅在嘴上，更是在脑上。成功的表达，不仅与语言能力相关，还与思维品质和思维能力相关。要想训练自己具备良好的口才，就应透过语言训练的表层，直至思维品质、思维能力训练的深层。请学习"必备知识"，掌握思维训练的方法，提高导游口语水平。

必备知识

语言显示出我们头脑中关于目的和手段的潜在的思维框架。激发问题意识与目的

意识、超越固化思维、启动想象和联想、提高综合思维能力，口才的面貌一定会大为改观。

口才的优劣表面看是技巧问题，深层看是思维问题。口才的训练和提高如果仅仅停留在单纯的技巧模仿上，只能事倍功半。一个人怎么说和说什么，反映了他的思维品质和思维能力。

语言是思想的直接显示，语言能力与思维能力密切相关。说话的过程是人们将自己的内部语言（思维活动）转化为外部语言（有声语言）的过程，因此，口才的训练与提高应从思维训练开始。

一、思维品质

（一）思维的深刻性

思维的深刻性指思维的深度。它集中地表现在是否善于深入地思考问题，抓住事物的规律和本质，预见事物的发展和进程。在思维的深刻性方面，有的人思考问题善于打破沙锅问到底，非弄个明白，但又不钻牛角尖；而有的人思考问题往往很肤浅，一知半解。

这一品质要求人们具有精深的知识。通常那些好学深思、不耻下问的人，其思维是深刻的；而那些遇事不求甚解的人，其思维则会显得肤浅。

（二）思维的敏捷性

思维的敏捷性是指思维过程的速度或迅速程度。思维敏捷是指人们在短时间内当机立断地根据具体情况作出决定，迅速解决问题的思维品质。"眉头一皱，计上心来"，便是思维敏捷的一种表现。在日常生活和工作中，遇事胸有成竹，善于迅速作出判断，但又不流于匆忙草率。

（三）思维的灵活性

思维的灵活性是指思考问题、解决问题的随机应变程度。思维灵活的具体表现是：当情况与条件发生变化时，思维能够打破旧框框，提出新办法。这一品质与思维的敏捷性联系密切，没有敏捷性，就没有灵活性。有的人遇事足智多谋，善于随机应变；而有的人脑筋僵化，惯于墨守成规。

（四）思维的独创性

思维的独创性表现在是否善于独立地分析问题和解决问题。它表现为不依赖别人的思想和原则，不寻求现成的解决问题的方案，而是创造性地寻求并获得研究现实的新途径、新事实和规律，提出新的解释和新的结论。有的人遇事独立思考，有独特见解，解决问题时有独到方法，但也不固执己见，唯我是从；有的人则遇事盲从附和，解决问题时人云亦云，表现出很大的受暗示性。

（五）思维的批判性

思维的批判性是指善于批判地评价他人的思想与成果，也善于批判地对待自己的思想与成果。批判性的思维能够吸取别人的长处和优点，吸取别人的思想精华，而摒

弃别人的短处和缺点，摒弃别人思想的糟粕。它还能够严格地检查自己思想的进程及其结果，缜密地验证自己所提出的种种设想或假说，在没有确证其真实性之前，决不轻易相信这就是真理。有的人思维具有较强的批判性，能辩证地分析问题；有的人则思维缺乏批判性，不能辩证地分析事物。

【想一想】

案例1

小张形象漂亮，声音甜美，性格开朗，总是笑眯眯的。游客都很喜欢她。她肚子里装了很多故事和解说词，非常想把它们一股脑儿倒给客人们，可她讲的时候不得法，东一榔头西一棒子，一条还没说完就想说另一条。所以游客对她的讲解服务不甚满意。

案例2

一次，一位媚态十足的年轻妇女对丘吉尔说："丘吉尔先生，你身上有两点我不喜欢。""哪两点？""你执行的新政策和你嘴上的胡须。""哎呀，真的，夫人，"丘吉尔彬彬有礼地答道，"请不要介意，您没有机会接触到其中任何一点。"

1. 小张的口语条理性差，其根源是什么？

2. 丘吉尔的回答巧妙之处在哪儿？

3. 这两个故事说明人的口才除了与语言相关，还和哪方面有着紧密联系？

【做一做】

1. 练习思维的有序性（条理性）

（1）听一段5分钟左右长度的讲话录音，听的时候注意捕捉讲话人"首先""其次""再次"，或"第一点""第二点""第三点"等提示语，然后指出说话人的思维是怎样连贯起来的。

（2）锻炼思维有序的品质对导游口语有何益处？请举例说明。

2. 练习思维的敏捷性

（1）成语速接：（示例）A．"十年树木，百年树人"；B．"人才辈出"；C．"出类拔萃"……

（2）快速归类：一口气快速说出同类事物的名称。

A．卧具有哪些？

B．颜色有哪些？

C．表示或描述"手"的动作的词有哪些？

示例：体育活动项目名称：冰壶、游泳、划船、乒乓球、网球、滑冰、围棋。

（3）接对偶句：示例：万水千山——五湖四海。

（注：此练习既练习思维敏捷又练习词语丰富）

虎不怕山高——

嘻嘻哈哈喝茶——

千军易得——

尺有所短——

菜刀越磨越快，文章_____

一锹挖不成井，一笔_____

良言一句三冬暖，恶语_____

好花不浇不盛开，小树_____

稗草长不出稻穗，狗嘴_____

粪堆里长不出灵芝草，狗窝_____

快马也要响鞭催，响鼓_____

云彩经不起风吹，露水_____

宁吃鲜桃一口，不吃_____

3. 练习思维的开阔性

（1）联想。

任意从一个词开始联想，联想越丰富、越开阔越好。

A. 接近联想，由于时间、空间上接近而产生的联想。

示例："茶"的联想：茶——龙井——西湖……

B. 类似联想，由于某种性质类似而引起的联想。

示例："茶"的联想：茶——咖啡——果汁——啤酒……

C. 对比联想，由对比产生的联想。

示例："茶"的联想：茶——白开水；茶——饭；茶——酒……

（2）想象扩展。

将下列成语（课后还可以找更多成语做练习）分别扩展一个小故事，在不改变主题的情况下允许合理想象。讲述时间不少于3分钟。

成语：叶公好龙、擢发难数、四面楚歌、朝三暮四、缘木求鱼、请君入瓮……

（3）想象结果。

给目前正在热播的电影或电视剧改编结尾，想象故事或主人公的不同结局。

二、思维能力

（一）逻辑思维

思维是人的意识对客观世界的反映，导游人员的思维要符合逻辑规律，它表现在语言上有三点：

第一，概念、判断、推理符合事实，导游的解说内容要准确无误，与事实一致，不能信口乱编。

第二，其语言要保持连贯性，遵守逻辑思维规律，就会使自己的思维具有确定的、前后一致的、有条理的状态，从而在语言表达上保持首尾相应，具有较强的连贯性。

第三，语言表达有秩序性。根据思维逻辑，把要解说的内容分成前后秩序，即先

讲什么、后讲什么，使之层层递进、条理清楚、脉络清晰。

【想－想】

1. 导游员在讲西湖景点时，说"孤山不孤、断桥不断、长桥不长"。他的话语是否符合逻辑规律？

2. 给下面三段讲解词排序（提示：可依据时间、空间顺序、上下文意线索）

（1）示例：在颐和园，旅游团的参观路线一般由东宫门进，从如意门出，所以通常分三段游览，（　　）。旅游者边欣赏沿途美景边听导游员有声有色、层次分明、环环相扣的讲解，一定会心旷神怡。

A. 以慈禧太后的寝宫乐寿堂和戊戌变法失败后的"天子监狱"玉澜堂为中心的帝后生活区；

B. 以仁寿殿为中心的政治活动区；

C. 游览区的昆明湖和前山（长廊、排云殿至佛香阁的中轴线和石舫）。

（参考答案：①（B）；②（A）；③（C））

（2）A. 中山陵景区现已林木葱郁，景色秀丽，环境优美，成为南京最著名的标志性景点，是中国旅游胜地四十佳之一，也是国家首批重点文物保护单位和首批 AAAA 级景点。

B. 中山陵是著名建筑设计师吕彦直先生的作品，建于 1926 年，1929 年建成，至今已 70 余年。

C. 中山陵是伟大的民主革命先行者孙中山先生的陵墓。平面呈木铎形，有"使天下皆达道"之喻义，以此警示后人——"革命尚未成功，同志仍需努力"。

答案：①（　　）；②（　　）；③（　　）。

（3）A. 地形以丘陵为主，境内有长江、滁河、秦淮河、玄武湖、固城湖等水体。

B. 南京是江苏省省会，长江上最著名的滨江城市。面积 6500 多平方公里，辖区内有 11 个区两个县。

C. 独特的自然条件孕育了南京地区丰富的动植物资源，南京的绿化很好，是全国著名的"园林城市""绿色城市"，市区绿地覆盖率 39%，主要树种有悬铃木、雪松、水杉、龙柏等，花草有紫薇、杜鹃、梅花等，其中雪松是南京的市树，梅花是南京的市花。

D. 气候类型为亚热带大陆性季风气候，四季分明，冬冷夏热，降水丰富。

答案：①（　　）；②（　　）；③（　　）；④（　　）。

（二）形象思维

形象思维是指以具体的形象或图像作为思维内容的思维形态。形象思维的方法主要有如下几种。

1. 模仿法

它是以某一形象原型或图像原型为参照，在此基础上加以变化产生新形象或新图

像的方法。请看以下两个句子：

地球学家说："把地球作为人的世界去了解它。"

心理学家说："人脑可能是整个地球，甚至整体宇宙的缩影。"

这两句话见解深刻、说法新颖，正是运用了模仿法（具体说来，是通过类比的语言修辞手法）来进行思维的结果。

2. 组合法

它是指从两种或多种形象中抽取合适的要素重新组织，构成新形象或新图像的思维技法。例如，马致远的《天净沙·秋思》为了表达"断肠人在天涯"的羁旅思乡之情，将枯藤、老树、昏鸦、小桥、流水、人家、古道、西风、瘦马、夕阳多种形象组合在一起，重新凝筑成一个羁旅思乡的背景氛围，其语言魅力与组合法的形象思维密切相关。

3. 移植法

在语言的思维过程中，移植法是指将某一领域的形象或图像移植到另一领域中去的思维技法。例如，在辩论赛中，为了形容对方的"温饱决定论"，辩手将裴多菲的诗做了改动："生命诚可贵，爱情价更高，若为温饱故，两者皆可抛。"又如，在辩论"艾滋病是医学问题还是社会问题"时，辩手幽默地说："如果哪个人给艾滋病'爱'上的话，恐怕会'此恨绵绵无绝期'吧！"

【读－读】

干巴巴的讲解

导游员小陈这天正在讲大雄宝殿，按平时的方法讲三世佛、三方佛等，游客们似懂非懂，听得无精打采。这时一位客人打断了她的话："导游，这样干巴巴的讲解不行。"小陈听了不快地反唇相讥道："您讲得好，那请您来讲好啦。"这位客人笑了笑说："我讲不好你的专业，不过是不是可以用打比方的方式讲，比如，将寺庙中的菩萨，结合佛经中的故事形象地讲解。这样讲才会使游客产生新奇感和幽默感，同时，也能大大增强游兴。"他讲完后，大家都十分赞同。

上述例子中，客人的建议很好，他实际提议的是类比对比法。所谓类比对比法，是指导游员在讲解过程中运用打比方和对比的形式，达到生动形象和通俗易懂的实际效果，使游客对事物有进一步的了解并加深印象，从而获得良好的讲解效果。比如，导游员讲解扬州的五亭桥时就可介绍苏州宝带桥或无锡宝界桥。由此可以再进行对比，如五亭桥有 15 个孔，宝带桥有 53 个孔，宝界桥有 60 个孔。这些是桥与桥之间的类比、孔与孔之间的对比等。又比如，石头之间的类比与对比，上海豫园内的玉玲珑、杭州花圃内的绉云峰以及苏州第十中学内的瑞云峰，有人把它们称之为江南三大名石。这些名石的特点是：透、漏、瘦、皱、丑，形态虽不同，但都体现得淋漓尽致，其中又

各以某一点见长。相同属性之间的事物相对比，其范围相当的广泛，小到一草一木，大到家事国事都可进行对比讲解。

从这个例子可以看到，形象性的解说更受游客青睐。思维是语言的内核，通过思维方法的训练有助于提高口语表达的质量。

【想－想】

1. 说说以下形象思维的讲解效果。

将北京的王府井比作日本东京的银座、美国纽约的第五大街、法国巴黎的香榭丽舍大街；把上海的城隍庙比作日本东京的浅草；参观苏州时将其称作"东方威尼斯"；讲到梁山伯和祝英台时将其称为"中国的罗密欧和朱丽叶"等。

2. 读一读下面一段文字，理解并学习这种思维与语言方式。

游览故宫时，导游员一般都会讲到康熙皇帝，但旅游者大都不知道他是哪个时代的中国皇帝，如果导游员对法国人说康熙与路易十四同一时代，对俄国人说他与彼得大帝同代，还可加上一句，他们在本国历史上都是很有作为的君主，则这样的介绍既利于旅游者认识康熙，也会使他们感到高兴。

（三）发散思维

发散思维是指通过对已知信息进行多角度、多方向、多渠道的思考，从而悟出新问题、探索新知识或发现多种解答、得出多种结果的思维方式，又被称为"求异思维""辐射思维"。发散思维对于打破思维定式，破除思想、行为、观念的僵化是十分有效的。

【读－读】

某旅行社广告部闹得不可开交，大家因为痛失一笔广告业务而互相推诿责任，已经到了拍桌子骂娘的地步。秘书小王闻讯后，赶紧跑去向领导汇报，想请领导出面协调此事。不料，老总和副总正在闲聊昨晚的足球赛事。小王心想：此时打搅领导的雅兴不好，不及时汇报也不好，说不定事后自己还会挨批。怎么办呢？突然，他由踢足球联想到推诿责任，这下有了，他跑进领导办公室汇报说："我们广告部现在正在踢足球呢。不过他们踢的那个球，让我们旅行社损失一笔广告业务不算，现在还内部闹到拍桌子骂娘的地步了……"

美国总统艾森豪威尔在一次宴会上被安排为最后一位发言，要讲的话别人已经讲了，况且时间已经拖得太久了，当他站起来讲话时，他说："每一篇演说不管他写成书面的或其他形式，都应该有标点符号，今天晚上，我就是标点符号中的句号！"

小王和艾森豪威尔打破思维的固定模式，用发散性思维思考对策。小王成功地以老板正谈论的足球为话题将重要的汇报及时上达。艾森豪威尔则"最后一位发言"作出另解，巧妙化解听众疲劳，引起倾听兴趣。

【做一做】

发散性思维：要求尽可能多地说出用"吹"的方法可以办成的事情或解决的问题。如：吹气球、吹桌面的灰、吹痛的伤口、吹纸片玩、吹泡泡、吹蒲公英、吹眼睛的沙子、吹塑料袋、吹充气玩具、吹风车、吹口哨、吹笛子、吹喇叭……

发散思维的含义有两点：一是指来自或连接到一个中心点的联想过程；二是指"思想的爆发"。也就是说，发散思维过程是一个流动的、开放的、不断发展的过程，是应用已有信息库的信息进行信息组合，并把思维引向新的方向的过程。

【读一读】

认识思维定式

思维定式，是指按照积累的思维活动、经验教训和思维规律，在反复使用中形成的比较稳定的、定型化了的思维路线、方式、程序和模式（在感性认识阶段也称作"刻板印象"）。

思维定式是一种按常规处理问题的思维方式。它可以省去许多摸索、试探的步骤，缩短思考时间，提高效率。在日常生活中，思维定式可以帮助我们解决每天碰到的90%以上的问题。

但是，大量事例表明，思维定式对问题解决具有较大的负面影响。它不利于创新思考，不利于创造。当问题的条件发生质变时，思维定式会使人们墨守成规，难以涌出新思维、作出新决策，造成知识和经验的负迁移。它容易使人们产生思想上的懈怠性，养成一种呆板、千篇一律的思维习惯。

请完成与本任务相关的实训项目四。

项目总结 ▶▶

说话是个复杂的生理和心理过程，口语交际双方的心理处于互动互变状态。克服心理障碍，具备健全的心理素质，懂得心理沟通的方法，是导游与游客成功人际交往的基础，也是导游服务顺利进行的前提条件。导游员应掌握常用的沟通与训练方法，不断优化自己的口语表达能力。

语言是思维的物质外壳，思维是语言的内核。口语表达的过程实际上就是把思维的结果表述出来的过程。思维的品质和水平，从很大程度上制约着口才的质量。"想得快者，说得快"，所以思维训练是口才训练的基础，它也是有助于导游完成服务工作的基本要素之一。

 **复习思考题**

一、选择题

1. 口语交际中常见的心理障碍有（　　　）。

A. 自傲　　　　　B. 胆怯　　　　　C. 焦虑　　　　　D. 自卑

2. 通过对已知信息进行多角度、多方向、多渠道的思考，从而悟出新问题、探索新知识或发现多种解答、得出多种结果的思维方式是（　　　）。

A. 形象思维　　　B. 逻辑思维　　　C. 定式思维　　　D. 发散思维

3. 形象思维的方法主要有（　　　）。

A. 模仿法　　　　B. 创造法　　　　C. 组合法　　　　D. 移植法

4. 当一个人的健康状况出了问题时，他最容易产生的心理障碍是（　　　）。

A. 厌烦　　　　　B. 自卑　　　　　C. 焦虑　　　　　D. 胆怯

5. 一个人希望成为什么样的人，也就有可能成为什么样的人，此即（　　　）。

A. 首因效应　　　　　　　　　　　B. 皮格马利翁效应

C. 木桶效应　　　　　　　　　　　D. 蝴蝶效应

二、简答题

1. 结合实际，谈谈你在人际交往中容易出现哪些心理障碍，你如何克服这些心理障碍？

2. 简述口才和思维之间的关系。

3. 结合个人的经验，谈谈你打算如何锻炼你的思维能力。

实训项目

项目一

【实训名称】应急反应训练

【实训要求】在口语交际中，能够比较冷静地处理突发事件，如听众突然爆发出哄堂大笑、讲稿被风刮走、记不起解说词、水杯被打翻、意想不到的提问和诘问等。

【操作提示】分组，每组3～5人。分别扮演发言人、听众（提问者）。听众采用反问、逼问、诘问等提问方式不断向发言人"进攻"。

【实训评测】本次训练以激发说话人的勇气为主，不评定成绩。

【实训内容】

说话者：各位朋友，大家好！今天我勇敢地站在了发言席上，非常有信心向诸位表达我的思想……

听众甲：什么，你勇敢地站在了台上？怎么脸绷得紧紧的、眼神惊慌失措？

说话者：……（微笑回答，应对话语要机制、幽默）

听众乙：我不清楚你为什么要笑，你的手势是什么意思？

说话者：对这位同学的提问，我想说三句话……（目光要注视听众乙，并辅以手势，回答语气应沉稳，用语软中有硬）

听众丙：（鼓掌）非常精彩！但是你是否认为听众甲和乙比你更勇敢、自信？你自己是不是在自吹自擂？

说话者：……（略沉思一会儿，要用表情显露内心谦和的态度。回答时要条理清晰、言简意赅）

【训练提示】应急反应训练所要求的重要的心理素质是冷静，能及时对突发事件作出迅速有效的反应；训练时特别能锻炼说话人的勇敢、自信（当然还有思维的敏捷和话语的机智）。

项目二

【实训名称】旅游论坛

【实训要求】在口语交际中，要求发言者不慌张、不胆怯，神态自然、言谈得体、接语主动，内容有见地、表达有条理。

【操作提示】①分组，每组5人，4人扮演嘉宾、1人扮演主持人；②情景设想为"电视台演播室"，4名嘉宾就座，主持人负责串词，各组轮流模拟演播；③实训前做好准备，拟定话题，嘉宾拟写发言内容，主持人写出开场白、串词、结尾。

【实训评测】评出哪一组配合最佳；评出哪一个说话者的心理稳定、谈吐最得体、表达最清楚。

【实训内容】就热门话题展开自由交谈。

项目三

【实训名称】新闻发言人

【实训要求】练习在各种突发情况和尴尬场合的稳定心理和应变能力。

【操作提示】①分组，每组5人，1人扮演发言人，其他人扮演记者；②实训前做好准备，拟定题目。发言人拟写发言提纲。

【实训评测】由全体参加者从心理角度和口语角度评议，评出"最佳发言人"。

【实训内容】创设一定的情景（"××记者招待会"或"××新闻发布会"），"记者"提各种问题，指名要求某发言人回答，或自由回答。

项目四

【实训名称】景点解说逻辑思维训练

【实训要求】根据时间和空间顺序讲解曲阜孔庙的现实布局和历史演变。要求思维清晰，逻辑性强；语言连贯，有序性强。

【操作提示】①分组，每组3～5人，组内分工，分别讲解曲阜孔庙的一个部分；②阅读训练材料文本，用提纲写出曲阜孔庙的历史进程和空间布局（并画出示意图）；③角色扮演，每人轮流扮演一次导游员，组员扮演游客。

【实训评测】评出哪一组配合最佳；评出哪一位导游员表达最清晰、流畅。

【实训内容】

《曲阜孔庙》（节选）
梁思成

现在的孔庙是由孔子的小小的旧宅"发展"出来的。他死后，他的学生就把他的遗物——衣、冠、琴、车、书保存在他的故居，作为"庙"。汉高祖刘邦就曾经在过曲阜时杀了一条牛祭扫孔子。西汉末年，孔子的后代受封为"褒成侯"，还领到封地来奉祀孔子。到东汉末桓帝时（公元153年），第一次由国家为孔子建了庙。随着朝代岁月的递移，到了宋朝，孔庙就已发展成三百多间房的巨型庙宇。历代以来，孔庙曾经多次受到兵灾或雷火的破坏，但是统治者总是把它恢复重建起来，而且规模越来越大。到了明朝中叶（16世纪初），孔庙在一次兵灾中毁了之后，统治者不但重建了庙堂，而且为了保护孔庙，干脆废弃了原在庙东的县城，而围绕着孔庙另建新城——"移县就庙"。在这个曲阜县城里，孔庙正门紧挨在县城南门里，庙的后墙就是县城北部，由南到北几乎把县城分割成为互相隔绝的东西两半。这就是今天的曲阜。孔庙的规模基本上是那时重建后留下来的。

自从萧何给汉高祖营建壮丽的未央宫，"以重天子之威"以后，统治阶级就学会了用建筑物来做政治工具。因为"夫子之道"是可以用来维护封建制度的最有用的思想武器，所以每一个新的皇朝在建国之初，都必然隆重祭孔，大修庙堂，以阐"文治"；在朝代衰末的时候，也常常重修孔庙，企图宣扬"圣教"，扶危救亡。1935年，国民党反动政权就是企图这样做的最后一个，当然，蒋介石的"尊孔"，并不能阻止中国人民的解放运动；当时的重修计划，也只是一纸空文而已。

由于封建统治阶级对于孔子的重视，连孔子的子孙也沾了光，除了庙东那座院落重重，花园幽深的"衍圣公府"外，解放前，在县境内还有大量的"祀田"，历代的"衍圣公"，也就成了一代一代的恶霸地主。曲阜县知县也必须是孔氏族人，而且必须由"衍圣公"推荐，朝廷才能任命。

除了孔庙的"发展"过程是一部很有意思的"历史纪录"外，现存的建筑物也可以看做中国近八百年来的"建筑标本陈列馆"。这个陈列馆一共占地将近十公顷，前后共有八"进"庭院，殿、堂、廊、庑共六百二十余间，其中最古的是金朝（1195年）的一座碑亭，以后元、明、清、民国各朝代的建筑都有。

孔庙的八"进"庭院中，前面（即南面）三进庭院都是柏树林，每一"进"都有墙垣环绕，正中是穿过柏林和重重的牌坊，门道的甬道。第三进以北才开始布置建筑物。这一部分用四个角楼标志出来，略似北京紫禁城，但具体而微。在中线上的是主要建筑组群，由奎文阁、大成门、大成殿、寝殿、圣迹殿和大成殿两侧的东庑和西庑组成。大成殿一组也用四个角楼标志着，略似北京故宫前三殿一组的意思。在中线组群两侧，东面是承圣殿、诗礼堂一组，西面是金丝堂、启圣殿一组。大成门之南，左右有碑亭十余座。此外还有些次要的组群。

奎文阁是一座两层楼的大阁，是孔庙的藏书楼，明弘治十七年（1504 年）所建。在它南面的中线上的几道门也大多是同年所建。大成殿一组，除杏坛和圣迹殿是明代建筑外，全是清雍正年间（1723—1735 年）建造的。

今天到曲阜去参观孔庙的人，若由南面正门进去，在穿过了苍翠的古柏林和一系列的门堂之后，首先引起你兴趣的大概会是奎文阁前的同文门。这座门不大，也不开在什么围墙上，而是单独地立在奎文阁前面。它引人注意的不是它的石柱和四百五十多年的高龄，而是门内保存的许多汉魏碑石。其中如史晨、孔宙、张猛龙等碑，是老前辈临过碑贴练习书法的人所熟悉的。现在，人民政府又把散弃在附近地区的一些汉画像石集中到这里。原来在庙西校阅射御地方的两个汉刻石人像也移到庙园内，立在一座新建的亭子里。今天的孔庙已经具备了一个小型汉代雕刻陈列馆的条件了。

奎文阁虽说是藏书楼，但过去是否真正藏过书，很成疑问。它是大成殿主要组群前面"序曲"的高峰，高大仅次于大成殿；下层四周回廊全部用石柱，是一座很雄伟的建筑物。

大成殿正中供奉孔子像，两侧配祀颜回、曾参、孟轲等"十二哲"。它是一座双层瓦檐的大殿，建立在双层白石台基上，是孔庙最主要的建筑物，重建于清初雍正年间雷火焚毁之后，1730 年落成。这座殿最引人注意的是它前廊的十根精雕蟠龙石柱。每根柱上雕出"双龙戏珠"。"降龙"由上蟠下来，头向上；"升龙"由下蟠上去，头向下。中间雕出宝珠；还有云焰环绕衬托。柱脚刻出石山，下面由莲瓣柱础承托。这些蟠龙不是一般的浮雕，而是附在柱身上的圆雕。它在阳光闪烁下栩栩如生，是建筑与雕刻相辅相成的杰出的范例。大成门正中一对柱也用了同样的手法。殿两侧和后面的柱子是八角形石柱，也有精美的浅浮雕。相传大成殿原来的位置在现在殿前杏坛所在的地方，是 1018 年宋真宗时移建的。现存台基的"御路"雕刻是明代的遗物。

杏坛位置在大成殿前庭院正中，是一座亭子，相传是孔子讲学的地方。现存的建筑也是明弘治十七年所建。显然是清雍正年间经雷火灾后幸存下来的。大成殿后的寝殿是孔子夫人的殿。再后面的圣迹殿，明末万历年间（1592 年）创建，现存的仍是原物，中有孔子周游列国的画石一百二十幅，其中有些出于名家手笔。

大成门前的十几座碑亭是金、元以来各时代的遗物；其中最古的已有七百七十多年的历史。孔庙现存的大量碑石中，比较特殊的是元朝的蒙汉文对照的碑和一块明初洪武年间的语体文碑，都是语言史中可贵的资料。

项目三 无声语言技巧训练

 **知识目标**

- 认识无声语言的作用。
- 了解表情语、身姿语、手势语、界域语等相关知识。
- 知晓导游态势语与人际空间禁忌。

 技能目标

1. 能正确使用表情语、身姿语、手势语、界域语表情达意。
2. 能用得体优雅的姿态，体现自身修养，增强说话的感染力。
3. 能在旅游服务工作中杜绝出现不礼貌的动作、表情。

 **问题讨论**

案例 1

飞机准点降落在白云机场。神州旅行社领队引导游客下飞机、取行李、出站。地陪小玲已经在机场出口处候着了。小玲一身浅色休闲装，一双白色运动鞋，充溢着朝气。陈领队见了地陪，很满意。

一番寒暄后，小玲向客人作了自我介绍，接着清点人数。但是接下来，陈领队渐渐皱起了眉头——小玲正在用手指点着客人，数人数。

案例 2

1992 年 10 月 24 日，日本国明仁天皇与皇后美智子参观了长城。

（请仔细观察，照片中，明仁天皇与皇后的前方，有好几位中国人伸出他们的左手或右手。请注意伸手的同时，他们的身姿有什么特点？猜一猜他们的工作身份，这些体态动作

两千年来唯一一位来华的
日本天皇图片
（图片来源：法新社）

是什么意思?)

1. 陈领队与小玲初次见面,令他满意的是小玲的哪个方面?

2. 初见小玲,陈领队还是挺满意的,可是后来他为什么皱眉?

3. 从日本天皇参观长城的照片,你获得哪些认识?

任务一　认知无声语言

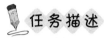

一颦一笑,一举手一投足,这些表情、动作联络了感情、沟通了信息。说话者用有声语言"说"的同时,还要运用一定的肢体语言来传递某些信息,以形成一种整体美感效应。语音、文字之外,其他手段的表情达意作用重大,不容忽视。请阅读"必备知识",完成对无声语言的概念、导游员常用的无声语言种类、作用等的认知任务。

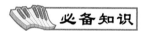

一、无声语言

无声语言又叫"体态语言""人体语言""动作语言""行为语言""态势语言""身势语言"。

无声语言是指通过人体某一部分形态的变化来交流思想、表达情感的一种辅助性语言表现方式,它主要对有声语言起辅助作用。态势语言与有声语言(也包括有声语言的书面形式)一起构成交流手段的总体,两者相辅相成,共同表达确切的、完整的信息。

在交际中,人们所获得的感觉印象大多数来源于视觉,据测定,77%来自于眼睛,14%来自于耳朵,9%来自于其他感觉器官。体态语直接诉诸于人的视觉器官。

美国心理学家艾伯特·梅瑞宾发现,在一条信息传递的全部效果中,只有38%是有声的(包括音调、变音和其他声响),有7%是靠语言(词),而55%的信息是无声的。在交际过程中,处于辅助地位的态势语言有它巨大的信息容量。有声语言用来传递信息,无声语言用来表达人与人之间的态度,同时也用来作为传递信息的替代物,所以导游与游客交往过程中必须重视自身的体态语言。

二、无声语言训练与导游服务

(一)导游无声语言礼仪

无声语言运用原则:礼貌、适度、得体。

美国前总统尼克松在一次招待会上,举起双手示意记者们站起来,嘴上却说"大

家请坐"，使得记者们大伤脑筋。于是，这一说话和动作的不协调，成了逸闻。

导游必须清醒地知道自己在工作中的职责，即导游是以游客为中心的服务型角色。其无声语言围绕两个核心建立原则与标准——方便服务、尊重游客、礼貌待客，换言之，服饰语整洁、简单、自然、美观，重视着装是对游客的尊重，简洁自然是为了方便导游途中行走，所以旗袍、高跟鞋的不合适一目了然。表情语、动作语以微笑、热情、礼貌、得体为原则，体现导游的良好教养，更体现出对客人的尊敬。

1. 美感体现

导游人员自身美不是个人行为，在宣传旅游目的地、传播中华文明方面起着重要作用，也有助于在游客心目中树立导游人员的良好形象。因此，在上团前要做好仪容、仪表方面（即服饰、发型和化妆等）的准备。

2. 简洁、适度

衣着要整洁、整齐、大方、自然，佩戴首饰要适度，不浓妆艳抹。动作简单明了，不能烦琐复杂，而且动作与说话内容、气氛协调一致，不要故作姿态。导游并非哑剧演员，不要用手势妨碍正常的有声语言表达。要克服不良的习惯动作，去掉多余的手势，不要让过多的无声语言弄得游客眼花缭乱，不知所措。

3. 严守禁忌

导游要注意知识积累，熟知无声语言禁忌。诸如双手叉腰、奇装异服，导游倘若用了，既不雅又有失身份。像小玲那样点数游客人数，非常不礼貌。各民族的禁忌有差异，导游人员上团之前应做好功课，例如不能用食指指点游客，因为在欧美国家这是很不礼貌的骂人动作。伸出中指，在法国、美国、新加坡表示"被激怒和极度的不愉快"，在墨西哥表示"不满"，在澳大利亚、突尼斯表示"侮辱"，在法国则表示"下流的行为"。这些都是严禁出现的无声语言，导游在思想上必须高度重视。

（二）无声语言训练与导游自信培养

铁打的营盘，流水的客。工作性质决定了导游总在不断地接触新的、陌生的人，导游不妨顺势利用无声语言训练，一举两得，在学习与操练无声语言的同时，建立和培养自信。

1. 用身姿投射自信

面对数十位游客，挺起胸，直起腰，挺拔的站姿不仅给游客一种朝气蓬勃的感觉，也会让你的自信感更强。

2. 微笑使你坚强

微笑使你显得友善、外向、吸引人，可以缩小你和游客的距离，使他们更容易接受你，于是你就拥有了自信。

3. 穿最有风格的衣服

在方便旅行、符合工作条件的前提下，选择突出你内在气质和个性的衣服，例如颜色简单的小饰品，让你的服饰语在满足舒适和收放自如的条件的同时，令你显得漂亮、清新、富有个性，这样的你是会拥有满满的自信的。

4. 在眼神中表达自信

从服务礼貌的角度出发，导游员不能用飘忽不定、躲躲闪闪的目光面对游客，不可斜视、睥睨。当导游员进行解说服务时，如果用含笑的、炯炯的目光面对游客——这样的眼神从侧面烘托出导游的自信——那么游客从中得到的是一种很有神韵的感觉。

【做－做】

1. 站在镜子面前，做以下动作：挺直腰杆，挺起胸膛，微笑，注视镜子中的人。然后摆出其他姿态。

2. 在同伴面前重复上述镜子前的动作，从中查明哪些无声语言既是你自然的动作又是你最得体和自信的姿势。

三、无声语言的种类

与有声语言一样，无声语言类型也是千姿百态、丰富多样的。其主要包括仪容仪表、服装、配饰等客体语；目光与微笑等表情语；体态、手势、动作等肢体语言；以及其他视觉材料，比如空间距离等环境语言，如下图所示。

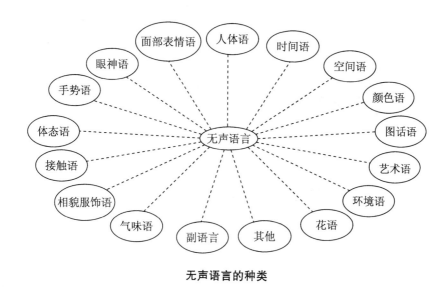

无声语言的种类

四、无声语言的特点

（一）形象性

无声语言是以表情、手势、身姿等形象性较强的动作进行传达交流，比有声语言显得形象、简单而生动，能够直观地表现人的内心活动。比如人们在开心的时候会喜笑颜开，手舞足蹈。通过具体的肢体语言和面部表情可以充分了解一个人的心情。

（二）普遍性

无声语言因其形象性，显得简单易学，所有的人群皆可以使用。专家研究发现，一个刚刚生下 8 天的婴儿就会微笑。心理学家认为，这是婴儿对于那种单纯的生理满足——食物、温暖、舒适、安慰等所作出的第一个反应。6 个月左右的婴儿已经能够用笑来表达种种复杂的喜悦。

（三）真实性

西方心理学家弗洛伊德曾有一段经典名言："任何人都无法保守他内心的秘密。即使他的嘴巴保持沉默，但他的指尖却喋喋不休，甚至他的每一个毛孔都会背叛他。"在交际活动中，人们为了某种目的，往往会克制自己的情绪，隐瞒自己的真实想法。虽然他在语言上体现出礼貌，但是有些和语言不一致的行为，却通过其无声语言暴露无遗。比如，有人嘴上说不害怕，不紧张，可手心却会出汗，小腿也在抖动；主人嘴上热情地挽留客人，却悄悄地看钟表。

（四）文化性

不同的国家有不同的文化，这不仅能通过有声语言反映，也会通过无声语言加以表现。在不同的国家、不同的民族中，由于文化传统和生活习俗的不同，同样的手指动作可能表示不同的或相反的语义。比如，伸出食指，在美国表示"让对方稍等"，在缅甸表示"请求""拜托"，在新加坡表示"最重要"，而在澳大利亚则表示"请再来一杯啤酒"。导游人员在接待外国游客时，先要对游客所在国及民族的手指语有所了解，以避免误会和尴尬。

五、无声语言的作用

【想一想】

罗经理会见 A 公司销售人员的经历

一天，A 公司的销售人员想见我。听客户讲，他们的产品质量不错，于是我决定见见销售员。14：10 时我听见有人敲门，我说："请进。"门开了，进来一个人，穿一套旧的皱巴巴的浅色西装，他走到我的办公桌前说自己是 A 公司的销售员。我继续打量着他：穿着羊毛衫，打一条领带；领带有些脏，上面好像有些油污，而且领带飘在羊毛衫的外面；黑色皮鞋没有擦，上面好多灰。有好大一会儿，我都在打量他，心中开小差。他讲完了，我马上对他说："把资料放在这里，我看一看，你回去吧。"

在【想一想】例子中，罗经理对 A 公司的产品本来很感兴趣。但经过与对方销售员接触后，罗经理却不乐意与 A 公司合作了。销售员不恰当的服饰大大影响了罗经理听话时的注意力，使罗经理对该公司的整体水平产生了怀疑，所以不会轻易与其合作。

　　良好的形象塑造不仅依赖于有声语言的礼貌传递，更需要无声语言的配合。与人初次见面，你的仪容仪表、穿着打扮、举手投足、微笑等身体语言，不仅体现了你的修养，而且也体现出你对交往对象的尊重。举手投足貌似小节，但细节决定成败，正是这些微不足道的小节往往决定了他人对自己的评价。

（一）无声语言的信息传递作用

　　无声语言在人际交往中，往往比有声语言更能够真实地反映一个人的身份地位和文化教养。一个人的仪态举止、言谈作风等表现出来的风度是社交活动中的内在潜质的综合反映，它不但是人的性格特征的表现，也是其内在涵养的表现；它既是一个人德才学识等各方面修养的外化，也是其特有的行为气质的外在体现。

　　《世说新语·容止》载："魏武将见匈奴使，自以形陋，不足雄远国，使崔季珪代，帝自捉刀立床头。既毕，令间谍问曰：'魏王何如?'匈奴使答曰：'魏王雅望非常；然床头捉刀人，此乃英雄也。'魏武闻之，追杀此使。"虽然曹操装扮成地位低下的卫士，可是，他的高度的政治、军事及文化素养，长期养成的封建时代的政治家特有的气质，并没有被他矮小的身材所掩盖，从而被匈奴来使一语道破。

（二）无声语言的补充强化作用

　　无声语言在信息传播过程中占有很大比重，面部表情、手势等态势语、空间距离等都可以用来填补、增加或充实有声语言的某些不足、损失或欠缺。无声语言在有些不用或不方便使用有声语言的情境中，能起到传情达意的作用。

　　美国著名心理学家艾伯特·梅拉比安进行过量化对比来说明它的作用。梅拉比安认为，一个信息完整地传递给对方，55％靠面部表情，38％靠的是语言，而真正的有声语言的效果，只占到7％。梅拉比安的实验结论证明，态势语在信息传递中具有非常重要的作用。态势语不仅可以反映人的性格，显示人的心理状态，还可以显示人的风度和气质。

　　人类学家、体态语创始人伯德惠斯特尔认为，人的面部表情，能够传递很丰富的感情。伯德惠斯特尔估计说："老人的脸，能做出大约二十五万种不同的表情。"

（三）无声语言的公关礼仪作用

　　人际交往中，有这样一种现象：与有的人接触后，他（她）给我们留下深刻的美好印象，于是就特别渴望再次与之交往，这种现象在心理学上称作"首因效应"。良好的首因效应能够带来公关效应和事业的成功，而良好的"首因效应"则是得益于无声语言的完美表现。

　　1954年，周恩来总理代表中国参加日内瓦会议，他的风采、气质、仪表以及落落大方、不卑不亢的外交才干令所有人倾倒，他举手投足、一颦一笑无不体现出一个彬彬有礼、温文尔雅、和蔼可亲的东方美男子形象，令当时敌视新中国的西方国家折服。在1955年的万隆会议上，周恩来总理的翩翩风度，同样征服了很多不同国家、不同信仰、不同民族的人，以其出色的外交才华和出众的人格魅力，为和平解决印度支那问题作出了卓越的贡献。

任务二 仪表与风度训练

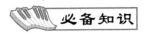任务描述

学习服饰语、发型语等知识，了解导游员的正确着装、发型、面部修饰，并在实训环节中逐一实践，直至全部掌握，以应有的仪表与风度进入导游服务工作程序。

必备知识

一、服饰语

服饰比姿态、表情传递的信号更引人注目。导游员与游客初次见面，首先映入游客眼帘的便是导游员的服饰，它直接关系到游客对导游员第一印象的好坏。

构成服饰语的要素有三个，即色彩、款式与质地，颜色给人的感觉最为敏感，故其中色彩是第一要素。导游员的服饰要与职业相宜，着装不能过分华丽，饰物也不宜过多，否则将会给游客以炫耀、轻浮之感。

（一）导游员的正确着装

1. 整洁

常洗常换，尤其是衬衣的领口和袖口要保持干净；袜子要常换，不要有异味。

2. 协调

上衣、裤子、鞋乃至帽子、围巾在色彩、质地上要协调，服装要与形体相称。

3. 有风度

服装不同的样式、线条和结构，组合起来会形成不同的风格，而风格同人的气质相关，体现为一定的风度。

（二）避免不正确的着装

导游服务工作毕竟不是舞台表演，游客欣赏的是导游员的气质、渊博的知识和口才，服装所起到的是辅助作用。导游员的服装要让游客感觉"得体"，同时要方便工作。刺眼的装束容易使导游在谈话时感情冲动，难以和游客达成共识。导游员服饰样式、品牌及色彩的选择，要充分考虑游客的心态，切记不能比游客的服饰昂贵、华丽，又不能因服饰过于低档而被游客轻视。

男导游员不应穿无领汗衫、短裤和赤脚穿凉鞋。

女性导游员的服装应避免"瘦、透、漏、皱"：避免穿着紧身衣、透视装、露脐装、吊带和褶皱装等。裙子注意长短适中，过长不利于工作，过短显得轻佻。

另外，在实际工作中，导游员还应注意，在不同环节，面对不同的游客，着装也有区别。例如，迎接和送行阶段，着装要相对正式；在游览阶段可以休闲一些，便于

工作，同时又要便于游客辨认和寻找，应该有地方特色，还要适合服务对象的审美需要。

（三）饰物

选用饰物，重要的是以"和谐"为美。饰物指与服装搭配对服装起修饰作用的其他物品，主要有领带、围巾、丝巾、胸针、首饰、提包、手套、鞋袜等。饰物在着装中起着画龙点睛、协调整体的作用。

导游员不应佩戴繁复过多的饰品，应以简洁为美，首饰、丝巾、胸针等小饰物能起点睛作用即可，旅行团中游客才是主角，导游不可珠光宝气喧宾夺主。

特别要注重饰物细节，无论男女导游都要穿与服装相配的鞋袜，皮鞋保持整洁光亮，袜子颜色不宜鲜艳。男导游员的袜子应该是深单一色的，黑、蓝、灰都可以。女性导游员皮鞋以黑色、白色、棕色或与服装颜色一致或同色系为宜。有破洞的丝袜不能露在外面，穿着有明显破痕的高筒袜在公众场合总会感到尴尬，不穿袜子则是可以的。

【读一读】

服装、饰品禁忌

1. 不可中西搭配，上中下西、下中上西，也不可西式中穿，不扣领扣、袖扣，卷起袖口、裤腿，两臂不伸进衣袖披在身上等。

2. 领带要平整松紧适度，花色要与服装搭配。

3. 女性导游员裙子不能过短。

4. 夏天不可光脚穿凉鞋。

5. 女士长筒袜要伸展，避免在膝盖、脚踝处打皱褶，也不要在裙摆以下露出袜口。

二、发型语

发型同服饰一样，不仅可以起美化容貌的作用，又可表达一定的语义和信息传递。导游员的发型要同自己的职业、脸形、身材、气质相协调。

在服饰和发型上，导游员都应避免让游客用"太"字来形容，"太时髦""太刺眼""太懒散""太引人注目"等都是不合适的，要注意与工作要求和工作环境相符合，严禁"风头主义"。

男导游要注意的是，不可不修边幅，头发要常梳理，胡子要勤刮。

三、仪容化妆

化妆只就女性导游员而言，总体要求是美观大方，雅而不俗，只可化淡妆，切忌浓妆艳抹。淡妆比浓妆艳抹效果更好，更显人的修养和审美情趣的高尚。

冬夏两季，女导游需注意护肤，冬天防止皮肤皲裂，夏天防止皮肤晒黑，使用品质好的润肤、护唇和防晒的化妆品是必要的。

【读－读】

化妆时，粉底、眼影、腮红、口红的颜色应与人的皮肤、服饰的颜色协调，才给人和谐之美感。

选择粉底应考虑颜色和质感，最好选择较好质地的品牌。粉底颜色越接近肤色看上去越自然，最好还要多准备一个深色的，作为下腭、鼻梁、额头上打阴影用。选择粉底时，不要抹在手臂上，因为手臂的颜色和脸部皮肤的颜色大不相同，测试的地方最好抹在脸颊接近颈项处，利用自然的光线看看，用了粉底的脸色是否和颈部肤色配得上，如果你的粉底颜色选择正确，你的颈项是不用打粉底的，化妆品沾在衣领上不好看。质感好的粉底用后皮肤按下去有弹性，感觉不干不湿，不会长粉刺。粉底不是面具，应该要使皮肤看上去透明光滑、有光泽、健康滋润。苍白脸色的肤色，使用象牙色或粉红色的粉底；乳黄色皮肤用茶色或金褐色粉底；棕色皮肤肤色暗就不用太多粉底，通常使用亮光剂最佳。

眼影、腮红、口红的颜色应与服饰的颜色协调。灰、白、黑色服装适合任何化妆颜色。其他常用服饰颜色与化妆颜色的搭配如下。

（1）蓝紫色系：适合穿深蓝、浅蓝、紫红、玫红、桃红等服装。眼影用色为棕、紫红、深紫、浅蓝色搭配，腮红用粉、粉红色，口红用紫红色系。

（2）粉红色系：适合穿白、黑、灰、粉红、红等服装。眼影用色为棕、粉红、驼、橘红、灰色搭配，腮红用粉红、红色，口红用红色系。

（3）棕色系：适合淡棕、深棕、土红、棕红、驼色、米色等服装。眼影用色为棕、驼、灰颜色调和搭配，腮红、口红用红色系。

请完成实训项目一。

任务三　表情语

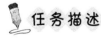

任务描述

表情是由脸的颜色、光泽、肌肉的收与展，以及脸面的纹路所组成。它能把具有各种繁杂变化的内心世界，最真实、最充分地反映出来。学习关于表情语的知识，用导游员应有的愉快、喜悦、热情、关注的面部语言——微笑、注视语来面对游客，在实训环节中逐一实践，并能够正确使用表情语。

一、表情的类别

笑与无表情是面部表情的核心，任何其他面部表情都发生在笑与无表情两极之间。

一类为愉快，如喜爱、幸福、快乐、兴奋、激动。此时面部肌肉横拉，眉毛轻扬，瞳孔放大，嘴角向上，面孔显短，所谓"眉毛胡子笑成一堆"。

一类为不愉快，如愤怒、恐惧、痛苦、厌弃、轻蔑、惊讶等。此时，面部肌肉纵横，面孔显长，所谓"拉得像个马脸"。

一类为无表情，无表情的面孔，平视，脸几乎不动。它将一切感情隐藏起来，叫人不可捉摸，它往往比露骨的愤怒和厌恶更能深刻地传达出拒绝的信息。

二、常用面部表情的含义

常用面部表情的含义，如表3-1所示。

表3-1　　　　　　　　　　　　面部表情的含义

面部表情	含义	面部表情	含义	面部表情	含义
咬唇	坚决	撇嘴	蔑视	鼻孔张大	愤怒
嘴角向上	愉快	张嘴露齿	高兴	鼻孔朝人	轻蔑
嘴角向下	敌意	咬牙切齿	愤怒	神采飞扬	得意
目瞪口呆	惊讶				

三、导游员的表情语

导游员的面部表情要给游客一种平和、坦然的感觉，使游客感到可以接近。具体要求：目光要呈现自然状态，额头不要出现皱纹，面部两侧笑肌稍有收缩，使下唇方肌和口轮肌处于放松状态，嘴唇微闭；导游员的微笑要使眼轮肌放松，面部两侧笑肌收缩，口轮肌放松，嘴角含笑，嘴唇似闭非闭，以露出半齿为宜，要给游客一种甜美的感觉。

（一）微笑语

微笑是通过不出声音的笑来传递信息、表达感情的一种势态语言。在表情语中，微笑是最具有感染力的，它一向被称为高级表情语，是交际中的润滑剂。往往一个微笑能很快缩短彼此的心理距离，表达出善意和愉悦，给人以春风般的温暖。微笑是一种世界通用语，在各种文化体系中其含义基本相同，被称为社交中的万能通行证。

微笑技巧的运用要遵循以下几条原则。

一要笑得自然。微笑应该是发自内心的，是美好心灵的外现。若不是发自内心，就容易变成皮笑肉不笑。

二要笑得真诚。微笑既是自己愉快心情的外露，也是纯真之情的奉送。真诚的微笑令人内心产生温暖，传递美好的情感。弄虚作假的笑则会让人觉得别扭。

三要笑得适宜。首先场合要适宜。一个庄重的集会，一次沉痛的哀悼，讨论一个严肃的问题等，都不能微笑。其次，程度要适宜。笑得太放肆、没有节制，会有失身份，引起反感；笑容在脸上不做停留，一闪而过，也不会起到好效果。

（二）目光语

导游员的目光应正视，即视线平行接触游客，表示理性、平等，给游客自信、坦诚、认真、和蔼可亲之感，目光和眼神所要表达的整体信息应是亲切、友好的。导游员的视线与游客接触的时间不宜过长，否则会变成逼视或盯视，引起游客的误解或反感。在导游讲解时，导游员的目光还需环视，以观察游客的动向和反应。

【读－读】

"眼睛是心灵的窗户""一身精神，具乎两目"。眼睛具有反映深层心理的特殊功能。目光语交流中比较重要的几个因素，一是视线接触的部位，二是视线接触对方面部的时间长短，三是视线接触对方时的方式。

1. 视线接触的部位

（1）近亲密注视：视线停在两眼和胸部之间的三角区域。

（2）远亲密注视：视线停在两眼和腹部之间的三角区域。亲密注视适合于亲人或恋人之间的交流。

（3）社交注视：视线停留在两眼和嘴部的三角区域。这是普通交往中所采用的注视方式。

（4）严肃注视：视线停留在对方前额一个假想的三角区，能造成严肃气氛。

2. 视线接触的时间长度

与人交谈时，视线接触对方面部的时间占整个谈话时间的30％～60％，超过这一平均值，说明听话人对谈话者本人比对谈话内容更感兴趣。低于平均值，则表示对两者都不感兴趣，或对自己的话缺乏自信。如果长时间凝视对方，可理解为对私人空间的侵略。一般连续注视对方的时间在1～2秒钟以内为宜。如果几乎不看对方，那表明他满不在乎、傲慢无礼或企图掩饰什么。

3. 视线接触对方时的方式

目光接触对方的方式，确切表明交际者的态度。

正视：对对方非常重视，或谈论严肃的话题。

平视：表示理解、平等、喜欢。

俯视：表示宽容、爱护。

仰视：表示尊敬、期待。

斜视：表示轻蔑或反感。

直视：长而硬的视线表示关注或不满。

盯视：短而硬的视线表示执著或憎恨。

虚视：长而软的视线表示等待或探寻。

探视：短而软的视线表示爱怜或担心。

点视：盯住某个人，在很特殊的情感处理与听众的不良反应出现时。

闭目：视线全收表示悲伤或思念。

牵拉眼皮：表示对某人毫无兴趣甚至厌恶。

与人交谈要敢于和善于与对方进行目光接触，这既是一种礼貌，又能使谈话双方精力更为集中，交流得更加充分。

【读—读】

怎样用好眼神

1. 和人交谈时不要眼神游离不定，这样会让人觉得你没有耐心和他们说话。

2. 和人交谈时，要放松自己的眼睛，目光运用要亲切、自然、实在，不能故弄玄虚，也不要迟滞呆板或眨个不停。

3. 适当的对视会让人觉得你在用心听，并且能让说话人了解你的想法，而调整自己的话题；同样自己也能通过对方的眼神，判断自己话题的效果如何。

请完成实训项目二。

任务四　姿态语

任务描述

做一名合格的导游，除了掌握口头表达技能，拥有能说会道的本领还不够，尚需把握规范的姿态语。请学习关于姿态语的知识，尤其注意哪些是不可以出现的姿态。在实训环节中逐一实践，熟练掌握正确的姿态语。

必备知识

姿态，这里指身体的无声动作，它是说话者文化素养和情趣的侧面体现。要给人留下美好的第一印象，体态语不可忽视。

【想－想】

李明和王敏是同乡。李明信心满满地来到旅行社应聘。王敏已经做了一年导游，她提醒李明，面试时千万记得把自己平时大大咧咧的习惯改改，动作姿态要显得庄重些。李明不以为然，说："别担心。导游嘛，我也听说过——风景美不美全凭导游一张嘴，应该要张口就能说会道，动作潇洒自如。是不是？"

轮到李明面试了。他直接推门而入，为了显得自信，他旁若无人地径直走到招聘人员面前的椅子前，"啪"地坐了下去。又觉得自己好像坐得太响，而且招聘人员一声不发，他开始不自然起来，无意中右腿脚踝就放到了左腿上，架起了二郎腿开始摇晃。招聘人员说："请作一下自我介绍吧。"李明一下子轻松起来，放下二郎腿，将身体向后靠在椅背上，流畅自如地介绍起了自己。

李明是否被录用？为什么？

一、首语

首语，这里指头的动作表现出的意义，如表3-2所示。头为仪容的主体，它的位置应该平正闲适，不能偏侧倾斜。头部动作不宜过多，应与体态手势协调一致。

表3-2　　　　　　　　　　　　　　　首语的含义

头部动作	含　义
点头	赞同或同意
摇头	否定，或是不对、不赞成
低头	含义丰富，可表示思索、谦恭、羞怯、忏悔、委屈、丧气等
抬头	头部猛然上提，一般表示顿悟或豁然开朗
偏头	一是表示静听，一副愿闻其详的姿态； 二是表示生气，一副爱理不理、爱听不听的架势
回头	带有突然性，猛然寻找兴趣源
昂头	表示勇敢或高傲
后仰	表示软弱或失望
左右微摇	表示怀疑或不忍
头部倾斜	倾斜表示得意或愉悦；前突表示惊讶或逗趣；微倾表示观察或思考；直立表示庄严或坚强

【读－读】

首语使用

1. 注意与有声语言自然配合，动作要明显清晰，以便对方正确理解。
2. 首语频率不能过高，否则影响听话者的注意力或让人觉得肤浅。
3. 注意不同文化中首语的不同含义。

二、站姿

站姿能充分体现出一个人的精神面貌，是其他一切姿势的基础。站时要求直立，做到头部端正，挺胸收腹，双肩放平，腰杆挺直，双手自然下垂，双腿放松拉直，给人一种端庄大方、朝气蓬勃、充满生机和活力的感觉。

男性站姿：双脚平行，大致与肩同宽；上身挺直，双肩稍向后展，头部抬起，双臂自然下垂伸直，双手贴于大腿两侧。

女性站姿：挺胸收颌，目视前方，双手自然下垂，叠放或相握腹前，双腿并拢，不宜叉开。

不同的身姿传达出不同的含义：

身体正直，昂首挺胸，表示勇敢威严，给人恭谨和稳定感；

双肩放平，双手自然弯曲，给人轻松感；

腰部、颈部自然挺直，显示精神焕发；

身躯微微前倾，给人关怀亲切、谦逊有理、凝视细听、深有歉意之感；

身躯微微后仰，给人以精神振奋、坚定不移或傲慢自负感；

身躯稳定，显示庄重、心情平静；

身躯摇摆，表示热烈、激昂或烦躁不安；

反身向后，表示否定拒绝。

三、坐姿

坐的姿势分为严肃坐姿和随意坐姿两大类。

严肃坐姿，落座在座位的前半部，两腿平行垂直，两脚落地，腰板挺直。表明说话人和听话人都十分严肃认真。

随意坐姿的情况较为复杂。不同的坐姿表现出不同的心态，不同的气氛。深深地坐入椅内，腰板挺直，是向对方显示优越感，很有信心；坐在座位的前沿，上身前倾，既表示谦恭，又表示一定程度上的畏惧与紧张。

男性坐的时候，应抬头、挺胸、收腹、两眼平视对方，两腿张开与肩等宽。倘若两腿张开太大，既不礼貌，也不雅观。

女性坐的时候，可一只脚的拇指紧接着另一只脚的脚跟，两腿膝盖靠拢，显得优

雅大方。

男性可"跷二郎腿",但不可跷得太高,不可抖动,女性可采取小腿交叉的姿态,但不可向前伸。

不论坐在椅子上还是沙发上,最好不要坐满,以坐一半到三分之二为宜。上身端正挺直,但不宜过于死板僵硬。时间较久的交谈,也可靠在沙发上,但不可半躺半坐。

入座时动作要轻、稳,不可猛地坐下。入座后手可平放在腿上或沙发扶手上,不可随心所欲到处乱摸。

四、步姿

步姿是通过步态传递信息的语言。步姿要做到自然、轻盈、敏捷、矫健。步幅以自己的一个半脚长为宜。迈步频率男士每分钟108~110步,女士每分钟118~120步为宜。

如果登台发言,上台要精神饱满、步履稳健、神态自然、面带微笑;下台时则应自信从容,切不可失去常态慌张跑下,也不可漫不经心,一步三摇地下去,这样会使大家对前面的整个发言失去好感和信任。

在交际场合中,要根据不同的语境需要,选用不同的步姿。

自然步姿:步速、步幅居中,步伐稳健,两眼平视,双手自然摆动,强调轻松、自然、安详、平静。

礼仪步姿:上身挺直,步伐矫健,双膝弯曲度小,步幅、速度适中,步伐和手的摆动有强烈的节奏感,眼睛正视前方,表示庄重、热情、礼貌。

【读一读】

体态语言在不同文化中的表现

调查表明,在一小时的谈判中,芬兰人做手势1次,意大利人80次,法国人120次,墨西哥人180次。

俄国人说话时不能用手指东西尤其是人,而西班牙人和拉美国家的人在说话时特别喜欢用手指点自己身体的某个部位。

一般点头表示同意,摇头表示不同意,而印度、尼泊尔正相反。顿足是中国人愤怒的表示,而德国人却用来表示称赞。俄国人把手放在喉咙上,表示吃饱了,在日本这个动作表示"被炒鱿鱼"。意大利人、西班牙人和拉丁美洲人用左手放在眼睑上往外一抽表示"当心、请注意",而澳大利亚人则表示蔑视。同样将手指往下一挥,在阿根廷、乌拉圭和委内瑞拉都表示赞扬:"是好样的",而在秘鲁则表示"哎呀,我错了",在智利这个动作表示"瞧,出了什么事"。

请完成实训项目三。

任务五　手势语

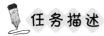
任务描述

掌握正确的手势语，特别注意区分手势语的地域差异。牢记手势禁忌，避免在工作中使用。完成实训环节的训练。

必备知识

手势语，是通过手和手指活动表达出来的信息，是加强说话感染力的一种辅助动作。

一、手势的类别

（一）情绪手势

此种手势是伴随着表达者感情起伏发出的，主要用于表达某种内心思想、情绪、意向或态度，使之形象化、具体化。如高兴时拍手称快，悲痛时捶胸顿足，愤怒时挥舞拳头不断颤抖，悔恨时敲打前额，犹豫时抚摸鼻子，急躁时双手相搓，尴尬、为难、不好意思时摸后脑勺，双手叉腰表示挑战、示威、自豪等。

（二）指示手势

此种手势表示指示具体对象。可增强内容的明确性和真切性。指示手势可用来指点对方、他人、某一事物或方向，表示数目，指示谈论中的某一话题或观点。如用右手指指头部，表示动脑筋、思考、盘算、疑问；用手掌抚胸，表示是自己或和自己有关的事；用手指拍拍肩膀，表示担负工作、责任和使命；用拳击胸，表示悲痛难过。

（三）象形手势

此种手势是比画事物形象特征的手势动作，用来摹形状物，增强形象感，给人一种如见其人、如临其境的感觉，常带有夸张意味，因而极富有感染力。如比画事物的大小、高矮等。

（四）象征手势

用准确恰当的手势显示抽象的事物，引起联想。这种手势往往具有特定的内涵，使用十分广泛。能有效地加强语言表达效果。如用食指和中指构成"V"表示胜利。用拇指和食指合成圈，另外三指伸直的"OK"表示良好、顺利、赞赏等；少先队队礼表示人民利益高于一切。

二、手势语运用的原则

（一）适合

一是和所说的内容吻合一致，二是手势的多少要恰当。

（二）自然

手势要舒展大方，不能僵硬、呆板、失控，要令人赏心悦目。

（三）协调

手势必须和声音、表情、姿态等密切配合，做到协调一致。

（四）简练

手势要力求简单、精练、清楚、明了。要做得干净利落、优美动人，切不可做作、拖泥带水。

三、手势的活动区间及其含义

（一）上区

肩部以上。一般表示理想、希望、喜悦、祝贺等。手势向内、向上（手心向上），表示积极肯定的意思。

（二）中区

肩部以下至腰部以上。一般表示坦诚、平静、和气等。手势平展，表示叙述说明等中性意义。

（三）下区

腰部以下。一般表示憎恶、批评、鄙视、压抑、失望等。手势向外、向下（手心向下），一般表示消极否定的意思。

四、手势禁忌

（一）导游员不可用的手势

（1）用手指着谈话伙伴——这意味着破坏了谈话双方的距离，是对对方的挑衅。

（2）手掌心向下——表示贬低对方。

（3）攥紧拳头——表示进攻、自卫或愤怒。

（4）手掌贴在额头上——是对谈话对象的侮辱。

（5）背着手——表示消极等待和闲散。

（6）把手贴在嘴上——表示无把握。

（7）摸头发或抓耳挠腮——表示没有把握。

（8）把手插进衣袋里——表示瞧不起对方，有时还包含着某种意图或威胁。

（9）用手摸脸——表示拒绝与疲惫。

（二）导游员还应注意的事项

（1）不要矫揉造作；

（2）不要忽视游客的民族文化和生活习俗差异；

（3）手势语有地域特点。

不同国家和地区的人们有不同的特色手势语，在不同的国家、不同的民族中，由于文化传统和生活习俗的不同，同样的手指动作可能表示不同的或相反的语义，同时

有些手势还有时代性，因此，导游员要多学习总结，灵活运用，在接待外国游客时，先要对游客所在国及民族的手势语有所了解，以避免误会和尴尬。

【做一做】

自我检查、同学之间互相检查，看看你有没有这些"不良动作姿态"，有则改之，无则加勉。

1. 指手画脚，拉拉扯扯，手舞足蹈，评头论足，将身体斜靠在其他物体或他人身上；

2. 站着或坐着时，连续抖动自己的腿；

3. 当着别人的面伸懒腰，挖鼻孔，掏耳朵，打哈欠，剔牙齿，喷烟圈等；

4. 不加控制地张着嘴狂笑或毫无意义地傻笑；

5. 点头哈腰装腔作势，歪头斜眼等。

请完成实训项目四。

任务六 界域语

 任务描述

掌握正确的界域语，特别注意区分界域语的地域差异。牢记界域语禁忌，避免在工作中使用。完成实训环节的训练。

必备知识

一、界域语

界域语又叫做"空间距离语"，是交际者之间以空间距离所传递的信息，是导游语言中一个很重要的语言符号。

这里的"距离"有两层含义：一是指心理距离，二是指空间距离。心理距离和空间距离有相应的关系。"亲则近，疏则远"就表明两者的相互关系。心理距离越近，交际时的空间距离也就越近；反之，心理距离越远，交际时的空间距离也就越远。

二、界域语种类

（一）三类界域语

1. 亲热界域语

亲热界域语指接触性界域语，如拥抱、亲吻、挽手等。

2. 个人界域语

个人界域语指接近性界域语，界域距离一般为75厘米，语意为"亲切、友好"，如促膝谈、握手等。

3. 社交界域语

社交界域语即交际性界域语，一般距离为210厘米，语意为"严肃、庄重"，如商谈、导游讲解等。

（二）四个社交距离区域

社交的四个距离区域，如表3-3所示。

表3-3 社交的四个距离区域

场合	距离	适合人群
亲密	0.3米左右	适合家庭和其他亲密关系的人
个人	0.3~1米	适合私下与朋友交谈
社交	1~2米	适合老朋友、同事和陌生人；近则足以进行目光交流，远则足够使人舒服
公共场合	3米以上	适合当众讲话

【读一读】

身体触摸

身体触摸是指通过沟通双方身体器官互相接触或抚摸而传递信息的一类身体语言。身体触摸更具有影响力和感染效果，是身体语言中更直接表示信息的重要形式。

握手是一种最典型的身体接触。握手的力量、姿势和时间长短均能传递不同信息。对方握手时掌心向下表明对方高人一等的地位，并且希望掌握控制权，能支配你；握手时对方掌心向上，并且握力较弱时表明对方缺乏个性，对你谦恭，处于顺从的地位；当对方紧握住你的手时，表明对方的诚恳、热情和真挚；对方只握住你的手指尖，表明他缺乏自信、冷淡，想与你保持一定距离。另外，握手时间长，表示情谊长、依依不舍；握手时出汗表明紧张；握手时力量太大，表明对方个性较强；握手力量太小则会令人感到无情无义，受到冷落。

身体之间触摸的其他形式还有拍肩膀、拍胸脯等。领导对下级拍肩膀表示关心、鼓励和信任，是关系融洽的一种体现。而熟人、老朋友见面拍拍胸脯则表示一种亲切、热情和关心。另外在承诺某一件事时拍胸脯，则表示自信、有把握。

身体触摸除了身体各部分相互触摸外，还包括身体与物体间的触摸，即在摆弄、佩戴、选用某种物体时传递的某种信息，实际上也是通过人的姿势表示信息。如手中

玩笔，表示漫不经心，对所谈的问题毫无兴趣或显示出不在乎的态度。

三、界域语的作用

交际双方空间距离的远近，往往反映谈话双方的人际关系、谈话内容和效果。每个人都有自己心理上的个体空间，它像一个无形而可变的气泡，如果别人未经允许而突破这个"气泡"（空间），人就会感到不自在或不安全，同时会作出相应的反应。

一般情况下，每个人都不愿让他人侵犯自己的空间。双方关系越紧密，人际距离就越短。心理学家们认为，45 厘米以内为亲密距离，45～119 厘米是私人交往的距离，120～210 厘米为社交、工作业务时的人际距离，210 厘米以外为一般距离。这种划分只是大致范围，并非固定不变。

四、导游服务空间距离

导游员在为游客提供服务时常用的是社交、工作业务时的人际距离，为 120～210 厘米。导游切不可滥用亲热界域语。导游与同性客人可以有握手等礼节性接触，与异性游客尽量不接触。另外还要注意东西方文化中身体接触的差异与禁忌。

【想－想】

当你作为以下团队的导游时，界域语会：A. 完全一样；B. 依据不同的游客有所变化。你选择 A 或 B 的理由分别是什么？

1. 游客是小学生。（　　　）

2. 游客是老年人。（　　　）

3. 游客都是女性（如三八妇女节旅游）。（　　　）

4. 游客的性别与你不一样。（　　　）

5. 游客是美国人。（　　　）

6. 游客是泰国人。（　　　）

7. 游客是僧侣。（　　　）

【做－做】

课余查询资料，写出小报告，将界域语的地域（不同国家、不同民族）差异整理出来，用醒目的标记特别注出界域语禁忌，在班级内交流，大家共享。

请完成实训项目五。

 **项目总结** ▶▶▶

无声语言也是传递信息的符号之一。举止、表情变化所产生的信息交流作用，可

通过人的视觉对人的心理产生种种暗示，使人对说话人的意思心领神会。它有时甚至会先于有声语言在受众心中形成第一印象，直接影响表达效果。导游正确使用无声语言，能更多地赢得游客的好感，并对有声语言起到辅助、补充和渲染的作用。

 复习思考题

一、选择题

1. 无声语言的特点是（　　）。

A. 形象性　　　　　B. 普遍性　　　　　C. 真实性　　　　　D. 文化性

2. 优化我们的仪表风度，主要从（　　）方面着手。

A. 服装　　　　　B. 发型　　　　　C. 配饰　　　　　D. 仪容

3. 在各种文化体系中其含义基本相同，被称为社交中的万能通行证的是（　　）。

A. 握手　　　　　B. 拥抱　　　　　C. 微笑　　　　　D. 鞠躬

4. 当目光与他人接触时，平视对方表示（　　）。

A. 对对方非常重视，或谈论严肃的话题

B. 表示理解、平等、喜欢

C. 表示尊敬、期待

D. 表示等待或探寻

5. 人际交往中，不同的空间距离代表了不同的关系，正常的社交距离是（　　）。

A. 0.3 米左右　　　B. 0.3～1 米　　　C. 1～2 米　　　D. 3 米以上

二、简答题

1. 结合自身经验，谈谈无声语言的作用。

2. 谈谈在人际交际中，如何用好目光语。

3. 简述导游员在运用手势语时应该注意哪些问题。

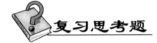 实训项目

项目一

【实训名称】仪表与风度训练

【实训要求】衣着得体，简洁大方。作自我介绍时，神态自然、不慌张、不胆怯，说话有条理。

【操作提示】①按照导游服饰、发型、妆容要求，根据自己的性别，做出团前的着装准备；②分组，每组 5 人；③各组拟定旅行团游客的背景信息（例如游客的年龄、知识层次等）、拟定旅行目的地。

【实训评测】依据准导游员的服装和发言时的心理稳定状态评定实训成绩。

【实训内容】每位同学模拟做一次地陪接团，与游客初次见面，向客人作自我介

绍。组员扮演游客。

注：实训条件许可的话，将模拟情景拍摄下来，让表演者观看自己的镜头，对照要求，肯定合乎标准之处，纠正失误之处。

项目二

【实训名称】表情语训练

【实训要求】正确使用微笑语、目光语。

【操作提示】分组，每组 5 人，每人轮流扮演一次讲解员，组员扮演游客。

【实训评测】每组组内互评。

【实训内容】角色扮演，每位同学模拟做一次博物馆（室内）讲解接团工作，与游客初次见面，向客人作自我介绍（可以增加博物馆介绍的内容）。组员扮演游客。

项目三

【实训名称】姿态语训练

【实训要求】动作规范。

【操作提示】①分组，每组 5 人；②组内排好顺序，依序做动作；③注意导游姿态语的性别差异。

【实训评测】组内互评。把有失误的姿态记录下来，班级内交流，提示全体注意。

【实训内容】按照文本的要求，逐项练习一次坐姿、立姿、步姿。

导游员的坐姿要给游客一种温文尔雅的感觉，其目的是为了表示对客人的尊重。坐姿分为正坐和侧坐。正坐要求上体自然挺直，男性一般可张开双腿，以显示其自信、豁达；女性一般两膝并拢，以显示其庄重、矜持。坐姿切忌歪七扭八或跷起二郎腿。

导游员的立姿要给游客一种谦恭、彬彬有礼的感觉，其目的也是为了表示对客人的尊重。站姿要求导游员的表情自然，双肩放平，直腰收腹，两臂下垂，两手相握置于腹前，两膝并拢或分开与肩平。

导游员的步姿要轻巧、稳重、自然、大方，走路时保持上身的自然挺拔，身体的重心随着步伐前移，脚步要从容轻快、干净利落，目光要平稳，用眼睛的余光（必要时可转身扭头）观察游客是否跟上。行走时，不要把手插在裤袋里。

男导游员与女导游员在行进时，应显示出不同的风格。男导游员在行进时，两脚跟交替前进在一线上，两脚尖稍外展，通常速度稍快，脚步稍大，步伐奔放有力，充分展示着男性的阳刚之美。女导游员在行进时，两脚尖稍外，两脚交替走在一条直线上，成"一字步"，以显优美。

项目四

【实训名称】手势语训练

【实训要求】手势准确。

【操作提示】

1. 对照文本，每人自行练习每个手势，并记住其对应的含义。

2. 每两人结成对子练习，一人读出手势语指示，一人做出动作。

3. 抽签，定出人选，在班级展示。

【实训评测】把有失误的姿态记录下来，班级内交流，提示全体注意。

【实训内容】按照文本的要求，逐项练习每个手势。

手势的具体运用

（一）手掌的运用

手掌向上，前伸，臂微曲——表示恭敬、请求、欢迎、赞美等。如：欢迎大家来我校参观指导。

臂微曲，手掌向下压——表示否定、反对、制止。如：大家不要讲话。

手掌挺直，用力下劈——强调一种果断的气势和力量。如：他用力砍了一刀。

两掌从胸前向外推——表示拒绝接受某种东西，或不赞成某种观点。如：各位的夸奖我实在不敢当。

两掌由外向内，向胸前收——表示接受某种思想观点或某种东西。如：我们要把群众的意见装在心里。

两手掌由合而分——表示消极、失望、分散等。如：我简直没有办法了。

两掌由外向内，由分而合——表示团结、联合、亲密等。如：大家要团结起来。

手掌向上前方推出——表示勇往直前、猛烈进攻等。如：向着未来，向着胜利，前进吧！

手掌向正上方推举——表示一种强大的力量和宏伟的气势。如：天塌下来，我们也撑得起。

（二）手指的运用

跷大拇指——表示称赞、钦佩等意思。如：他真了不起啊！

伸小指——表示卑下、低劣、无足轻重。如：这种人的言行实在太卑鄙啦！

五个手指由外向里集中收拢——表示把某种力量集中，把某种事物聚拢。如：把大家的意见收集起来。

手指向下用力收拢——表示控制、掌握等。如：我们要控制这个局面。

手指逐一屈伸（或由伸而曲，或由曲而伸）——表示计算数目、论说次第等。如：这次招聘的条件有五条，一、……

（三）拳头的运用

拳头高举——表示坚决拥护、强烈反对、严重警告、号召、奋起等。如：我们要一起努力，完成任务！

拳头向前冲击——表示打击、反对、对抗等。如：把侵略者赶出去。

项目五

【实训名称】界域语训练

【实训要求】按照已完成的【想一想】答案，变换导游与游客间的空间距离。要求根据不同的服务对象使用正确的界域语。

【**操作提示**】分组，每组不超过 10 人。

【**实训评测**】把有失误的姿态记录下来，班级内交流，提示全体注意。

【**实训内容**】角色扮演，模拟做一次"任务六"【想一想】中七种旅行团队的导游，怎样选择合适的空间距离。

项目四　有声语言语音训练

知识目标

- 掌握有声语言及其特点。
- 掌握有声语言语音规范及训练方法。
- 掌握语音技巧及训练方法。

技能目标

1. 能利用气息调节、共鸣控制等技巧美化自己的声音，使吐字归音准确清晰。

2. 能经过语音训练，克服方音，说标准的普通话。

3. 能恰当运用停顿、重音、语速、句调、语气等技巧，使口语表达生动准确，有吸引力。

问题讨论

王琪大学毕业后到了中旅做总经理秘书，工作勤奋努力，写文章又快又好，深得领导赏识，但她的有声语言表达却让人不敢恭维。她出生于一个偏远的山区，方言很重，工作后咬字不准的发音缺点给她造成了很大的困扰。总有人很费力还是听不懂她的话，特别是她想尽力说好，却一紧张就喉咙发紧，舌头打结，声音也尖利起来。有一次，她电话通知部门经理开会，把"十点"说成了"四点"，结果造成会议无法按时进行。

1. 你从王琪的实例中得到了什么启发？你自己和身边的人是不是也因语音不准而闹过笑话？人的声音可以通过训练变得好听起来吗？

2. 说好普通话，对导游员接待来自各地的游客有什么作用？

3. 除了发音标准，导游员的有声语言还需要具备哪些技巧？

任务一　发声训练

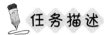 **任务描述**

　　发音上的缺陷可以通过系统的发音技巧训练来改变。掌握用气发声、共鸣控制和吐字归音等发声技能，了解科学的用声方法，就会极大地改变我们先天不足的嗓音，使语音响亮、清晰、持久不衰，让你拥有一副好嗓子，发出迷人的声音。请阅读"必备知识"，完成相关实训项目。

必备知识

一、有声语言概述

（一）有声语言的含义

　　有声语言是指以说和听为形式表达或接受思想、感情的口头语言。它是人们在社会交往中凭借语言传递信息、交流思想和感情的一种言语形式。

　　有声语言表达技巧指的是人们在说话中所使用的高超技能和巧妙的表达方法。它是在一般口语技能的基础上，经过反复训练，掌握了口语表达的规律，积累了较丰富的经验，从而获得了一定表述自由的结果。

　　有声语言以声音形式诉诸听众，受到时间和空间的限制，不具有存留性而具有临时性（不像书面语言借助文字存留），一经发出，无法再进行推敲和修改。因此，人们在说话时语音必须准确清楚，并恰当地掌握语调的高低升降变化，合理地安排停顿、重音及运用变化感情的一些特殊技巧，把一个个文字符号变成鲜活的话语，让听者获得声音美的享受。

（二）有声语言的特点

1. 有声性

　　有声语言靠语音来表情达意，每个语言单位的意义均借助声音这一物质外壳来表达，需对声音做高低升降、快慢起伏的语调变化。这是有声语言的本质特征。

2. 自然性

　　有声语言即自然语言，相对书面语来说，它更通俗、平易、自然。它保留了生活中的许多语言现象，如俚俗语、拟声词、语气词以及省略语。表达时灵活自如，生动自然。

3. 直接性

　　有声语言多为面对面进行，信息的传递和接收明白、直接，还可以通过丰富的非语言技巧来配合进行，使表达更形象、立体化。

4．即时性

有声语言突发性强，常常来不及细想便要表达出来，难免不严密、不完整，要及时更正补充，并运用一些重复、补充、插入语来填补表达的空缺。

5．灵活性

有声语言的表达可根据地点、人物、话题的需要进行灵活的变动与调整。

（三）有声语言的基本要求

1．准确

一方面指要合乎全民共同语规范，即发音准确，吐字清晰，用词用语正确规范，符合语法修辞原则。如不把"师范"说成"稀饭"。另一方面还要符合人类共有的逻辑规范，即口语表达时一定要做到概念明确，判断准确，推理合乎逻辑。

2．简洁

以最简练的语言输出最大的信息量，使听者在最短的时间内获得较多的信息。它包括紧扣话题，重点突出；语脉清晰，层次井然；逻辑性强，有说服力；不含糊其辞，不重复啰唆等。

3．生动

要求语言生动形象，能够产生强烈的感染力和说服力。

（1）多使用形象化的语言，把抽象的、深奥的理论形象化、浅显化，使其绘声绘色。

（2）多使用幽默诙谐的语言，吸引听众，强调自己的主张，营造和谐的话语气氛。

（3）适当使用修辞，使语言更富有艺术感召力和表现力，增强有声语言表达的感情色彩，给听众留下深刻的印象。

4．通俗

说话要让人听懂，因此，说话者需采用来源于生活，合乎人们的听觉习惯，通俗易懂的口语，尽量使听者感到亲切、自然。例如多用口语词、现代词汇、形象性词语，少用古语词、方言词。

二、有声语言的发音技巧

导游员的语音必须标准规范，清晰圆润。可从以下几个方面进行发音技巧训练。

（一）调节气息

俗话说练声先练气，气息是人体发声的动力，就像汽车上的发动机一样，它是发声的基础。气息的大小对发声有着直接的关系。气不足，声音无力；用力过猛，又有损声带。

练声，首先要学会用气，请跟着下面的指示做：

1．吸气

吸气要深，小腹收缩，整个胸部要撑开，尽量把更多的气吸进去。

体会你闻到一股香味时的吸气法。注意吸气时不要提肩。

【做一做】

1. 闻花香：在意念上，面前放置一盆香花，深吸一口气，将气吸到肺底，要吸得深入、自然、柔和。

2. 抬重物：在意念上，准备抬起一件重物，先深吸一口气，然后憋足一股劲，这时，腹部的感觉与有控制的胸腹联合呼吸的吸气最后一刻的感觉相似。

2. 呼气

呼气时要让气慢慢地呼出。在解说、演讲中，有时需要较长的气息，那么只有呼气慢而长，才能达到这个目的。呼气时可以把两唇基本合上，留一条小缝让气息慢慢地通过。

像用嘴轻轻地吹掉桌面上的灰尘一样，平稳、均匀，慢慢地用嘴呼出气流。

每天到室外、操场或公园去练习，做深呼吸，天长日久定会见效。

【做一做】

1. 模拟生活中的叹息——"唉"，吆喝牲口的声音——"吁"，大笑声——"哈哈哈"；模拟吹掉桌上的灰尘，或者撮起双唇吹响空瓶。

（做这一练习时需要注意的是，喉部要放松，让气息缓慢而均匀地流出，尽量拉长呼气时间，达到30秒左右为宜）

2. 喊人练习：以发音响亮的音节组成人名，比如"陈钢""张强""田华"等。由近渐远或由远渐近地喊。声音要洪亮，远近适宜。

（做这一练习时，喊人尽量将每一个音节的韵腹拉开拉长，锻炼呼气肌肉群体的调节能力，使情、气、声较为自然地结合起来）

（二）控制共鸣

我们的声音通过气流振动声带而发出来，但是声带发出的声音很微弱，通过共鸣才能得到扩大和美化。语声引起共鸣的是声带上方的喉、咽、口、鼻腔；此外，胸腔、前额部分也有共鸣作用。共鸣控制得好，可以使声音变得洪亮、圆润，蕴涵感情。

口腔是中音共鸣区，它是硬腭、软腭以下，胸腔以上的喉咙、咽腔，包括口腔各共鸣体。它可以使声音丰满、坚实；胸腔是低音共鸣区，它可以使声音听起来洪亮、厚实；头腔与鼻腔是高音共鸣区，它可以使声音变得高亢、清亮。

【读一读】

找到"抗""通""挂"的感觉，说话才能获得良好的共鸣。

"抗"，是指气息运动的对抗，双向运动的感觉，这是产生良好共鸣的基础。

"通"，是指整个声道要十分通畅，不憋不挤，颈部脊椎要自然伸直，胸部要放松，不僵不憋。口腔要打开，不能咬着牙发音。喉头自然放松。总之，从下至上整个贯通，气柱能十分通畅地向上向前流动，发音感到很自然，很舒展。

"挂"，是指声音不能直筒筒地出来，要有一种被吸住的感觉，好像"挂"在前硬腭上。这样，才能明朗、光润、省力。

共鸣的要领有三：

第一，扩大共鸣腔，张大嘴说话。这样，口腔、咽腔、舌头放松，喉头处于吸气位置，整个发声通道畅通无阻，以获得最大限度的共鸣。

第二，控制舌头。舌头前部举得过高，口腔扁平，声音单薄；舌头下压过分，发音声道向前延伸，声音混浊不清。因此，关键是控制舌头。舌头的伸缩可以改变口腔的形状，对共鸣产生重要影响。

第三，均衡协调。肌肉过于紧张，声音僵硬，没有弹性；肌肉过于松弛，声音不集中，没有力度。发声时应该保持均衡紧张的状态，还要注意协调。人们常常只注意控制自己的唇、舌、齿而忘记控制咽肌。咽肌直接关系到软腭的闭合，不能协调运用，就造成"漏气"而出现鼻音。

发声的基本要求是：发声时喉部要放松，喉部放松了，声带就能振动自如，发声也轻松省力，声音自然悦耳动听，再借助适度的共鸣来扩大音量，美化音色。

（三）吐字归音准确

吐字归音是我国传统说唱艺术理论在咬字方法上运用的一个术语。它把一个音节的发音过程分为出字、立字和归音三个阶段：出字是指声母和韵头（介音）的发音过程，立字是指韵腹（主要元音）的发音过程，归音是指音节发音的收尾（韵尾）过程。

吐字归音对每个发音阶段都提出了具体的要求，以取得字音清晰、声音饱满、弹发有力的效果。有些人说话口齿不清，或出现"吃字""倒字""丢音"等现象，大多是因为缺乏吐字归音的训练。

吐字归音要领如下。

（1）出字。要求准确有力，叼住一弹出。字头包括声母和韵头。发好字头主要是要把握好声母的发音部位、方法和韵母的四呼。

（2）立字。要拉开立起，圆润饱满。立字是对字腹即韵母中主要元音的处理。关键在口形该大开时不能半开，该圆唇时不能展唇，口腔开合适度，松紧相宜，立音舒展丰满，坚实稳定。

（3）归音。要趋向鲜明，到位弱收。归音是对字尾即韵尾的处理，口腔由开到闭，肌肉由紧到松，声音由强到弱。

三个阶段的具体要求是立字发音的动程大，时间长，出字和归音的动程小，时间短。

【读—读】

绕口令可以用来进行呼吸训练，它能够扩大胸腔容量，有效控制气息。练习时，

要注意从容适度，要快而柔和，用鼻子而不是用嘴吸气。用嘴吸气声音会给人气喘吁吁的感觉。呼气要均匀、平缓，舒畅自如，切忌强制造作。读绕口令时，要求连续快读，一气呵成。但不可为了追求一气读完，便含糊、吃字，注意每一个音要发得清楚、准确。

吐字的整体处理把上面的要求综合起来即为"枣核形"，"枣核形"即：声母、韵头为一端，韵尾为一端，韵腹为核心。从发音时口腔开度的变化来看，正好是"闭→开→闭"的过程，两头小中间大；从时长来看又是两头短，中间长。"枣核形"正是吐字归音的"珠圆玉润"状态，它体现着字音的清晰圆润、颗粒饱满。"枣核形"是一个有机的整体，要求整个音节有滑动感、整体感。以"天"为例：

头　　颈　　字腹　　字尾

t　　i　　a　　n

训练吐字归音，主要是训练发音清晰度。

【读－读】

情浓何必求声高——保护嗓子的诀窍

导游员主要以有声语言为游客做接待、引导、讲解等服务。有的人话说多了嗓子容易哑，这一方面是没有掌握发声的技巧，另一方面是缺乏保护嗓子的基本常识。保护嗓子的方法并不是尽量少说话，关键是正确地用嗓。要学会运用胸腹联合呼吸和运用本色音发声。另外还有以下窍门。

1. 使用扩音器

备一个小的扩音器，重量很小，携带方便，但却能让导游省去许多大声说话的力气，缓解嗓子疲劳。

2. 注意说话的节奏

说话不必太快太急像发"连珠炮"。可以安排一些间隙性停顿或适当辅以态势，以延缓嗓子的疲劳。

3. 控制情绪的波动

注意心理的调节。最佳发声状态的前提是最佳心理状态。侃侃而谈、娓娓道来，嗓子就不太容易疲劳。有的人说话时感情过于激动，高声大气、声震屋瓦地说话（其实那是"喊话"），很快就会哑嗓。

4. 运用"低声调效应"

切忌高声大嗓地长时间说话。"情浓何必求声高？"用带点儿感情的较低声调说话，是人际交往中的"低声调效应"即"自己人效应"，不仅保护了嗓子，也显示出心态的沉着和稳健。

5. 养成良好的生活习惯

导游员以说话为主要工作手段，尤其应注意劳逸结合。如果睡眠不足，声带就很容易疲劳。同时要节制烟酒、节制咸辣和过冷过烫食物的摄入。

6. 用嗓与护嗓不可偏废

如果需要长时间地讲话，可以预先用淡盐水漱漱口，有意识地保持咽喉的清洁和湿润。含一些润喉片，新鲜的薄荷叶是非常好的润喉植物（很容易成活，在家里栽一株，咀嚼叶子）。

如果咽喉出现肿痛、声带充血、声音沙哑或发声困难，就要强迫自己在两三天内尽量减少讲话。最好是暂时"缄口不言"，医学上叫"禁声"，这样过一段时间，嗓音就会自然恢复。

任务二　语音技巧训练

任务描述

用上扬的高升调可传达出愉快的语气，若用平直调回应则显得冷漠，若用降抑调就透露了说话人满心的不情愿或勉为其难。曲折调通常表示讽刺、厌恶、夸张，导游员更不能随便使用。请阅读"必备知识"，了解不同语调的差异，完成相关练习，掌握导游应使用的正确语调。

必备知识

一、语音技巧之体现

语音技巧主要体现在语音语调上。其内涵指，由于思想感情、语言环境的不同或为加强某种表达效果而在读音上表现出来的高低升降的声音形式。情感丰富多彩，语调也是丰富多彩的，没有固定的模式。

一个人讲话，语调越多样化，他的话就会讲得越生动活泼，越丰富有趣。但必须注意的是，语调的正确运用，只能以讲话者的思想感情为依据，否则会影响准确地传情达意，影响讲话的效果。

语音语调的形式是综合体，跟音长、音强、音高、音色都有关，主要表现在高低升降上。

二、语音语调的要素

语调的基本要素：停顿、重音、语速、句调、语气。

（一）停顿

停顿是一种艺术，它决定着语音技巧 50％的效果。它指说话或朗读时语句或词语间的间歇；既是生理换气的需要，更是表情达意的需要，还是听众领悟思考的需要。停顿一般分为三类：

1. 语法停顿

在书面上以标点符号为标志。不同的标点符号，停顿的时间不一样。顿号停顿的时间最短，逗号、冒号、分号次之，句号、问号停顿的时间稍长。至于感叹号、省略号、破折号可以根据语句表达的情况作适当停顿，可长可短。如：

夜幕/开始降下来。（主谓间停顿）

（一个小孩的手）紧拉着/一个中年妇女的手。（动宾间停顿）

清早出发的时候，天气晴朗暖和，/没想到中午突然刮起了暴风，下起了大雪，气温急剧下降。（表语义转折的地方需较长停顿）

2. 逻辑停顿

为了表达某一感情，强调某一观点，突出某一事物而作的停顿。往往与逻辑重音相伴相随，停顿时间比语法停顿稍长。如：

要知道，/给/永远比拿愉快。（强调"给"——奉献精神）

她买了一件衣服/很漂亮，她又做了一件事/十分愚蠢。（强调"她"无知无能，徒有其表）

3. 感情停顿

为表达某种复杂而激动的感情而作的停顿。它可以大大增强语言的生命力和感染力。如：

荷姐姐说："娘上了年纪，眼神儿不济了，我的手指比脚丫子还笨，往后你得学做针线活儿。"郑整儿说："这/太/难为人了，我好歹/是个男子汉。"（"太"前后的停顿表现了着实为难，但又不敢直说，才支支吾吾把话说了出来的心理）

当我在医院里苏醒过来，第一件事就是睁开眼睛，可是，怎么也睁不开呀。后来，睁是睁开了，但周围一片漆黑，我喊，我哭……我总算知道了，从今以后，伴随我的只是茫茫黑夜……（当战斗英雄安文忠讲到"只是茫茫黑夜"之后，足足停顿了半分钟左右，表现了因双目失明而悲痛欲绝的心情）

【做一做】

请将各例句，根据符号和括号内的提示，朗读出不同的停顿。

（二）重音

一句话如果有十个音节，每个音节说的时候平均用力，每句话都同样处理，那么听起来就十分呆板，像敲木鱼的声音，一下一下，平板而没有生气。如果使用重音就会有改观，就有了节奏和变化。

重音可分为三类：

1. 语法重音

根据句子的语法结构确定的重音。它不带特别强调的色彩，重音只是稍稍加重，位置也比较固定。如：

今天<u>星期天</u>。（短句子中谓语常为重音）

我们去<u>北京</u>。（谓语后又出现宾语时，宾语常为重音）

像<u>花儿</u>一样鲜艳，像<u>露珠</u>一样晶莹。（做比喻的词语常为重音）

2. 逻辑重音

为了突出强调句子的某种特殊含义而把某个词语重读的现象。逻辑重音不同，它所表达的意思也不同。如：

<u>小张</u>会唱歌。（不是别人）

小张<u>会</u>唱歌。（不是不会）

小张会<u>唱</u>歌。（不是听歌）

小张会唱<u>歌</u>。（不是会唱戏）

<u>风</u>停了，<u>雨</u>住了，<u>太阳</u>出来啦。（表承递）

古时候有个人，<u>一手拿着矛</u>，<u>一手拿着盾</u>在街上叫卖。（表并列）

人固有一死，或<u>重于泰山</u>，或<u>轻于鸿毛</u>。（表对比）

3. 感情重音

是内心节奏加快，情绪特别激动时形成的重音。它能传达出爱憎、喜悦、悲哀、兴奋、愤怒、欣喜等感情，使语言色彩丰富，增添血肉，充满生气，真切感人，有强烈的感染力。如：

你怎么这么<u>糊涂</u>！（加重"糊涂"一词的音量，可传达出说话人惊愕气恼的感情）

这可是<u>大</u>买卖呀！（升高"大"的音量，轻重对比是鲜明的。中间可有"脱节"痕迹，把说话者那种引诱、贪婪的形象表现出来）

我恨不得<u>杀</u>（sh——a——）了他。（重音慢说、快中显慢的方法可以加深听众的印象，达到强调的目的）

小明，<u>轻点</u>呀！（重音轻说。重音词由实变虚，声少气多，语势减弱，与非重音的响亮形成反衬）

祝福大家前程似锦，身心健康，<u>万/事/如/意</u>。（一字一顿。运用停顿是加强重音的常用方法，尤其是一字一顿更可加强表达力度，给人留下更为深刻的印象）

显示重音的方法：

一是拖长音节，二是加大音量，三是一字一顿。

运用重音的同时还要说好轻声（用缩短音节的办法），正确地发好轻声，重音也能被突出出来：这样的（轻）好事谁做的？真是太谢谢（轻）了！

【做－做】

请将各例句，根据符号和括号内的提示，朗读出不同的重音。

（三）语速

语速就是语言的快慢缓急。语速的快慢要根据说话的内容来定，同时做到快慢得体、急缓适当、快而不乱、慢而不滞，使语言富有节奏变化。

1. 快速

表现紧张的场面、动作和心理，包含欢呼、畅谈、争辩、斥责、快乐、焦急、慌乱、愤怒等情绪，语速较快。一般应控制在每分钟 200 个字左右。如：

你是谁，为什么闯进我的家？

我们太高兴了，我们终于成功了！

2. 中速

表示一般的叙述、说明、议论，情绪平稳。中速控制在每分钟 180 个字左右。如：

这就是我校的实训基地，总面积有 1800 平方米，可供 500 名学生同时操作。

汽车飞快地行驶，路边的小河静静地流着。

3. 慢速

表示沉痛、悲伤的情绪，或暗示、嘲讽等意味。慢速控制在每分钟 150 个字左右。如：

在一个宁静的夜晚，他悄然离开了我们，没有留下一句话。

每一个孩子都需要母爱，可我给自己孩子的太少啦！

【做一做】

用不同的语速读出以上各例句。

（四）句调

句调表示一个句子的高低升降变化，直接表明说话者的思想感情和态度，是语气外在的快慢、高低、长短、强弱、虚实等各种声音形式的综合。句调有高升调（↗）、平直调（→）、降抑调（↘）、曲折调（先升后降或先降后升）四种。

1. 高升调（↗）

由低逐渐升高，语势呈上升趋势。常用于呼唤、号召、惊疑、反问等。情绪较紧张、激昂。可加强表达效果，引起听者注意。如：

中国人死都不怕，还怕困难么？（反问）↗

起来，不愿做奴隶的人们！（号召）↗

啊！你说什么呀，奶奶！（惊疑）↗

目的地不远了，同学们，加油啊！（鼓动）↗

2. 平直调（→）

句调平直舒缓，没有太明显的高低升降变化。多用于表达内容分量较重的文句，以及一般叙述、说明或哲理性很强的语句。这种句调有利于把意思说得清楚、完整，显示较平静、庄严的态度和感情。如：

烈士们的英名将永垂不朽。（庄重严肃）→

"进来，坐吧。"姐姐懒洋洋地说。（冷淡）→

注意呀，这里面大有文章。（神秘）→

外交无小事，一言一行，举手投足，都代表着政府的形象、国家的尊严。（叙述）→

3. 降抑调（↘）

声音从高扬逐渐下降。一般用于情绪平稳的陈述句；坚决自信、肯定沉重的语气，感情强烈的感叹句；表达愿望的祈使句等。如：

十年的变化多大呀！（感叹）↘

张老师，给我们讲个故事吧！（请求）↘

我们的目的要达到，我们的目的一定能够达到。（坚决、自信）↘

牺牲的烈士们永远活在我们的心里。（沉重）↘

4. 曲折调

先降后升或先升后降，往往把句中需要突出的词语加重、拖长、拐着弯念。曲调位置不完全在句末，常表达讽刺、含蓄、语意双关、意在言外等语句。可使语调起伏变化，提高讲话的生动性，还可渲染话语的感情色彩，增强感染力。如：

啊！↘怎么会是他？↗（先降后升，表示惊奇或疑惑不解）

啊！↗原来是这样啊！↘（先升后降，表示恍然大悟）

他十分可爱，↘连头上的癞痢都非常传神。↗↘（句调曲折，升降起伏多变，表示夸张、讽刺）

【做一做】

1. 请根据符号和括号内的提示，朗读出例句的丰富句调。

2. 根据括号内的提示，请用符号标出句调并朗读出句调的变化。

你，你干得了吗？（怀疑）

这葫芦里装的是什么药？不会是……（思索）

哦，做人还要有诀窍？（佯装不解）

什么？他来了？（意外）

没想到，他竟会有这等"好心"！（反语）

（五）语气

思想感情是"神"，声音形式是"形"。语气就是口语表达中语句的"神"和"形"的结合体。有什么样的思想感情，就有什么样的气息状态和发声方式；有什么样的气息状态和发声方式，就有什么样的语气，三者融为一体。通过声音的高低、轻重、快慢、虚实、明暗、刚柔等的对比，达到表情达意的目的。

1. 挚爱的语气

蕴涵亲密、钦慕感情态度的语气。表达时，气息徐缓而深长，口腔宽松，气流舒而散，唇舌着力轻柔，语声具有温和感。如：

他魁梧的身形，温和的脸，明净的额，慈祥的目光，热情而有力的声音，时时出现在会场上，课堂上，杨家岭山下的大道边。

2. 憎恨的语气

蕴涵厌恶、痛恨感情态度的语气。表达时，气息运足并猛塞，口腔窄紧，气流冲而聚，唇舌阻气强硬，语声具有挤压感。如：

好个国民党政府的"友邦人士"！是些什么东西！

3. 喜悦的语气

蕴涵高兴、快乐感情态度的语气。表达时，气息饱满而上扬，口腔似千里行舟，气息似不绝清流，唇舌轻弹，气流轻快，语声具有跳跃感。如：

春天来了！春天来了！

4. 悲痛的语气

蕴涵伤心痛惜感情态度的语气。表达时，气息沉缓如尽竭，口腔凝滞如负重，气流松散无力，唇舌缓动，语声具有迟滞感。如：

到扬州见着父亲，看见满院狼藉的东西，又想起祖母，不禁簌簌流下泪来。

5. 惧怕的语气

蕴涵害怕、担心感情态度的语气。表达时，气息上提或倒吸，口腔像冰封，气流凝滞不动，语声具有紧缩感。如：

我的电脑怎么黑屏了？中毒？！我的资料啊！

6. 焦急的语气

蕴涵着急、紧迫感情态度的语气。表达时，气息短促而迅疾，口腔似弓弦，飞箭流星，气流如穿梭，经纬速成，语声具有紧迫感。如：

王导，李总到底啥时候来呀？再等下去只怕银行那边要下班，今天就提不出款来了！

7. 冷漠的语气

蕴涵冷漠、淡然感情态度的语气。表达时，气息微弱而平出，口腔松懒，气流稀薄散泄，唇舌少力，语声具有冷寂感。如：

"哼！"先生冷笑着，"你们不卖，人家就饿死了么？各地方多的是洋米洋面；头几批还没吃完，外洋的大轮船又有几批运来了。"

8. 愤怒语气

蕴涵气愤、生气感情态度的语气。表达时，气息粗重而直喷，口腔如鼓，气流如橡，唇舌如锤，吐字如炮，语声具有震动感。如：

"不是说'固若金汤'吗？谁知堤内是豆腐渣！这样的工程要从根本查起，对负责设计、施工、监理的人都要查。人命关天，百年大计，千秋大业，竟搞出这样的豆腐

渣工程、王八蛋工程，腐败到这种程度怎么得了？"

9. 疑惑的语气

蕴涵怀疑、犹豫等感情态度的语气。表达时，气息轻细而内收，口腔欲松还紧，气流欲连还断。唇舌欲断还黏，语声具有踟蹰感。如：

不可能吧？张经理辞职了？

【做 — 做】

请朗读出例句的各种语气。

【想 — 想】

［六月中旬某日，午休时间］

［办公室，空调运转，室内凉气习习］

小杨刚吃完午饭，在电脑上下五子棋，兴味正浓。

电话铃响起来。

是王处长来电话。王："小杨啊，没休息呀。去旅游局张秘书长那儿取文件，现在就去啊！"

小杨用上扬的句调答道："好！↗"

王处长满意地挂了机。

小杨看看未下完的棋，又望望窗外的烈日，叹口气。但他不敢迟疑，赶紧出门……

小杨心里很不情愿这时候顶着高温、冒着酷暑出门，但是他没有让上司在电话里听出他的情绪。小杨用了什么语音技巧？

 项目总结

有声语言是导游员与游客面对面交流时使用的最重要的交际工具，导游普通话音准、音量是否合乎标准，重音、停顿、语气等是否应用得正确，关系着向游客传达信息、与之交流信息的通畅与否。一个合格的导游首先要练好有声语言语音基本功，然后才能在此基础上提高用有声语言服务的能力。语音训练可能比较枯燥，却是夯实语音基础的必经之路。

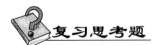 复习思考题

一、选择题

1. 吐字整体处理要求做到（　　）。

A. 金字塔形　　　　B. 哑铃形　　　　C. 枣核形　　　　D. 三角形

2. 下列要点中不符合有声语言特点的是（　　）。

A. 自然性　　　　　　B. 间接性　　　　　　C. 即时性　　　　　　D. 灵活性

3. 吐字归音把一个音节的发音过程分为（　　）三个阶段。

A. 出音、立字和归音　　　　　　　　B. 立字、出字和归音

C. 立字、出音和归音　　　　　　　　D. 出字、立字和归音

4. 下列关于句调表述错误的是（　　）。

A. 高升调由低逐渐升高，语势呈上升趋势。常用于呼唤、号召、惊疑、反问等。情绪较紧张、激昂

B. 平直调句调平直舒缓，没有太明显的高低升降变化。多用于表达内容分量较重的文句，以及一般叙述、说明或哲理性很强的语句

C. 降抑调声音从高扬逐渐下降。一般用于情绪平稳的陈述句；坚决自信、肯定沉重的语气，感情强烈的感叹句；表达愿望的祈使句等

D. 曲折调表示先降后升，往往把句中需要突出的词语加重、拖长、拐弯着念。曲调位置在句末，常表达讽刺、含蓄、语意双关、意在言外等语句

5. 口语表达中语句的"神"和"形"的结合体是指（　　）。

A. 语气　　　　　　B. 语速　　　　　　C. 重音　　　　　　D. 句调

二、简答题

1. 什么是有声语言？

2. 有声语言有哪些基本要求？

3. 有声语言的发音技巧体现在哪些方面？

4. 共鸣的要领有哪些？

5. 吐字归音有哪些要领？

实训项目

项目一

【实训名称】有声语言发声、音准训练

【实训要求】通过训练，使发声气息饱满，吐字清晰，声音洪亮，普通话发音标准。

【操作提示】①教师课前将训练材料发给学生；②学生用课余时间操练；③做发声练习的同时，练习普通话的音准；④课堂分组，每组4人，每两组结成对子，展示，互评。

【实训评测】在训练材料中选取一段考核，根据发声、发音质量评定成绩。

【实训内容】

1. 呼吸训练

（1）突然，窗外飘来一股炒菜香味。是烧肉还是煎鱼？请闻闻看。

（2）抬重物时，必须把气吸得较深，憋着一股劲，后腰膨胀，腰带渐紧。这是正确的呼吸方法。多抬几次重物，找出以上感觉。

（3）假设桌面有许多灰尘，要求吹而有不能吹得尘土飞扬。练习时，按吸气要领做好准备，然后依照抬重物的感觉吸足一口气，停顿两秒钟左右，向外吹出气息。吹气时要平稳、均匀，随着气息的流出，胸腹尽量保持吸气时的状态，尽量吹得时间长一些，直至将一口气吹完为止。

（4）数枣：出东门，过大桥，大桥底下一树枣，拿着竿子去打枣，青的多，红的少，一个枣，两个枣，三个枣，四个枣，五个枣，六个枣，七个枣，八个枣，九个枣，十个枣，九个枣，八个枣，七个枣，六个枣，五个枣，四个枣，三个枣，两个枣，一个枣，这是一则绕口令，一口气说完才算好。

（5）数数：一口气从 1 数到 30，声音要规整、圆润，不感到挤压、力竭。

（6）数葡萄练习：边呼气边说"一个葡萄，两个葡萄，三个葡萄，四个……"一口气能数到 25 个葡萄为合格。

数得少的原因：是吸气不得要领，吸气不足，还是控制不住？针对自己的不足，反复练习。

2. 共鸣训练

（1）设想咬一个大苹果，或者打一个哈欠，这时，我们的口腔、咽腔都随之扩大，整个发声声道畅通无阻，口盖也抬起并收缩为拱形，舌头放松，喉头处于吸气的位置。保持在这个位置发音，就可以得到最大限度的共鸣。

（2）模拟汽笛长鸣声——或者鞭炮声 pi—li—pa—la，体会气流冲击硬腭前部的感觉。体会口腔共鸣。

（3）有感情地朗读下列句子，要求打开口腔，放松胸部，鼻腔畅通，发音时适当偏后，使声音宏亮、浑厚。

阳——光——明——媚

乘——风——破——浪

红——旗——飘——

军——号——响——

子——弟——兵

别——故——乡——

（4）大声呼唤训练。

假设一个目标在 80～100 米处，呼唤以下句子。

老——王——，等——等——！

苗——苗——，早——点——上——车——！

小——民——，快——回——来——！

呼唤时注意控制气息，并注意体会延长音节时"三腔"共鸣的感觉。

（5）读诗词，要求放慢速度，有意识地夸张，尽量找出最佳共鸣效果。声音适当

偏后，使之浑厚有力。

红——军——不怕——远——征——难，

万——水——千山——只——等——闲。

五岭——逶迤——腾——细——浪，

乌蒙——磅礴——走——泥——丸。

金沙——水拍——云——崖——暖，

大渡——桥横——铁——索——寒。

更喜岷山——千——里——雪，

三军过后——尽——开——颜。

3. 吐字归音训练

（1）练唇功。

方法一：A. 双唇阻住气流，然后突然放开，爆发出 b 或 p 音。B. 双唇紧闭，用力撅嘴，嘴角后拉，交替进行。C. 双唇紧闭，撮起，向上、向下、向左、向右，交替进行。D. 双唇紧闭，撮起，左转 360 度，右转 360 度，交替进行。

方法二：b、p、m、f 与 a、o、i、u 等韵母相拼，可使双唇更灵活。请读：

天上一个棚，地上一个盆；棚碰盆，盆碰棚；棚塌咧，盆打咧；你说棚赔盆，还是盆赔棚。

（2）练舌功。

方法一：A. 刮舌面，舌尖抵住下齿背，舌中纵线部位用力，用上门齿刮舌面，将嘴撑开。B. 舌尖与上齿龈用力接触，突然打开，爆发 d、t 出音。C. 舌根用力抵住软腭，阻住气流，突然打开，爆发出 g、k 音。D. 舌的力度练习，闭上双唇，舌尖顶住左右内颊，交替进行，再紧闭双唇，舌在唇齿之间左右环绕，交替进行；舌尖左右立起，交替进行。E. 弹舌，用舌尖连续弹上齿，使舌部放松灵活。

方法二：d、t、n、l、zh、ch、sh 与 a、e、ao、an、en 等韵母相拼，可增强舌头的弹性和灵敏性。请读：

南边来了个喇嘛，手里提着五斤塔玛，北边来了个哑巴，腰里别着个喇叭，喇嘛要拿塔玛换哑巴的喇叭，哑巴不愿换喇嘛的塔玛，手里提着塔玛的喇嘛打了腰里别着喇叭的哑巴一塔玛，腰里别着喇叭的哑巴也打了手里提着塔玛的喇嘛一喇叭。

（3）练齿功。

方法：z、c、s 与 i 相拼，j、q、x 与 i、in、ing 相拼等情况，有助于练齿功。请读：

隔着窗户撕字纸，字纸里面包着细银丝，细银丝上爬着四万四千四百四十四个似死似不死的死虱子皮。

（4）练喉功。

方法：g、k、h 等声母与 a、ang、eng、ong 等韵母相拼，有助于训练喉咙过紧、声音嘶哑等问题。请读：

粉红墙上画凤凰，红凤凰黄凤凰，粉红凤凰花凤凰。

（5）吐字归音综合训练。

注意：咬住字头，读响字腹，收准字尾，请读：

三山撑四水，四水绕三山；三山四水春常在，四水三山好村庄。

石榴树，结樱桃，杨柳树上结辣椒。吹着鼓，打着号，抬着大车拉着轿。木头沉水底，石头上面飘。小鸡习了个饿老鹰，老鼠捉了个大花猫，说的都是颠倒话，你说可笑不可笑。

谭家谭老汉，挑担到蛋摊，卖了半担蛋；挑担到炭摊，买了半担炭。满担是蛋炭，老汉往家赶，脚下绊一绊，跌了谭老汉。破了半担蛋，翻了半担炭，脏了新衣衫。老汉看一看，急得满头汗，炭蛋完了蛋，怎吃蛋炒饭。

破皮袄破了个破皮窟窿，会补破皮袄的来补破皮窟窿，不会补破皮袄的别来补破皮窟窿。

梁家庄有个梁大娘，梁大娘家盖新房。大娘邻居大老梁，到梁大娘家看大娘，赶上梁大娘家上大梁，老梁帮着大娘扛大梁，大梁稳稳当当上了墙，大娘高高兴兴谢老梁。

附加材料（选做）

（1）新脑筋，老脑筋，老脑筋可以学成新脑筋，新脑筋不学就变成老脑筋。

（2）你能不能把柳树下的那头老奶牛拉到留念山牛奶挤奶房来挤牛奶，然后把牛奶拿到留念村送给南边住的刘奶奶？

（3）南边来了两队篮球队员，男运动员穿了蓝球衣，女运动员穿了绿球衣。不怕累，不怕难，男女运动员努力练投篮。

（4）路东住着刘小柳，路南住着牛小妞。刘小柳拿着大皮球，牛小妞抱着大石榴。刘小柳把大皮球送给牛小妞，牛小妞把大石榴送给刘小柳，牛小妞的脸儿乐得像个红皮球，刘小柳的脸儿笑得像开了花的大石榴。

（5）金凤凰，银凤凰，凤凰山上画凤凰。金凤凰画红凤凰，银凤凰画黄凤凰。金凤凰不让银凤凰画黄凤凰，银凤凰不让金凤凰画红凤凰。金凤凰只好画花凤凰，银凤凰只好画粉凤凰。

（6）傅家屯老扈会种树，扈家庄老傅会养兔；老扈致富多种树，老傅致富多养兔；养兔致富的老傅跟种树致富的老扈比富，扈家庄的老傅和傅家屯的老扈都成了富户。

（7）凤凤和芳芳，上街买混纺。红混纺，粉混纺，黄混纺，灰混纺，红花混纺做裙子，粉花混纺做衣裳。

（8）屋前一堆粪，屋后一堆灰，灰混粪，粪混灰，灰粪混成一大堆。东混粪，西混灰，粪灰、灰粪都是肥。

（9）四是四，十是十，十四是十四，四十是四十。四不是十，十不是四，十四不是四十，四十不是十四。谁说十四是四十，就打谁十四，谁说四十是十四，就打谁四十。

（10）树上挂个小枣，树下站个小赵。小赵打小枣，小枣掉进草。小赵在草里找枣，枣太小不好找。小赵分开草细细找枣，找到了掉进草里的枣。

（11）长虫钻砖堆，长虫围着砖堆转，转完砖堆钻砖堆。

（12）三月三，三月三，小三去登山。上山又下山，下山又上山。登了三次山，跑了三里三。出了一身汗，湿了三件衫。小三山上大声喊："离天只有三尺三！"

（13）报纸是报纸，刨子是刨子。报纸能包刨子，不能包桌子。刨子能刨桌子，不能刨报纸。

（14）四位老师是石、斯、施、史，石老师教我大公无私，斯老师给我精神粮食，施老师叫我遇事三思，史老师送我知识钥匙，我感谢石、斯、施、史四老师。

（15）叶上一条蚕，树上一只蝉，蚕常在叶里藏，蝉常在树里唱。

项目二

【实训名称】有声语言技巧训练

【实训要求】掌握语音技巧，读出丰富的句调、语气、快慢语速、重音停顿等。

【操作提示】①教师课前将训练任务布置给学生；②学生用课余时间操练；③做语音技巧练习的同时，练习普通话的音准；④课堂分组，每组 4 人，每两组结成对子，展示，互评。

【实训评测】在训练材料中选取一段短文，综合考核语音技巧，根据语声准确变化与丰富多样评定成绩。

【实训内容】

句调训练

1. 朗读这篇文章，注意句调的变化。

狼和小羊

狼来到小溪边，看见小羊正在那儿喝水。

狼非常想吃小羊，就故意找茬儿，说："你把我喝的水弄脏了！你安的什么心？"

小羊吃了一惊，温和地说："我怎么会把您喝的水弄脏呢？您站在上游，水是从您那儿流到我这儿来的，不是从我这儿流到您那儿去的。"

狼气冲冲地说："就算这样吧，你总是个坏家伙！我听说去年你在背地里说我的坏话！"

可怜的小羊喊道："啊，亲爱的狼先生，那是不会有的事儿，去年我还没生下来哪！"

狼不想再争辩了，龇着牙逼近小羊，大声嚷道："你这个小坏蛋！说我坏话的不是你就是你爸爸，反正都一样。"说着就往小羊身上扑去。

2. 根据提示，用恰当的语调说出下面的句子。

你到这里来过？

（1）高兴（这太好了！）

(2) 惊讶（真没想到。）

(3) 怀疑（这可能吗？）

(4) 责怪（你不应该来呀！）

(5) 愤怒（太不像话啦！）

(6) 惋惜（唉！无可挽回的过失。）

(7) 轻蔑（这种地方你也来，你是什么东西？）

(8) 冷漠（来没来过与我无关。）

你这个人！

(1) 奇怪（你怎么突然变卦了？）

(2) 气愤（你竟然干这种事？）

(3) 埋怨（你怎么姗姗来迟！）

(4) 惋惜（多下点工夫就好了！）

(5) 感激（你想得真周到！）

(6) 嗔怪（你真会缠人！）

3. 下面的句子有不同的句调，试试看你读得怎样？

(1) 你不认识我啦？我是宣传部的呀！

(2) 对不起，请你委屈一下。

(3) 年轻，有无可比拟的优势。

(4) 他呀，说什么风太大，天太冷，路又远，就是不愿意去。

(5) 雨花石不卖的吗？

(6) 听说！听说！可是为什么就不找他本人了解情况呢？

(7) 啊!? 怎么会是这样！

(8) 世界上最简单明了的是什么？是真理，真理。

(9) 要做你自己做，我可没兴趣。

(10) 什么人权自由，平等博爱，全是骗人的鬼话！

停顿训练

1. 试用不同的停顿读出下列句子的不同意思。

(1) 妈妈看见女儿笑了。

(2) 我不会修电脑。

(3) 我同意他也同意你怎么样？

2. 用恰当的停顿读出下列语句。

(1) 饭总是要吃的，事情总是要做的。

(2) 我就偏不信这个邪。

(3) 你丢下自己的小孙孙，把伤员背进了防空洞，而当你再去抢救小孙孙的时候，房子已经平了。

(4) 每个人都有自己的人生航线，但是没有一条会是笔直的路线，它充满着曲折，

我的经历就是这样。

语速训练

读句子，注意语速的变化。

（1）天啊，这是什么世道？为什么？为什么他们这样狠心？

（2）月光如流水一般，静静地泻在这一片叶子和花上。薄薄的轻雾浮起在荷塘，叶子和花仿佛在牛乳中洗过一样，又像笼着轻纱的梦。虽然是满月，天上却有一层淡淡的云，所以不能朗照，但我以为这恰是到了好处的——酣眠固不可少，小睡也别有一番风味。

（3）反动派暗杀李先生的消息传出以后，大家听了都悲愤痛恨。我心里想，这些无耻的东西，不知他们是怎么想法，他们的心里是什么状态，他们的心怎么长的！其实很简单，他们这样疯狂地制造恐怖，正是他们自己在慌啊！特务们，你们想想，你们还有几天？你们完了，快完了！你们以为打伤几个，杀死几个，就可以了事，就可以把人民吓倒吗？其实广大的人民是打不尽的，杀不完的！要是这样可以的话，世上早没有人了。

重音训练

1. 读下面的句子，注意体会句子的重音。

（1）我在读英语。

（2）什么叫拼搏？什么是拼搏？什么是我们需要的拼搏？

（3）正义是杀不完的，因为真理永远存在。

（4）山朗润起来了，水涨起来了，太阳的脸红起来了。

2. 朗读短文，注意重音。

（1）丢锄头。

一人从地里回来，妻子问他："你的锄头呢？"这人大声答道："忘在地里啦。"妻子责备说："你也不轻声点！要是给人家听见，还不捡走哇？快去把锄头取回来！"这人忙回到地里，可锄头已经被人捡走了。回到家后，这人轻轻地凑到妻子耳朵边小声说道："锄头不见了。"

（2）露珠与汗珠。

露珠对汗珠轻蔑地说："都是水珠，但却截然不同。我是露珠，洁白无瑕，晶莹闪烁；而你，我不必挑明，你也应自知羞愧的。"

"咱俩还有个区别。"汗珠并不内疚，坦然地说："你迎着太阳溜了，而我却迎着太阳诞生了。"

露珠哑口无言。

语气训练

1. 根据提示，用恰当的语气说下面的句子。

这是你写的作业？

（1）高兴——大有进步。

（2）怀疑——这不可能。

（3）惊讶——真没想到。你不是一贯不交作业吗？

（4）惋惜——唉！不该写成这样啊！

（5）轻蔑——你有这本事？

（6）责备——简直太不像话了！

2. 用愤怒、紧张、失望、不关心、不耐烦、兴奋、神秘、惊恐8种情感说以下例句。

（1）"我不知道他会不会来，已经等了三天。"

（2）"其实你不需要留在这里，那边的事没有你完成不了。"

（3）"这半年一直都是这样子，大家都习惯了。"

综合训练

说说下面的导游词（按照括号里的提示）。

（1）大家请看，对面就是巫江十二峰之冠的神女峰呀！（用升调，表示兴奋、激动）

（2）你也知道陈毅用"壮"字来描述三峡的特色？（用升调，表示惊叹、疑问）

（3）故宫又叫紫禁城，是明清两个朝代皇帝的帝王之家。（用平直调，表示庄严、稳重）

（4）这儿的街道（厦门鼓浪屿）都是步行街。（用平直调，表示平静心态）

（5）我们今天下午两点出发。（用降调，表示肯定）

（6）"每当慈禧用膳之时，太监们总要临时搭上两个餐案，将菜品一一摆好，其数量竟达128道之多！"（这时导游员故意停顿下来，看看游客惊疑、不可思议的神情）导游员接着说："她哪里能一顿吃这么多，只不过是为了炫耀其皇权和威风而已。"

项目三

【实训名称】普通话水平测试

【实训要求】获得相应的等级证书（不低于二级乙等），为导游员资格考证做准备。

【操作提示】在学校普通话考点报名、考前培训、参测（本实训项目可以结合学校的测试安排进行）。

【实训评测】领取相应等级的证书（为参加导游员资格考试做好准备）。

【实训内容】

测试项一：读单音节字词（100个音节，分值10分，限时3.5分钟）。

测试项二：读多音节词语（100个音节，分值20分，限时2.5分钟）。

测试项三：短文朗读（400个音节，分值30分，限时4分钟）。

测试项四：命题说话（围绕命题说话不少于3分钟，分值40分）。

测试样卷

第一部分：读单音节字词100个（10分）

母　慌　庙　拱　洋　某　庄　检　辣　核

刷　拐　娟　匿　揣　祛　喂　驹　哄

赃　耐　褥　朗　素　锌　粗　司　稳　没
揪　年　财　习　再　沤　侃　搜　峡　抹
磕　懂　羹　墩　颊　傲　油　缺　律　鸟
盔　痴　贼　多　陲　倭　抨　天　绝　喷
类　榛　让　帆　雄　列　坏　磅　写
傧　讯　穿　罩　柒　飞　软　灵　奔　转
拍　艇　窗　风　严　掷　杀　荫　勾　并
货　枪　词　鞍　脑　烂　射　碗　号　盛

第二部分：读多音节词语（20分）

恰好　　模仿　　嗓门儿　　皮肤　　这些
效率　　花蕊　　血债　　　时而　　缺少
安心　　状况　　反问　　　拼凑　　群岛
一下儿　不用　　没错　　　纸捻　　衬衫
搅扰　　运转　　伺候　　　亲爱　　酒吧
苍穹　　人缘儿　疼痛　　　烟嘴儿　青蛙
拐弯　　赤露　　关系　　　柔顺　　总得
落成　　跨栏　　胳膊　　　快乐　　孙女
娘娘　　答卷　　柴油　　　津贴　　碰见
洒脱　　增加　　明星　　　轻描淡写

第三部分：短文朗读（30分）

朗读指定的作品（由计算机在60篇中任意抽取其一）。

测试注意要点：准备充分、熟练、流畅、不回读。

例：作品26号《落花生》

我们家的后园有半亩空地，母亲说："让它荒着怪可惜的，你们那么爱吃花生，就开辟出来种花生吧。"我们姐弟几个都很高兴，买种，播种，浇水，没过几个月，居然收获了。

母亲说："今晚我们过一个收获节，请你们父亲也来尝尝我们的新花生，好不好？"我们都说好。母亲把花生做成了好几样食品，还吩咐就在后园的茅亭里过这个节……

第四部分：命题说话（40分）

从由计算机指定的两个话题中任选一个，围绕该命题说话。例如：

1. 我的学习生活

2. 我的业余爱好

项目五　有声语言能力训练

知识目标

- 认知口语能力要素。
- 熟知常用的称呼、寒暄、解释、道歉、感谢语。
- 掌握自我介绍、交谈、主持、演讲、辩论的口语技巧。

技能目标

1. 能够在与游客沟通时，恰当使用称呼、寒暄、交谈语。
2. 能够在导游服务中，正确使用口语协调游客关系。
3. 具备表述、致辞与演说等口语能力。

问题讨论

1. 导游员迎接游客是第一次亮相，也是建立导游员和游客之间感情的关键。旅行以导游员的自我介绍起航："女士们、先生们，我先自我介绍一下，我叫××，我还有个英文名叫×××……"

2. 去景点游览，为提高客人的游览兴趣，你看这位导游用猜谜方式取得的良好效果：女士们、先生们，在我开始介绍之前，先让大家猜个谜，谁猜中谁得奖（说完拿出一个旅游纪念品）。请听好：云的最南边，打一个地名（云南）；石头长在云天外，打一个景区（石林）；上海哪个著名风景区是女性的世界，而其中只有一个男人？（上海大观园）；两个胖子结婚，打一地方名（合肥）。

3. 有位客人的包忘在餐厅里，导游打电话到餐厅说："喂，您好！是餐厅吗？我们团里一位客人的包忘在你们餐厅了，我跟他说没关系的，你们餐厅的服务是一流的，我很了解你们的服务员，他们见到后一定会帮助收起来的。"过了一会儿，手机里传来餐厅的答复："我们在打扫卫生时发现了一个包，大概是你们那个旅游团的，请过来认领吧。"

导游员先夸赞餐厅服务一流，然后才说出需要对方帮助寻找落下的包，于是顺利

地解决了问题，这是一种行之有效地与对方沟通的好方法。

1. 良好的开局是成功的一半。怎样做好开场白，从而迅速与游客建立融洽和谐的关系？

2. 去景点游览，怎样提高客人的游览兴趣？训练自己的表述能力非常重要。

3. 无论是寻求帮助，或是劝导对方，最好从什么话说起？第三个例子说明从赞美对方开始是非常好的方法。你得到什么启示？

任务一　人物介绍

任务描述

导游接团，与游客初次见面，怎样使双方由陌生人而快速地熟悉彼此？自我介绍要生动，达到短时间内就能给游客留下深刻印象的效果。请阅读"必备知识"，掌握人物介绍的语言技能，完成相关练习。

必备知识

介绍，是社交中人们互相认识、建立联系的必不可少的手段。介绍时，要讲究说话艺术。

一、自我介绍——给人良好的"第一印象"

有一对朋友谈论他俩都认识的一位医师老徐。可两人对老徐的看法截然相反：一位认为老徐很有教养，对病人关怀备至；另一位认为老徐脾气暴躁，对病人态度不好。究其原因，原来后一位第一次见到老徐时，他正在对一位病人发脾气，于是，就形成了难以改变的"第一印象"。第一印象亦称"首因效应"，它在人们心目中一旦形成，便定下了对这个人的认识的基调，成了以后交往的依据。因此，我们必须利用"首因效应"为结交朋友创造条件。为此，必须高度重视给人第一印象的自我介绍。

【读一读】

喜剧表演艺术家王景愚的自我介绍

我就是王景愚，表演《吃鸡》的那个王景愚。人称我是多愁善感的喜剧家，实在是愧不敢当，只不过是个"走火入魔"的哑剧迷罢了。你看我这40多公斤的瘦小身躯，却经常负荷许多忧虑与烦恼，而这些忧虑与烦恼，又多半是自找的。我不善于向自己敬爱的人表达敬与爱，却善于向自己所憎恶的人表达憎与恶，然而胆子并不大。我虽然很执拗，却又常常否定自己。否定自己既痛苦又快乐，我就生活在痛苦与欢乐的交织网里，总也冲不出去。在事业上人家说我是敢于拼搏的强者，而在复杂的人际关系面前，我又是一个心无灵犀，半点不通的弱者，因此，在生活中，我是交替扮演强者和弱者的角色。

王景愚的自我介绍很有技巧，给人留下了良好的、难以忘却的第一印象。而这正是自我介绍要达到的目的。那么，自我介绍的说话技巧有哪些呢？

（一）自我介绍的技巧

（1）说好一个"我"字。

（2）独辟蹊径。

（3）巧报"家门"。

【读—读】

一位大连导游的自我介绍

大家好！欢迎光临我们大连，我就是大连旅游局最富有才华英俊潇洒玉树临风风流倜傥高大威猛人称山崩地裂水倒流鬼见愁美貌与智慧结合英雄与侠义化身人见人爱车见车载，为司机师傅可以两肋插刀，为客人可以插师傅两刀，呵呵……跟大家开个玩笑啊，活跃一下我们车里的气氛。我叫李小杨，是大家本次在大连的导游，大家可以叫我小李，很高兴在这茫茫人海中与大家相遇，我相信这是我们的缘分，俗话说的好："百年修得同船度"，咱们也是"百年修得同车缘"。既然大家在大连遇见我为大家服务，我一定会让大家玩得开心、玩得尽兴。希望我们的服务会给你们带来"在家千日好、出门也不难"的感觉……现在我以一首歌来开始我们的行程啦！请鼓起您的金掌、银掌、仙人掌、为我小李鼓鼓掌（唱歌略）。介绍行程。

看完了这一段轻松娱乐的导游自我介绍后，有何感想？

当应聘到外企或其他用人单位时，求职者往往最先被问及的问题就是"请先介绍一下你自己"。这个问题看似简单，但求职者一定要慎重对待，它是突出你的优势和特长、展现综合素质的好机会。回答得好，会给人留下良好的第一印象。

（二）自我介绍应掌握的原则

（1）开门见山，简明扼要，一般最好不要超过三分钟。

（2）实事求是，不可吹得天花乱坠。

（3）突出长处，但也不隐瞒短处。

（4）所突出的长处要与申请的职位有关。

（5）善于用具体生动的实例来证明自己，说明问题，不要泛泛而谈。

（6）说完之后，要问考官还想知道关于自己的什么事情。

【读－读】

两位应聘者的自我介绍

张小姐和杨小姐都是刚毕业的学生，学的都是英语专业，学习成绩都很突出，二人同时应聘一家独资公司的高级秘书职位。人事经理看了简历以后，难以取舍。于是通知两人面试，考官让她们分别作一个自我介绍。

张小姐说："我今年22岁，刚从某大学毕业，所学专业是英语。浙江人。父母均是高级工程师。我爱好音乐和旅游。我性格开朗，做事一丝不苟。很希望到贵公司工作。"

杨小姐介绍说："关于我的情况简历上都介绍得比较详细了。在这我强调两点：我的英语口语不错，曾利用假期在旅行社做过导游，带过欧美团。再者，我的文笔较好，曾在报刊上发表过6篇文章。如果您有兴趣可以过目。"

最后，人事经理录用了杨小姐。

为了表达更流畅，面试前应做些准备。而且由于主考喜好不同，要求自我介绍的时间不等。所以最明智的做法应是准备一分钟、三分钟、五分钟的介绍稿，以便面试时随时调整。一分钟的介绍以基本情况为主，包括姓名、学历、专业、家庭状况等，注意表述清晰；三分钟的介绍除了基本情况之外，还可加上工作动机、主要优缺点等；五分钟介绍，还可以谈谈自己的人生观，说些生活趣事，举例说明自己的优点等。

【读－读】

面试自我介绍精彩演讲稿

尊敬的各位领导、老师：

大家好！我叫李怀，2006年6月毕业于中国传媒大学播音与主持艺术专业。我的特长是新闻播音、主持、演讲。我应聘的岗位是主持人或编导。

在过去的一年里，上半年，我曾在商报文体中心、人民广播电台经济生活频道实习，并很荣幸作为特邀主持人主持了聊城广播经济生活频道与市人民广播电台经济文艺台联合直播的《大拜年 齐鲁一家亲》春节特别节目；下半年，在电视台社教节目中心《大旅游》栏目任策划与撰稿。

我的名字是李怀。中国有句成语，叫"以身相许"、那么，今天，我——李怀，愿把我的身心，我的全部青春与智慧，奉献给为商海服务的电视台商务频道，奋力为经济改革大潮推波助澜！

记得作家柳青说过这样一句话，"人生的道路虽然漫长，但紧要处往往只有几步，特别是当人年轻的时候。"今天，在我人生的紧要处，还望在座的各位领导、老师，给

我一个"以身相许"的机会！

谢谢！

【做一做】

在全班同学面前，介绍自己，2～3分钟，要求巧妙利用自己的名字，讲出特色。

二、介绍他人

社交场合中并不是人人都相识，而参与社交的人往往希望结识更多的朋友，因此，介绍他人便成了社交中必不可少的方式了。介绍，可以促使陌生人成为朋友；介绍，可以促进双方的合作；介绍，甚至可以使双方结成深厚的友谊。

介绍者是社交活动中的东道主，家庭聚会中的主人，公务交往中的礼仪专职人员，正式活动中地位、身份较高者。如熟悉被介绍的双方，又应一方或双方的要求，也可充当介绍人。为他人作介绍，要先了解双方是否有结识的愿望，做法要慎重自然，不要贸然行事。最好先征求一下双方的意见，以免为原来就相识者或关系不好者作介绍。

（一）介绍他人的顺序

为他人介绍时，要注意顺序。应把男子介绍给女子，把年轻的介绍给年长的，把地位低的介绍给地位高的，把未婚的女子介绍给已婚的妇女，把儿童介绍给成人。

作为被介绍者，应当表现出结识对方的热情，目视对方，除女士和年长者外，被介绍时一般应起立。但在宴会桌上和会谈桌上只需微笑点头有所表示即可。

（二）介绍他人应选择什么样的内容

（1）选择双方感兴趣的内容。

（2）介绍特长，促使了解。

（3）给予评价，促进合作。

【做一做】

请向同学介绍一位熟悉的人（例如本专业其他任课老师、班主任、系领导等）。

任务二　称呼、寒暄与交谈

✏ 任务描述

旅游团中的众位游客，你怎样恰当地称呼他们？怎样与之寒暄，营造融洽的团队气氛？请阅读"必备知识"，掌握用合适的语言称呼对方的技能，完成相关练习。

一、称呼

在现实生活中，称呼是我们每个人都无法回避的问题。其实只要静观他人的称呼，然后同他人保持一致就可以了，遵循了这一点，一般就不会犯太大的错误。大可不必为此担心分神。

称呼是指人们在正常交往应酬中，彼此之间所采用的称谓语，在日常生活中，称呼应当亲切、准确、合乎常规。正确恰当的称呼，体现了对对方的尊敬或亲密程度，同时也反映了自身的文化素质。称呼对方时还要遵循先上级后下级，先长辈后晚辈，先女士后男士，先疏后亲的礼遇顺序进行。

对自己的亲属，一般应按约定俗成的称谓称呼，但有时为了表示亲切，不必拘泥于称谓的标准。如对公公、婆婆、岳父、岳母都可称为爸爸、妈妈。亲家间为表示亲密、不见外，也可按小辈的称呼来称呼对方。但对外人称呼自己的亲属，要用谦称。称自己长辈和年龄大于自己的亲属，可加"家"字，如家父、家母、家兄等。称辈分低的或年龄小于自己的亲属，可加"舍"字，如舍弟、舍妹、舍侄等。至于称自己的子女，可称小儿、小女。

称呼他人的亲属，要用敬称。一般可在称呼前加"令"字，如令尊、令堂、令郎、令爱等。对其长辈，也可加"尊"字，如尊叔、尊祖父等。

朋友、熟人间的称呼，既要亲切友好，又要不失敬意，一般可通称为你、您，或视年龄大小在姓氏前加"老""小"相称，如老王、小李。

对有身份者或长者，可用"先生"相称，也可在"先生"前冠以姓氏。对德高望重的长者，可在其姓氏后加"老"或"公"，如郭老、夏公，以示尊敬。

在工作岗位上，为了表示庄重、尊敬可按职业相称，如老师、师傅等。也可以职务、职称、学衔相称，如周处长、陈经理、主任、博士等。

在社交场合，对陌生人的称呼，男子不论婚否，可统称为先生。女子则根据婚姻状况而定，对已婚的女子称夫人、太太或女士，对未婚的女子称小姐。如不明其婚姻状况，以称小姐、女士为宜。对教育界、文艺界新相识的人都可敬称为老师。

在非正式场合或向陌生人问询时，为表示亲近，可以亲属的称谓称呼对方，如叔叔、阿姨、老伯伯、老奶奶、阿公、阿婆等。

在我国，不论对何种职业、年龄、地位的人都可称作同志。但要注意，港、澳、台地区的朋友见面时一般不用此称呼。

二、寒暄与攀谈

（一）寒暄

寒暄，"寒"是"寒冷"，"暄"是"温暖"，寒暄即"嘘寒问暖"的意思，泛指人

们在碰面时互相问候，打招呼，表示礼貌和关心。在日常交际中，人们见面时往往先要说几句关于天气、冷暖的应酬话，诸如"天气真好啊!""又热起来了。""身体好吗?""吃了吧?"等。

寒暄语似乎都是一些无关紧要的闲话，可说，可不说。但是实质上它不可不说。寒暄语是人际交往的润滑剂，积极主动地寒暄几句，给人的感觉是热情友好，没有架子；善于寒暄，常常能缩短人与人之间的感情距离，增强交际效果。相反，不懂得寒暄，沉默寡言，或者只会尴尬地一笑，给人的印象就可能是清高傲气，不易接近。因此，寒暄几乎成了衡量一个人道德修养的标准之一。

因此可以说，寒暄语是一种有用的"废话"。它虽然并不具有信息内容，但可以表示亲善礼貌、愿意跟对方友好等情感态度。常用的寒暄方式有如下几种形式。

1. 问候式寒暄

如：

甲：你好!

乙：好啊，你还好吧!

甲：多日不见你了，忙些什么呀?

乙：……

2. 夸赞式寒暄

如：

小王，你昨天在大会上的发言很精彩!

小李，你这头瀑布似的长发好美呀!

你这头高绾着的盘龙髻也很漂亮嘛!

3. 描述式寒暄

如：

甲：哟，最近这么忙呀，刚下班!

乙：嗯。您买了这么多菜，现在回去哪!

4. 言他式寒暄

如：

甲：你听天气预报了吗? 今天的气温高达 39 摄氏度啊!

乙：真是太热了。你家里装有空调吧?

甲：有哇，你呢?

乙：……

5. 幽默式寒暄

如：

甲：小张，今天满脸放光呀?!

乙：瞧您说的，不就是喝了两杯庆功酒吗!

见面寒暄禁忌包括如下几种。

（1）千篇一律，无论跟谁见面只会说"你好!"不能根据对方的具体情况灵活运用。

（2）刨根问底，见了面查根问底，像是查户口的，不顾及对方的感受，不避忌讳与隐私。

（3）旁若无人，见面寒暄，不顾周围环境，大声喧哗。两人在餐厅见面，一见面就打招呼："来啦!"旁若无人，声如洪钟。整个餐厅的宾客都被惊动了。

（4）动手动脚，见面时一边话语寒暄，一边拍拍打打，捶胸拍肩，这类动作会使对方受惊，产生反感。

【做一做】

1. 早晨见到客人

您早!

早上好!

昨晚休息得怎么样?

2. 客人用餐时

祝大家胃口好!

菜的味道还好吗?

别着急，大家慢慢吃!

3. 游览过程中

祝大家玩得开心!

您觉得这里的景色怎样?

您拍的照片真漂亮!

（二）攀谈

攀谈则是口语交际中最自由的一种形式。攀谈的特点是，不一定有谈话的目的，也不一定在谈话前就准备了话题，具有随意性。可是攀谈很有用，它是人际关系的润滑油，能够在不知不觉中沟通双方的思想感情，传递各种各样的信息。

生活中，人人都需要攀谈。在工作中，在家庭里，同事之间，朋友之间，夫妻之间，兄弟姐妹之间，父母子女之间，总是会攀谈起来的。这是因为人具有社会性，具有群体性，人与人的交际是人类最基本的一种社会活动，也是人们共有的心理需求。作家为漂流到荒岛的鲁滨孙，安排了"礼拜五"这一角色作为聊天、说话的对象，就是怕鲁滨孙孤独难当。

人人都需要攀谈，但并不是人人都善于攀谈。在现实生活中，人们攀谈的本领有很大差异。社交场合，有的人向隅而坐，郁郁寡欢；有的人想与人交谈，却拙于言辞，不知从何谈起；另有一些人却能周旋于众人之间，不论对方是男的女的老的少的，都攀谈得起来，可谓左右逢源，应对自如。这说明，学会攀谈能很好地展开交际。

无论是寒暄，还是攀谈，都要看具体场合和交际对象，看对方的年龄、地域、职

业、兴趣、爱好、经历、处境等。如以下例子。

例1 深秋的公园，两人在晨练时相遇

男：今天天气变凉了！

女：可不，穿的衣服也厚起来了！

例2 开学了，几位来报到的男同学相遇

小奇：你们好！两个月没见，这个暑假可真长！我最大的收获是学会了游泳。不过，我还为此呛了几口水呢！妈哟，当时吓死我了！小韦、小明，你们假期都干些什么？

小韦：我天天在家里练琴，没你过得那么刺激！

小明：我，我没什么可说的。

【想—想】

这两个画面的交际场合、交谈信息各有什么特点？

（三）"寒暄"与"攀谈"特点

寒暄：谈天气冷暖、没有具体信息、显得亲切主动、拉近双方距离。

攀谈：自由、随意交谈，临时寻找话题，可交流信息、加深了解、沟通感情。

【做—做】

根据寒暄、攀谈的知识，分小组讨论以下两个情境的交际效果。

1.（上班的路上）

甲：近来身体还好吧！

乙：唉，说来话长啊！上个月大病了一场，高烧40℃持续不退，全家都为我忙得全乱了。我女儿都没人送她上学。说起这孩子，也怪懂事的，今年她不也才8岁吗……

甲：对不起，我上班快迟到了，下次去看你，好吗？再见！

2.（火车上）

姑娘：大爷，您看上去身体可真硬朗，这是出远门吧？怎么，不用在家里看孙子？

老人：儿子在外地工作，他们工作忙啊！一年多没回家，我那孙子估计长高了好多，这不，去看看！

姑娘：您可真像我爷爷！小时候，他可宠我了。

老人：那你爷爷还健在吧？……

三、交谈

（一）交谈的注意事项

避谈政治、宗教等可能人人立场不同的话题，有些人虽基于礼貌并不会当场与你争论，但在心中一定十分不舒服，可能你无意中得罪了人而不自知，这自然也失去了

社交的意义了。

注意不要一直只是一个人说，风趣幽默的谈吐一向为众人所欢迎，但是请让其他人也有发言与参与的机会，说笑话时也尽量避免宗教、政治性的笑话，若有女士在场也应避免太露骨的黄色笑话，否则亦让人觉得你太轻浮。

避免询问他人穿着、饰物等之价格。可以对他人的打扮加以赞美，但应适可而止不可太夸张，免得对方以为你在暗讽他。请记住：赞美也是一种学问。

不可谈及他人之年龄尤其是女士，尤其注意的是女人也不可以问其他女人的年龄。

切勿形成小圈圈，社交的目的就是让大家彼此认识、彼此熟悉，若是你只和自己熟识的人交谈，不但无法达到交友的目的，也会令人讨厌，若有这种情形发生，不妨可以借去倒酒、上洗手间的方式脱离小团体，再伺机和其他人士交谈。

不可窃窃私语，此种行为以女性居多，是一种不礼貌的举动，会让人有别人当着你的面说你坏话的感觉，若真的有私事要交谈时，可以找一个人较少之处或角落私下交谈。

有不同国际人士在场应一律使用英语，因为在场所有人都有听与说的权力，不可将之排除在外。

主人或宾客在发言时请立即安静下来以示尊重，待发言完毕后可再继续未完的话题，千万不要台上的人大声嚷嚷，台下的人是各说各话，似乎各不相干。

谈话内容一般以天气、各地的风俗民情以及有趣的事情为佳，例如说，在与外国友人一同饮酒时，可以谈谈我国的酒类以及饮酒文化与西洋有何异同，或是各国的节日等，让众人皆有表达的机会，同时也可增长彼此的见闻。

（二）面对不同交谈者的技巧

面对不同交谈者的技巧包括以下几点。

（1）对探人隐私者要答非所问；

（2）对唉声叹气者要注入活力；

（3）对道人是非者要哼哈而过；

（4）对喋喋不休者要巧妙提问；

（5）对啰唆说教者要重于聆听；

（6）对自我炫耀者要幽默风趣；

（7）对灭人志气者要攻其痛处；

（8）对嚣嚣好斗者要句句真理；

（9）对满口假话者要纠正其一；

（10）对俗不可耐者要适当指教。

（三）导游与游客的交谈禁忌

导游与游客交谈的时间、地点有限，途中营造和谐气氛，构建融洽关系，基本上都是为了服务的主题而交谈，不应该把与客人的交谈视作编制自己的社会关系网的手段。

（1）与客人不可深谈；

（2）不可密谈；

（3）不为利益而谈；

（4）不为扩展个人关系而谈；

（5）与异性游客不在私人空间交谈；

（6）内容避讳：①谈及他人隐私；②议论不在场的第三人；③议论对方的伤心事或缺陷；

（7）避免使用不文雅的字眼；

（8）不打断游客的话语；

（9）忌与游客开玩笑没有分寸；

（10）忌沉默寡言（会被游客误解为无声的抗议，或对话题感到厌倦）。

（四）导游同游客交谈的技巧

交谈是导游人员同游客交往的主要环节，通过交谈，一方面可以增进相互了解，拉近彼此的距离；另一方面可以有针对性地为做好导游服务工作铺平道路。交谈时，导游人员的表情要自然，语调要亲切，表达要得体，给游客留下良好的印象。交谈包括如下内容。

1. 熟悉人名

导游人员与游客在交往中，如果能记住游客的姓名，游客会有一种受尊重的感觉，有利于为融洽的交谈打下基础。导游人员若需要了解游客的姓名，对国内游客来说，可直接问"您贵姓？""什么地方人？""做什么工作的？"但是，对于外国游客，这不仅不礼貌，而且会引起对方的猜疑，以为你是在探究其底细。如果导游人员需要了解其姓名，不要一见面就问"你姓什么？（What is your name?）"，而要谦虚地问"我可以请教你的姓名吗？（May I know your name?）"等。

2. 引入话题

话题是进行交谈的引子，导游人员若想同游客进行交谈，最好先从天气、新闻、体育、娱乐、业务等中性的话题谈起，然后视情况逐步引入要谈的主题。同外国游客交谈，要避免关于个人、身体（尤其是妇女），对方国家内政、宗教信仰和议论他人的话题。

3. 倾听

同游客交谈，当对方谈话时，导游人员要认真倾听，不要左顾右盼；更不能思想开小差，也不要随意打断对方的谈话。倾听既能获得信息，增加对游客的了解，也是对游客尊重的表示，游客会因为你的认真倾听而对你产生好感。游客谈话时，导游人员要积极地思考，不时地点头示意，表示你在认真倾听，等到游客把话说完了，导游人员再接上说。

4. 提问

在与游客谈话时，导游人员若没有听清，或需要发问时，可适当地以简短的方式插问。应注意的是提问不要过多、过频，以免干扰游客谈话的情绪和思路，更不要给其以质问或刨根究底的感觉。其次，提问之前，最好能对游客有一定的了解，如其经历、性格、爱好等。最后，提问要避免提问游客无法回答或不愿回答的问题。

5. 发言

与游客交谈，导游人员在谈话时态度要真诚、平和，不能傲慢，傲慢将有损对方的自尊心；谈话时目光要坦率、诚实，要目视游客，不要躲躲闪闪、惶惑不安；谈话的内容主题明确，简洁明了；不要言过其实、夸夸其谈；谈话的语言要文雅、得体，表达要恰如其分，谦虚要适当，赞扬对方不宜过分，要避免使用生僻难懂的词语，不要乱用俚语。谈话中要注意留有余地，要多留时间让对方说话，以获取更多的信息，要注意游客的表情，判断其有无兴趣。俗语说："话不投机半句多"，要适可而止。交谈结束时，要有礼貌地分手。若与多位游客一起聚谈，导游人员要注意面向大家，不要冷落任何人，切忌与一两人窃窃私语。加入到游客当中谈话，导游人员要事先打招呼，要待谈话的人把话说完，再接着发表意见。与女士谈话，要谦让、谨慎，不宜开玩笑。总之，导游人员同游客交谈时，要讲究举止文明优雅，谈吐情理适度。

任务三 解释、道歉、感谢

任务描述

导游要对游客的协助及时（应答）致谢。旅游途中偶遇不顺利，例如航班晚点，线路因故临时变更，酒店服务不如意等，需要向游客解释原因，真诚道歉。解释的技巧至关重要，因为游客此时很可能怀有抱怨甚至激愤心情，导游特别需要学会运用语言巧妙化解矛盾。请阅读"必备知识"，掌握解释、道歉、感谢的语言技能，完成相关练习。

必备知识

一、解释

（一）解释的效果差异

【想－想】

小英早上乘车去学校，正赶上北大桥堵车，挤得水泄不通。她绕道赶到学校，迟到了 5 分钟。单小英背着书包，气喘吁吁地跑到教室门口。

她见教室门关着，轻轻地敲了敲门，喊了声报告。王老师打开门一看，生气地说："单小英，你怎么搞的？"王老师抬起手，指着手表又说道："你看看，都迟到 5 分钟了，难道你不知道要遵守学校的作息制度吗？"

1. 小英理直气壮地说："我没想迟到呀！那没办法，路上堵车了，能怪我吗？"说着还生气地把书包往桌上一扔。

2. 小英低声说:"老师,请您不要生气,我不是故意要迟到的。"王老师和蔼地说:"那你说说怎么会迟到的啊?"小英说:"今天早上,我乘车到学校,可是在北大桥堵车了。我只好绕道走,结果就迟到了。"王老师说:"哦,原来是这么回事,我错怪你了,请进吧。"小英高兴地说:"好!"然后背着书包走进教室。

哪种解释效果更好?为什么?

当我们在生活中被别人误会的时候,要冷静,不要觉得委屈,也不要沉默不语。态度诚恳、心平气和地把事情原委向对方说清楚,别人一定会改变对你先前的看法的。

(二)解释的注意事项

解释的注意事项包括如下几点。

(1)向谁解释,注意称呼和礼貌用语;

(2)解释什么,这是说话的主体部分,要针对对方的误会说明原委;

(3)怎样解释,也就是解释要注意方式、方法,寻找适当时机。解释还要注意态度,要使对方愿意听你的解释,以求取得好的效果。

【做一做】

1. 小李放学回家,路上看到一个小妹妹跌倒了,便跑过去把她扶起来。一位阿姨走出来,不高兴地说:"你怎么把我的孩子碰倒了?"如果你是小李,会如何解释?

2. 导游小李接团,客人在机场等了20分钟才见到她。事实上并不是小李迟到,而是客人的航班提前到达了。小李怎样解释,客人才会比较容易接受?

二、道歉

有道是"知错就改",人不怕犯错误,却怕不承认过失,明知故犯。在人际交往中,倘若自己的言行有失礼、不当之处,或是打扰、麻烦、妨碍了别人,最聪明的方法,就是要及时向对方道歉。

道歉的好处在于,它可以冰释前嫌,消除他人对自己的厌恶感,也可以防患于未然,为自己留住知己,赢得朋友。

1. 道歉的技巧

(1)道歉语,应当文明而规范。

(2)道歉应当及时。

(3)道歉应当大方。

(4)道歉可能借助于"物语"。

(5)道歉并非万能。

2. 常用的致歉语

对不起!

请原谅。

打扰您了。

失礼了！

对不起，打搅一下！

对不起，让您久等了！

请原谅，这是我的错。

三、感谢

当你在生活中遇到麻烦、困难或者不幸时，兴许很快能得到他人热心的帮助。得到他人帮助之后，你自然会想到感谢。对他人的帮助表示由衷的感谢，这是完全应该的，也是人之常情。

（一）感谢的技巧

感谢的技巧包括如下几点。

（1）要及时而主动地表示感谢，以显示真诚；

（2）要诚实守信，许下的诺言决不打半点折扣实现；

（3）要根据不同的对象，选择恰当的途径和方法；

（4）要掌握好感谢的度，力求做到合理与恰当；

（5）表示谢意是一种感情行为，不能一次性处理。

（二）常用的致谢语

1. 致谢

谢谢！非常感谢！

谢谢您的好意！

谢谢您的合作！

多谢您的帮助！

感谢您的提醒！

2. 接受客人致谢

应该的，这是我应该做的。

乐意为您效劳！

不用谢/没关系/不客气/不要客气，没关系，这是我应该做的。

谢谢……（您的鼓励/夸奖）！

毕业论文致谢词范文

感谢我的导师×××教授，感谢我就读本专业所聆听指教的老师们！严谨细致、一丝不苟的作风一直是我工作、学习中的榜样；循循善诱的教导和不拘一格的思路给

予我无尽的启迪。

感谢我的论文指导老师×××，这篇论文的每个实验细节和每个数据，都离不开您的细心指导。而您开朗的个性和宽容的态度，帮助我能够很快地融入我们这个新的实验室。

感谢我的室友们，从遥远的家乡来到这个陌生的城市里，是你们和我共同维系着彼此之间兄弟般的感情，维系着寝室那份家的融洽。四年了，仿佛就在昨天。四年里，我们没有红过脸，没有吵过嘴，没有发生上大学前所担心的任何不开心的事情。只是今后大家就难得再聚在一起吃每年元旦那顿饭了吧，没关系，各奔前程，大家珍重。愿远赴美国的 C 平平安安，留守复旦的 D、E、F 快快乐乐，挥师北上的 G 顺顺利利，也愿离开我们寝室的 H、I 开开心心。我们在一起的日子，我会记一辈子的。

感谢我的爸爸妈妈，焉得谖草，言树之背，养育之恩，无以回报，你们永远健康快乐是我最大的心愿。

在论文即将完成之际，我的心情无法平静，从开始进入课题到论文的顺利完成，有多少可敬的师长、同学、朋友给了我无私的帮助，在这里请接受我诚挚的谢意！

任务四 表述

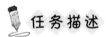 任务描述

导游与旅游业其他工作人员相比，他们与游客相处的时间最长，相关事情最多。不仅是景点讲解，什么时间？在哪里集合？车号是多少？下榻和就餐地点名称等，这些信息都靠导游的口才要表达，表述能力是导游员从业的第一武器，也是他们职业化水准的第一标志。导游口才要从基本功练起，请阅读"必备知识"，掌握客观表述的语言能力，并完成相应的实训项目。

必备知识

表述是以客观内容为表达对象的单向口语形式，它的特征是具有客观性，即要求表述客观内容。表述的类型分为讲述（事物、事理）、介绍和解说。

各类表述的差异与运用如下表所示。

表述的类型及其作用、要求

	概念特点	作用	类型	要求
讲述	口语化的记叙文	叙经历 绘场面 讲故事等	叙述型 描述型 评述型	线索清楚、关键突出、 言语简练、实事求是

续　表

	概念特点	作用	类型	要求
介绍	口语化的说明文	促进了解、接受、掌握等	事物介绍 事理介绍	准确周密、平易浅近、可借助辅助手段
解说	解释和说明	引导 补充 渲染	影视剧解说 导游解说 专题解说等	辅助性、同步性、统一性、准确性、生动性

从上表中可知，表述之解说的表现形式之一便是导游解说，这个能力的培养、形成与提高对导游的服务质量关系重大。但是解说能力培养不是建筑空中楼阁，它以讲述、介绍能力为基础，因此能力训练应当从基础的讲述起步，逐渐提高，达到能够清晰、流畅地解说的高度。完成下面【做一做】中的要求。

【做一做】

大卫的机遇

〔美〕霍桑

大卫·斯旺沿着小道，朝波士顿走去。他的叔父在波士顿，是个商人，要给他在自己店里找个工作。夏日里起早摸黑地赶路，实在太疲乏，大卫打算一见阴凉的地方就坐下来歇歇。不多会儿，他来到一口覆盖着浓荫的泉眼旁边。这儿幽静、凉快。他蹲下身子，饮了几口泉水。然后，把衣服裤子折起当枕头，躺在松软的草地上，很快就酣然入睡了。

就在他呼呼大睡的当儿，大道上来了一辆由两匹骏马拉着的华丽马车，蓦地，由于马蹩①痛了脚，车子"嘎"地停在泉眼边。车里走出一位年长绅士和他的妻子。他们一眼就瞧见大卫睡在那儿。

"他睡得多沉，呼吸那么顺畅，要是我也能那样睡会儿，该多幸福！"绅士说。

他的妻子也叹道："像咱们这样的老人，再也睡不上那样的好觉了！看那孩子多像咱们心爱的儿子呀，能叫醒他吗？"

"哦，咱们还不知道他的品行呢。"

"看他的脸孔，多天真无邪哟！"

大卫不知道，幸运之神正近在咫尺呢！年长绅士家里很富有。他唯一的儿子最近不幸死了。在这样的情况下，人们往往会做出奇怪的事来。比如说，认一个陌生小伙子为儿子，并让他继承自己的家产。可是，大卫却始终没醒来，睡得正甜。

"咱们叫醒他吧！"绅士妻子又说了一句。正在这时，马车夫嚷起来，"快走吧！马

①蹩（bié）：脚腕或手腕扭伤。

好了。"老夫妻俩依恋地对视一下，便快步走向马车。

过了不到五分钟，一个美丽的姑娘踏着欢快的步子，朝泉眼走来了。她停下来喝水，也瞧见了大卫。就像未经允许进入别人卧室，姑娘慌忙想离开。突然，她看见一只大马蜂正嗡嗡地在大卫头上飞来飞去，就不由得掏出手帕挥舞着，把马蜂赶走。

看着大卫，姑娘心头一颤，脱口而出："他长得多俊啊！"可是大卫却丝毫未动，她只好快快地走了。要是大卫能醒来，也许能和她认识，甚至结亲。要知道，她父亲可是个大百货商哩。

姑娘刚走开，两个帽沿拉到眉头的强盗悄悄地溜过来了。他们看见大卫躺在泉边香甜地睡着，一个歹念顿时闪上心头。

"也许这崽子身上有钱。"

"过去摸摸看，如他醒来，就用这个来对付他。"说着，一个强盗掏出了明晃晃的匕首。他们正准备下手时，一条狗匆匆跑到泉边饮水。他们吓得心惊肉跳。

"等一下，可能狗主人就在附近。"

"我们还是小心为妙，赶快离开吧！"两个强盗嘀咕了一阵，便溜走了。

一辆马车的隆隆声，惊醒了大卫。他跳了上去，很快消失在烟尘中了。

大卫永远也不会知道在他睡眠时，发生的一切幸运和险象。可是，仔细想想，世上谁人不是如此呢？

要求：

1. 复述这个由一个场景，一个主要人物，三段小小的插曲，构成的一个饶有意味的寓言。

2. 说出这则寓言的寓意（可参考、模仿下面的表述）。

通过这个寓言，霍桑告诉了我们很多。首先，人的一生中会碰到很多的机遇，这些机遇会随时随地地偶然发生，它们或突然带给你幸运，让你的人生一下子柳暗花明；或突然带给你灾难，让你从此一蹶不振。看，在大卫熟睡的时候，都发生了什么：首先，失去了继承人的年老的富翁来了，他们有认他为子的想法，但大卫没有醒来；美丽富有的姑娘来了，她为他的英俊萌动了芳心，但大卫没有醒来。他在睡梦中错过了财富，也错过了爱情；两个揣着匕首，想抢钱的歹徒来了，他们又被狗叫声吓跑了，大卫仍没有醒来，他在睡梦中躲过了劫难。人生真的有太多变幻莫测的可能性。其次，对于这三桩福祸各异的机遇，醒来后的大卫却一无所知，也永远不会知道。这些偶然的机遇，它可能悄悄地来，也可能匆匆地走，你可能并不知道它曾经来过，也可能无法知道它还会不会再来，无数的不可预知的偶然，改变着人生的方向，神秘而无奈。再次，机遇是需要争取和把握的，"机遇只垂青那些有准备的人"。寓言中的大卫是睡着的，也许，有人会遗憾，大卫为什么偏偏在那个时候睡着了呢？其实这是作者的有意安排。"睡着的大卫"实质隐喻的是现实生活中许多虽然醒着但却整天浑浑噩噩、由于自身的努力不够、在主客观条件等各方面都缺少准备的人。这样的人，即使成功的机遇来了，也是要么辨别不出，要么眼睁睁地看着它溜走。

任务五　主持人口语

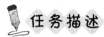任务描述

　　通过学习做主持人的训练，培养自己的口头表达能力，不仅有利于导游口才的提高，而且能够锻炼在众人面前发言的胆量。因此学习与模拟做一个主持人，其口语训练内容与导游口才训练相辅相成。请阅读"必备知识"，完成相关练习，通过主持人口语训练，夯实导游服务语言基础。

必备知识

主持人的口语技巧

　　（一）主持人口语表达的重要性

　　1. 通过主持人增加人格化传播的亲近感

　　主持人用自己的学识和感受通过语言来介绍、组织、评说、串联节目，或者直接采访报道新闻事件和人物，还要注意调动受众的注意力和兴趣。主持人作为沟通节目与受众的中介，语言表现怎么样，更成为至关重要的因素。

　　2. 口语表达是实现节目传播目的、提高节目质量的关键因素

　　主持人语言能力的强弱、水平的高低直接影响节目的质量。这里所说的语言能力和水平，既包括他的谈吐内容，也包括他的表现力。在音乐节目中，有的主持人音乐素养不错，是音乐院校毕业生，可是说起话来无精打采，口齿含混不清，把节目弄得十分沉闷，与乐曲的情感衔接不上，破坏听众的收听情绪。可以肯定地说，在广播电视节目中，主持人的语言表现直接关系到节目的优劣成败。如果主持人只是外形漂亮，语言外壳过得去，但是语言内容缺乏深度，或者谈吐带着一种痞子味，同样会降低主持人在听众和观众心目中文化修养的档次。比如中央电视台《环球45分钟》节目主持人王雪纯，她不仅谈话内容幽默得体，语言表达也十分生动活泼，她参加主持这个栏目以及主持《正大综艺》显然都为节目增色不少，受到观众的普遍好评。显而易见，主持人的语言能力和水平最终关系着节目的总体质量和效果，影响着收听率和收视率。换句话说，主持人语言的优劣与主持人有声语言的功力有着异乎寻常的联系。

　　3. 口语表达折射主持人文化底蕴和魅力

　　马克思主义认为，语言是思想的直接现实。一位作家说，语言是洞察人类心智的最好窗口。语言不仅仅是主持人节目内容的载体，同时还是主持人文化底蕴和品位的体现。"主持人"，这个使受众和节目拉起手来的媒介人物是否具有魅力，语言是个重要的窗口。主持人在节目中的语言事实从各个角度展示其思想道德、知识功底、能力

和个性等方面的特征。听众和观众正是通过语言来了解主持人的思想、观念、情感、态度、修养以至情趣、人品等深层次的内涵的。我们注意到，优秀的节目主持人总是能以他们饱满的热情、平易近人的态度、厚积薄发的功底和深入浅出的技巧，或侃侃而谈，或娓娓道来，或画龙点睛略加评点，或连缀穿插自如得体，或灵敏反映机智贴切，语流畅达，颇具风采。这样就使听众和观众在思想文化等方面受益的同时也体味到语言美的魅力。这样的主持人自然能够得到听众和观众的认可、喜爱、敬佩和信赖。

（二）主持人在节目中的口语活动方式

主持人在节目中的口语活动方式主要包括如下几种方法。

（1）将编写好的文字稿件转化成有声语言，比如主持人节目中的新闻或者其他信息的播报、栏目中短篇的解说，或者评论文章的播报等。

（2）以主持人的思路为主线，灵活地运用有关的书面资料。这种活动方式既有由文字到口头的转化，又有即兴的口语，比如我们常说的提纲加资料的节目的主持。

（3）以写好的串联词为主干，穿插组织气氛、活跃现场的即兴发挥，这常见于各种综艺节目和竞赛节目中。

（4）以采访或谈话目的为核心，主持人的提问、应对、串联、衔接、评述都是以即兴口语为主，当然事先脑子里要有一些腹稿和提纲，根据现场情况的变化即兴组织。当然还可以概括出其他一些口语方式，不过从总的方面来说，归纳起来不外乎有文字依据的口语和没有文字依据的口语这两大类。当然这两类口语活动方式不是截然分开的，所以从主持人口语表达能力来看，包括人们通常说的有稿播音和无稿播音两大类。

一个主持人如果只能以聊天谈话的方式在节目中出现，当需要他念上一封听众来信，或者引用一段信息资料的时候，他可能就像一个蹩脚的小学生念书一样磕磕绊绊，念不成句，或者是毫无趣味，那样是很让人扫兴的。相反，如果只能比较清楚地播读文字稿件，可是不善于在话筒前获得松弛积极的谈话状态，语言出来语势单一、语言刻板，显得很僵硬，甚至是离开了文字稿就不会说话，同样这也会是十分乏味的。对于节目主持人来说，这两种语言能力好比是人的两条腿，要健全，缺一不可。

【做一做】

1. 组织学生观看某一大型晚会或演出现场的主持节目。
2. 将全班学生分组，2～3人一组，男女生搭配，模拟现场主持学校或系部的某项活动。

任务六　致辞与演讲

任务描述

谚语说"罗马不是一日建成的"，又云"条条大路通罗马"。本任务与任务五的训练目标一致，都是为了奠定导游口语的坚实基础而设立的一系列辅助训练。和任务五

训练内容相同的是锻炼导游员在众人面前发言的胆量。而致辞与演讲的训练，更能锻练出导游的感召力、凝聚力，把导游培养成一个能获得游客认同的、其话语能够获得游客共鸣的服务人员。因此学习如何致辞与演讲，其口语训练内容与导游口才训练相辅相成。请阅读"必备知识"，完成实训项目，通过本任务的学习夯实导游服务语言基础。

必备知识

致辞和演讲，都是在重要场合或集会、会议上发表讲话的形式，在口头表达中占有重要的地位。就当众发表讲话的意义上说，致辞与演讲具有同一性。但细细分析起来，二者又有所不同。演讲是"就某个问题对听众说明事理，发表见解"，而致辞则是"在举行某种仪式或会议时说勉励、感谢、祝贺、哀悼的话"。解释虽然简单，但把二者的基本区别说出来了。

一、致辞

致辞具有"礼仪性"或"仪式化"的特点，所以要特别注意措辞得体。致辞具有很强的实用性和针对性，在各种重大的庆典、外交、纪念活动中运用较多，常见的种类有贺辞、祝辞、欢迎辞、新年献辞、悼辞、开幕辞、闭幕辞等。致辞受场合、事件的限制比较大，一般不宜太长，还要讲求文辞，不能过于口语化。

在新生入学联欢会上的致辞

学弟学妹们：

你们好！

"晴空一鹤排云上，便引诗情至碧霄。"时当碧空万里、凉风习习、桂花飘香的季节，你们——高考场上的排云之鹤，经过中学六年的养精蓄锐，羽翼渐丰。今日一鸣惊人，一飞冲天，飞翔到山水甲天下的桂林，降临到这漓江之滨的象牙塔。这是多么令人欣喜和值得祝贺呀！借此良机，我们学生会代表全体同学，向你们表示衷心的祝贺和热烈的欢迎！

刚刚逝去的中学生活，曾有你们多少甜美的回忆，多少动人的故事！当你漫步在这里的校园，用好奇的目光审视着这陌生的环境时，也许你会浮想联翩，内心里涌着对中学生活无比眷恋的激流。是啊，在远方，在那所令人梦牵魂萦的中学母校里，曾有你们对未来的美好憧憬、对理想不懈追求的时光，有你们孜孜不倦、苦读苦算苦思的身影，有你们亲手栽种的同窗学友间亲如手足的友谊之树……

即将开始的大学生活，将给你们全新的感受。宽阔的校园，碧绿的草地，藏书颇丰的图书馆……在这良好的学习环境里，你们将在自然科学的龙宫里探珠索宝；在显微镜下观察微观世界的奇妙；在汗牛充栋的书山中漫步、攀登；在生活的海洋中培养高尚的情操，掌握书法、美术、音乐、社交、演讲等技能。随着时间的推移，你们还

将背上标本箱，跋山涉水，穿行在崇山峻岭、莽莽林海中，去加深对书本知识的理解，去领略祖国的名山秀水的壮美……

"我们今天是桃李芬芳，明天是社会的栋梁。"新朋友们！中华民族的振兴和强盛需要你我用火热的生命去开创，时代赋予的振兴教育的重任需要你我用年轻的双肩负起！现在，新的生活之路已经开始，任重道远，愿你们勇敢地、充满信心地开始你们的壮行！

——在远方，有一位成功之神在等待着你们！

谢谢各位！

×××

××××年×月×日

晚会上的祝辞

亲爱的老师、同学：

晚上好！

今天，是我们分别三年后的第一次欢聚，首先，让我给大家拜个早年！（鼓掌）

同学们，触景生情，大家一定记起了当年，记起了老师的谆谆教诲吧？那么记不记得那一次呢？因为我考试成绩不好，我们的彭老师，还牵过我的耳朵？（笑）当时不大舒服，现在想起来却很有趣儿。这轻轻的一牵，使我体会到了老师对我的……爱！（大笑）同窗学友，团结友爱，更结下了难忘之情。今日幸会，备感亲切吧！看现在，恰同学少年，风华正茂！（鼓掌）我们长大了，成熟了，愿自己早日成为栋梁之才。此刻我们也更加体会到了师育之恩和同学之谊。同学们，让我们向亲爱的老师致敬！（鼓掌）让我们为纯洁的友谊祝福！（鼓掌）愿这欢乐的聚会，在我们生活的档案里，记下它美好的一页吧！（鼓掌）

哦，还有一件事，今年是什么年啦？（答：虎年。）好啊，今天的晚会，一定会开得虎虎有生气！（热烈鼓掌）

谢谢大家！

×××

××××年×月×日

二、演讲

（一）演讲的概念与分类

演讲是以口语表达的方式面对听众，就某一问题发表自己的观点，阐述某一事理的活动，也叫"演说"或"讲演"。

从内容上看，演讲可以分为政治演讲（包括就职演说、施政演说、竞选演说等）、教育演讲（包括学术讲座、知识讲座等）、宗教演讲、经济演讲、军事演讲等。

从演讲目的上看，演讲有学术性的演讲、说服性的演讲、鼓动性的演讲、娱乐性

的演讲、凭吊性的演讲；

从演讲场合看，有大会演讲、法庭演讲、课堂演讲、宴会演讲、街头演讲、巡回演讲、广播电视演讲等。除了即兴式发言，一般的演讲都要准备讲稿。

根据演讲的类别，讲稿可以是成文成章的，也可以是提纲挈领的。如政府工作报告、外交部声明、在联合国安理会上的发言、迎接贵宾的欢迎词等，都要照稿宣读，以示庄重；大多数演讲都可以在原稿基础上即席发挥，或不用讲稿，借助提纲进行演讲。

（二）演讲的作用

演讲的作用包括：

（1）演讲是宣传和动员群众的一种手段。

（2）在重大的群众集会上，领导或有关人员为了宣传某项方针政策或报告工作，也常常采取演讲的方式。

（3）演讲还是阐明理论观点、发表学术见解的一种手段。

（4）演讲又是锻炼和培养青年口才的一种手段。

【做一做】

1. 学校为圆满完成皖南实习归来的旅游管理专业学生召开庆功会，请你作为学生代表在会上致辞。

2. 演讲（题目自拟）。

任务七 辩论

任务描述

辩论是水平和境界较高的口才，它不仅对导游口才提高是有益的训练，而且能锻炼思维的敏捷，在应对临时情况、劝服游客的时候非常有用。辩论训练比上一任务演讲，对说话人有更高的要求，辩手既是信息的接受者又是信息的发送者，主持与演讲单项性居多，而辩论则不断转换话轮，难度较高。正因如此，辩论在语言能力培养中也是能收获最多最好效果的一种口才训练。请阅读"必备知识"，完成实训项目，登上导游口语能力的制高点。

必备知识

一、辩论的基本思维

（一）概念

反映事物的本质属性。

（二）判断

对事物进行肯定或否定。

（三）推理

由已知判断推出新判断。包括：

（1）演绎：普遍——特殊。

（2）归纳：特殊——普遍。

（3）类比：特殊——特殊。

二、辩论的要求和注意事项

辩论的要求和注意事项包括：

（1）前提真实确定。

（2）论题清晰确定。

（3）推理符合逻辑。

三、辩论赛一般程序与细则

（一）辩论赛程序（简要）

简要的辩论赛程序如下。

辩论赛开始→宣布辩题→介绍参赛代表队及所持立场→介绍参赛队员→介绍规则评委及点评嘉宾→辩论比赛→规则评委及点评嘉宾退席评议→观众自由提问时间→规则评委入席，点评嘉宾评析发言→宣布比赛结果→辩论赛结束

（二）辩论赛细则

1. 时间提示

自由辩论阶段，每方使用时间剩余 30 秒时，计时员以一次短促的铃声提醒；用时满时，以钟声终止发言。攻辩小结阶段，每方使用时间剩余 10 秒时，计时员以一次短促的铃声提醒，用时满时，以钟声终止发言。其他阶段，每方队员在用时尚剩 30 秒时，计时员以一次短促铃声提醒，用时满时，以钟声终止发言。终止钟声响时，发言辩手必须停止发言，否则作违规处理。

2. 陈词

提倡即兴陈词，引经据典恰当。

3. 开篇立论

开篇立论要求逻辑清晰，言简意赅。

4. 攻辩

（1）攻辩由正方二辩开始，正反方交替进行。

（2）正反方二、三辩参加攻辩。正反方一辩作攻辩小结。正反方二、三辩各有且必须有一次作为攻方；辩方由攻方任意指定，不受次数限制。攻辩双方必须单独完成本轮攻辩，不得中途更替。

（3）攻辩双方必须正面回答对方问题，提问和回答都要简洁明确。重复提问和回避问题均要被扣分。每一轮攻辩，攻辩角色不得互换，辩方不得反问，攻方也不得回答问题。

（4）正反方选手站立完成第一轮攻辩阶段，攻辩双方任意一方落座视为完成本方攻辩，对方选手在限时内任意发挥（陈词或继续发问）。

（5）每一轮攻辩阶段为 1 分 30 秒，攻方每次提问不得超过 10 秒，每轮必须提出三个以上的问题。辩方每次回答不得超过 20 秒。用时满时，以钟声终止发言，若攻辩双方尚未完成提问或回答，不作扣分处理。

（6）四轮攻辩阶段完毕，先由正方一辩再由反方一辩为本队作攻辩小结，限时 1 分 30 秒。正反双方的攻辩小结要针对攻辩阶段的态势及涉及内容，严禁脱离比赛实际状况的背稿。

5. 自由辩论

这一阶段，正反方辩手自动轮流发言。发言辩手落座为发言结束，即为另一方发言开始的计时标志，另一方辩手必须紧接着发言；若有间隙，累积时照常进行。同一方辩手的发言次序不限。如果一方时间已经用完，另一方可以继续发言，也可向主席示意放弃发言。自由辩论提倡积极交锋，对重要问题回避交锋两次以上的一方扣分，对于对方已经明确回答的问题仍然纠缠不放的，适当扣分。

6. 观众提问

观众提问阶段正反方的表现算入比赛成绩。观众提出的问题先经两位以上规则评委判定有效后，被提问方才能回答。正反方各回答两个观众提出的问题，双方除四辩外任意辩手作答。一个问题的回答时间为 1 分钟，如一位辩手的回答用时未满，其他辩手可以补充。

7. 结辩

辩论双方应针对辩论会整体态势进行总结陈词；脱离实际，背诵事先准备的稿件，适当扣分。

【做一做】

用课余时间观看全国大专院校辩论赛视频。

用课余时间观摩校内辩论赛。

项目总结 ▶▶▶

仅具备普通话标准、音色优美等条件，一名导游还远没有达到具有有声语言运用能力的要求。进入服务环节，语言交际就有了具体的主题，导游拥有称呼、寒暄、自我介绍、交谈、主持等口语能力，才能实现与游客初次见面的相识、旅行途中的交谈、景点解说的服务等。良好的有声语言能力，是导游培养其职业口语技能的前提。导游应重视有声语言的语音和能力训练，为练就职业口才奠定坚实的基础。

复习思考题

一、选择题

1. 介绍他人的顺序不合礼仪规范的是（   ）。

A. 把女子介绍给男子　　　　　　B. 把年轻的介绍给年长的

C. 把地位低的介绍给地位高的　　　D. 把儿童介绍给成人

2. 称呼对方时要遵循的礼仪，顺序正确的是（   ）。

A. 先下级后上级　　　　　　　　B. 先晚辈后长辈

C. 先男士后女士　　　　　　　　D. 先疏后亲

3. 不符合自我介绍应掌握的原则的是（   ）。

A. 开门见山，简明扼要，一般最好不要超过三分钟

B. 实事求是，不可吹得天花乱坠

C. 突出长处，尽量隐瞒短处

D. 善于用具体生动的实例来证明自己，说明问题，不要泛泛而谈

4. 下列表述不当的一项是（   ）。

A. 称呼是指人们在正常交往应酬中，彼此之间所采用的称谓语，在日常生活中，称呼应当亲切、准确、合乎常规

B. 寒暄语是一些无关紧要的闲话，是一种无用的"废话"，不具有信息内容，因此在日常交际中没有必要与他人多寒暄

C. 攀谈则是口语交际中最自由的一种形式。攀谈的特点是，不一定有谈话的目的，也不一定在谈话前就准备了话题，具有随意性

D. 交谈是导游人员同游客交往的主要环节，通过交谈，一方面可以增进相互了解，拉近彼此的距离；另一方面可以有针对性地为做好导游服务工作铺平道路

5. 下列表述不当的一项是（   ）。

A. 当我们在生活中被别人误会的时候，要冷静，不要觉得委屈，要沉默不语，不需要把事情原委向对方解释清楚，这样才能化解冲突与矛盾

B. 解释要注意方式和方法，寻找适当时机，还要注意态度，要使对方愿意听你的解释，以求取得好的效果

C. 在人际交往中，倘若自己的言行有失礼不当之处，或是打扰、麻烦、妨碍了别人，最聪明的方法，就是要及时向对方道歉

D. 当你在生活中遇到麻烦、困难或者不幸时得到他人帮助后，应该对他人的帮助表示由衷的感谢，这是完全应该的，也是人之常情

二、简答题

1. 自我介绍有哪些技巧？

2. 介绍他人应选择什么样的内容？

3. 常用的寒暄方式有哪些？见面寒暄有哪些主要禁忌？

4. 导游与游客的交谈有哪些禁忌？同游客交谈有哪些技巧？

5. 道歉时应掌握什么技巧？

6. 在生活中向他人表示感谢时应注意哪些技巧？

7. 演讲的作用表现在哪些方面？

实训项目

项目一

【实训名称】初次见面的语言训练

【实训要求】说话时，神态自然、不慌张、不胆怯，说话有条理（可在课前复习礼仪课上学到的知识，正确使用初次见面的礼节）。

【操作提示】①分组，每组不超过5人；②角色扮演：客方旅行社代表，3人（设置性别、职位、年龄等差异）；本社经理，1人，秘书，1人；③在班级展示；④提交角色模拟脚本。

【实训评测】组内评比出"优秀秘书"。

【实训内容】远大旅行社一行人风尘仆仆远道来访。每位同学轮流模拟做一次本旅行社的秘书，向来访客人作自我介绍；为本社经理与客人初次见面作介绍；说恰当的称呼语、寒暄语、交谈语。

项目二

【实训名称】表述语言训练

【实训要求】说话时神态自然。表述清晰，有条理（可适当使用肢体语言）。

【操作提示】①分组，每组不超过5人；②角色扮演：1人做导游，其余扮演游客代表；③在班级展示；④提交角色模拟脚本。

【实训评测】组内评比出"优秀导游员"。

【实训内容】

1. 讲述你难忘的一次旅游经历或难忘的地方或向往的地方。

2. 下面是一份旅游行程，请在组内向组员作表述。

扬州神州行旅行社

江西婺源、三清山、井冈山、南昌六日游行程

行程安排：

第一天：早晨6：00从扬州时代广场出发，乘旅游客车赴婺源（约9小时），下午抵达"中国最美的乡村"——婺源，游览江湾。宿婺源××酒店。

第二天：上午游小桥流水人家的李坑（建筑为徽州民居风格，南宋武状元李知诚的故里）；午餐后游著名的彩虹桥（初建于宋代，有四座桥墩，横垮于婺江上，观若彩虹伏波，桥上有长廊，桥下有一千年牛头，传说摸它能祛病消灾，延年益寿）。下午赴

三清山（约 3 小时）。宿三清山下××宾馆。

第三天：早餐后步行或索道上三清山（120 元自理），乘坐索道上山游览南清园景区（有司春女神、巨蟒出山、一线天、神龙戏松、玉台、玉女开怀、十里杜鹃林、三龙出海、狸猫待鼠、葛洪献丹、玉兔奔月等绝妙景色）。午餐后游览西海岸景区（有神童负松、山盟海誓、西霞港、西海港湾、观音送子、仙桥墩、妈祖导航、飞仙谷、翡翠谷、猴王观宝等景点），观赏壮丽的西海晚霞。之后乘坐索道下山。宿三清山下××宾馆。

第四天：早晨 6：00 出发，赴革命摇篮井冈山（约 8 小时），途中欣赏如诗如画的井冈村落、梯田、林海。抵达后参观井冈山革命博物馆，了解井冈山革命斗争史；参观北山烈士陵园、远眺井冈山主峰——五指峰（第一版百元人民币背面图案）。宿井冈山××山庄。

第五天：早餐后游览黄洋界哨口，观云海、险峰、大荷树；参观大井毛主席旧居、小井红军医院。游览峡谷深幽、奇峰险峻、林翠花香、飞瀑成群的五龙潭胜景。下午赴南昌（约 4 小时）。宿南昌××大酒店。

第六天：上午游览八一起义纪念馆、八一广场、八一起义纪念碑、绳金塔。午餐后返扬州，结束愉快行程！

3. 有领导来你校视察，你作为学生代表带领他们参观校园，请准备校园的解说词，说 3 分钟。

项目三

【实训名称】演讲训练

【实训要求】符合演讲的要求：声音洪亮，富有感召力；演讲服装、动作合乎礼仪。

【操作提示】①分组，每组少于 10 人；②拟写演讲文稿；③在组内做演讲，择优秀者在班级展示；④提交演讲稿文本。

【实训评测】班内评比出"最佳演说员"若干名。

【实训内容】以《地球一小时》为题做一次演讲。

项目四

【实训名称】辩论训练

【实训要求】熟悉辩论程序与规则。辩手思维敏捷，语言表述清晰，判断推理合乎逻辑（恰当使用肢体语言）。

【操作提示】①分组，每两组分别为正反双方；②课前布置任务，小组在课余时间辩论；③择小组优胜者组队，班级举行辩论赛。

【实训评测】评比出"最佳辩手"若干名。

【实训内容】以"导游收取小费合理吗"为论题，分正反两个辩方展开辩论。

项目六　倾听技巧训练

> ● 认知倾听与导游服务中倾听的作用。
> ● 认识倾听在口才训练中的地位。
> ● 了解话语理解、话语传递的基本知识。

技能目标

1. 能正确使用倾听技巧，在倾听过程中能恰当反馈，做优秀的倾听者。

2. 能准确把握说话者的谈话要点、主干，正确理解其真实意图。

3. 能在听话训练中提高听与说的技能。

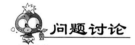

案例1

小玲感冒了，没来上班。实习导游萍萍临时顶了小玲的岗。第二天小玲来旅行社，萍萍说："玲姐，身体好点了？哎呀昨天累坏我了：接了好多通电话，都是报世博二日游的。唉……我一个一个听了再记下来——就是那些名字和电话号码。"小玲笑了："丫头啊，这回可理解我跟你说的话了吧，光会拿起电话说那些套话'你好！这里是神州旅行社，啦啦啦……'还不行吧，还得会听才能搞定业务哦。"萍萍："是的是的，玲姐说得对！"

案例2

赵导游正在给司机王师傅讲笑话：有个演说家为了讨好女性听众，他说："男士们听我演讲，一只耳朵进，另一只耳朵出；你们听我演讲，两只耳朵进，一只嘴巴出！嘿嘿，我听我老婆讲话是左耳朵进、右耳朵出；我说话，我儿子是没耳朵听——充耳不闻。但是，王师傅，你知道吧——张总说话——我连眼睛都在听！哈哈哈……"

1. 萍萍顶岗一天的收获是什么？为什么口语交际中要有倾听与言说两个方面？

2. 你能从赵导讲的笑话里悟出其中的含义吗？

任务一　认知倾听

任务描述

　　口才运用要求说话者不仅会表达（发送信息），而且要会倾听（接受信息）。它要求做受欢迎的倾听者，这样才能反馈信息，而且在倾听过程中获得口才能力的提高。请阅读"必备知识"，了解"听"和"倾听"的差异，正确认知倾听在导游口才中的作用，完成相关练习。

必备知识

一、倾听

（一）听与倾听的区别

听是一种行为、一种生理反应，参与"听"的动作的人体器官是耳朵。

倾听等于"专注地、细心地听取"，它是一种艺术、一种心智和一种情绪的技巧，参与"倾听"动作的人体器官是耳朵、眼睛和心灵。我们在与人沟通时，要运用的是有效地倾听。

（二）口语交际由听与说构成

1. 听与说各是信息交流的一环

倾听与言说是人们言语交际的两种基本行为，二者构成了日常言语交际的基本前提和基本结构。倾听是通过视觉、听觉来接受、理解说话者信息、情感和思想并伴随着充分尊重和积极回应态度的一种情感活动过程。它既是一种言语交际行为，也是一种心理情感活动。

2. 听比说更重要

沟通学家尼科尔斯"言语的有效性并不仅仅取决于如何表述，而更多的是取决于人们如何来倾听"。美国语言学家保尔、兰金等认为，听占45％，说占30％，读占16％，写占9％。也就是说，人们有近一半的时间在听。倾听不但是人们获取知识、信息的重要途径，而且也是人们交流思想、情感的有效方式；既能理解其言语信息的意义，又能理解其手势、体态、表情等非言语信息的含义。所以我们要充分利用这45％的沟通时间，这对客服人员尤其重要。

（三）导游倾听运用

1. 倾听游客

倾听是捕捉信息、处理信息和反馈信息的需要。导游与游客交谈，接待前来咨询旅游事宜的人，从业务处理到旅途、景点服务都需要懂得倾听。不仅听取游客的要求，

还要耐心倾听游客的投诉，化解其不满，改善游客情绪。这都要求导游人员具有良好的倾听修养。

【读－读】

这些情况下，都需要你的积极倾听：

你为了获得更多的信息、收集正确的信息时；

当有问题需要解决，你需要更多的事实时；

你不能肯定来访者的意思时；

当发生冲突，你需要做协调时；

当你与讲话者意见相左，显示你接受对方的说法时；

在情绪化的场合，为了平息不安、气愤或情绪化的人时；

当讲话者谈论他们的感情或情绪时……

2. 倾听助言说

口才乃"口耳之学"，会听才会说。

从习得顺序看，依次是听、说、读、写，人首先学会听，然后学会说；

从运用时间看，听占比例最多，听45％、说30％、读16％、写9％；

从能力高低看，听的能力高于说的能力。

所以练习说从练习听起步，导游口才培养需要利用并借助倾听来提高。

3. 听记助解说

人在倾听时于瞬间动用多种人体器官脑、耳甚至眼睛，是注意力高度集中的生理、心理活动。倾听与信息储存、记忆密切相关，倾听力训练过程中，边听边记，对记忆力也有训练。导游服务需要厚实的知识积淀与素养，尤其是讲解词需要专门记忆背诵才能熟练表述，如果将记忆训练融入倾听训练，则可一举多得，因此导游可对听、记有意识地加以利用。

二、倾听的重要作用

（一）获取信息和知识

"上帝创造我们时让我们有两只耳朵和一张嘴巴，就是为了让我们少说多听。"说得越少，听到的就越多。心理学家的实验统计表明：一般人思考的速度为每分钟1000～3000个字，说话的速度为每分钟120～180个字，而听话的速度要比说话的速度快约5倍。如果一个人能在1分钟内讲150个字，那么，他就可以在1分钟内听750个字。换句话说从听获得的信息远远多于读。

（二）人际关系和谐

1. 倾听等于尊重

倾听是表示对说话者的礼貌、尊重和给面子，说话者也会因此而喜欢、信赖并乐意与倾听者交往。人人都需要被倾听和了解。只有很好地倾听别人，才能更好地倾诉自己。倾听是褒奖对方谈话的一种方式，你用心倾听对方的谈话，就等于告诉对方，"你是一个值得我倾听的人"。这样就能使对方感到被尊重，从而加深彼此的感情。当周围的人意识到你能耐心倾听他们的意见时，自然会向你靠近。

2. 倾听消除误解

倾听还可消除误解，维护人际关系。在很多情况下，人与人之间的误会都是因为没有机会申述或彼此没有认真倾听而造成的，学会倾听，就能消除这些误会。倾听是了解对方需要、发现事实真相、减少误解、增进信赖与合作的最重要也是最简捷的手段与途径。

（三）反馈的前提

谈话是在传递信息，倾听别人谈话是在接受信息，对别人的话作出反应就是在处理和反馈信息了。一个好的倾听者，应该善于从一大堆谈话中捕捉有用的信息，从别人无意的谈话中捕捉有益的信息，并以参与谈话的方式作出积极的反应。

比如商务谈判中，对方在陈述观点或回答问题时，不可能没有漏洞，在一定程度上会暴露自己的需要，这时倾听使你能真实地了解对方的立场、观点、态度，了解对方的沟通方式、内部关系、对方成员间的意见分歧等，可以帮助你获得第一手真实资料和丰富的感性认识，修正可能存在的错误，甚至在谈判不利的情况下，可以转守为攻。

【读－读】

客人需要我们会倾听

培养深度信任感和亲近游客的秘诀是：学会倾听。倾听是建立信赖的关键，原因有四：

1. 客人通常更愿意信任一个尊重他们，并尊重他们所说的话的人；

2. 客人很容易信任仔细听他们说话并且能为他们的问题出谋划策的人；

3. 客人对你的信任度越高，他们参与的就越多；

4. 客人能从你的倾听中获得满足感。

对导游员而言，当游客向你求助，倾诉他的需求时，倾听是掌握事实、借以解决问题的重要途径。导游以帮助客人的积极态度，真正"听懂"客人的语言，真正了解客人在"话里"和"话外"传达的信息，同时让客人感到你的重视与关怀。

三、倾听的层次、过程与反馈

（一）倾听的层次

耳朵只能听语音，了解表层意思，用心和头脑倾听才能由音及意，由表及里，理解说话者话语之外更丰富的含义。据此，我们可把倾听划分为五个层次：

一是听而不闻，不做任何努力地听，完全漠视地听。这是自以为是、对别人不屑一顾的听，也是最糟的听。

二是假装听，这是耳朵打开了，心却没有打开，左耳进、右耳出。

三是选择听，这是只听自己感兴趣的内容。

四是专心听，这是能精神专注地、认真地、主动积极地听，这就是常说的倾听。

五是设身处地地听，站在对方的立场来倾听对方、理解对方，是倾听的最高层次，是我们提倡的倾听。

【读－读】

设身处地地听

1. 专注地看着对方

用你的眼睛注视说话人，把注意力集中在说话的内容上。

2. 点头微笑回应，鼓励表达

和对方谈话时稍稍前倾身子，表示对对方所说的话感兴趣，听得很仔细。赞成对方所说的话，可以轻轻地点一点头。对他们所说的话感兴趣时，要展露一下笑容。利用肢体语言——头部、臂部的摆动表达意见，可以使对方感到愉快。总之，要向对方表示，你关心他说话的内容。

3. 不要中途随意打断对方说话

与人交谈时要尽量控制自己，不要打断对方。即便是对方所言或者偏离了主题，或者对你无所裨益，或者你不爱听，但由于对对方的尊重，就要给人家说话的时间，让对方充分表达自己的想法，无拘无束地把话说完，自己绝不能有任何不耐烦的神色和举动。这种尊重他人、甘当听者的耐心，在谈话中既是应具备的品质，也是应该体现的风度。

4. 适当的提问与复述对方的意思

对方说完话时，你可以重复他说话的某一个部分。这不仅证明你在注意他所讲的话，而且可以表明你同意他的意见。如："正如你指出的意见一样，我认为……""原来是这样，您能详细谈谈其中的原因吗？"等。这样能让对方知道，你在很仔细地听他说话。而且人们喜欢被引出话题，以便能借机展示自己的价值。

5. 说话之前先暂停3～5秒

人们交谈的目的是为了沟通信息、交流思想、联络感情，而不是智力测验、辩论或演讲比赛，大可不必去争话、抢答。在听人讲话时应持虚心的态度，尽可能避免听话时"先入为主"；对别人的话作出评论时要持谨慎的态度，避免对别人的讲话急于下结论或立即接过话茬给以反驳，这些偏激做法都不可取。

6. 不仅要倾听内容，也要"倾听"感觉

"听话听声，锣鼓听音"，在聆听别人讲话时，应能细心体会讲话人的"话外音""弦外音"，仔细观察其他非言语信息，注意讲话人词汇的运用和选择，细品讲话人的奥妙情感，弄清讲话人的真正意图，听出说话者的喜忧哀乐等各种感觉，并对此作出相应的反应。

7. 听到不同意见时不要屏蔽信息

要学会控制自己的感情，以防曲解对方的话语。保持客观理智的感情，有助于你获取正确信息。尤其是当听到不同意见或者令人不愉快的消息时，要先理智地接收信息，仔细核查事实，不能凭自己的喜好对这些信息听而不闻。因为当我们把听到的话加上自己的感情色彩时，我们就会失去正确理解别人话语的能力。

（二）倾听的过程

倾听的过程一般包括：首先接受信息，其次是识别、分类、扩充、浓缩、分析、记忆信息，然后是搜寻已知信息，调动储存的知识和经验，通过判断、推理获得正确的解释或理解。因此倾听的过程有以下四个步骤：

第一步，接受信息。不再讲话，既接受说话者的言语信息，也接受非言语信息。

第二步，选择信息。选择双方需要或希望得到、理解的信息。

第三步，整理信息。识别、记录、分析、处理信息。

第四步，解释信息。把经过接受、选择、整理的信息与倾听者的经验和期望联系起来，解释获得的信息。

（三）倾听的反馈

国际倾听协会给出"倾听"定义：接收口头和非语言信息，确定其含义和对此作出反应的过程。这是说倾听过程的最后一步是反馈。

听人讲话，不只是在被动地接受，还应主动地予以反馈，并适时作出会心的呼应。这种呼应既可以是语言表达，也可以通过表情、姿态等非语言方式显示。适当的反馈表明你不但在注意倾听，而且很感兴趣，是对对方谈话的鼓励，如表 6-1 所示为倾听中常见的反馈方式。

表 6-1　　　　　　　　　倾听中常见的反馈方式

反馈方式		具体做法
语言方式	插话	"真有意思""讲得真好"
	提问	1. 宜用开放式提问，如"我们什么时候到达北京呢？" "今年绿漆的价格为什么压得这么低呢？您能谈谈其中的原因吗？" 2. 不宜用封闭式提问，如"我们可以准时到达北京吗？" "今年绿漆的价格压得太低了，是吗？"
	陈述	你好像……你似乎……你的想法是……对你来说，那一定是…… ……那一定激怒你了……让我们小结一下…… ……你一定觉得…… ……如果我是你，我想我宁愿……
非语言方式		点头、微笑、身体稍稍前倾、柔和地注视说话人、随着说话人的姿势而不断调整自己的姿势以鼓励对方谈话

【做－做】

A：你在不在听？

B：……

假设你是B，你怎样表示"我听着呢，请您继续说"的意思？

示例：

你在接听电话，对方滔滔不绝地说……

B：嗯，嗯，你说得对。

学习【读一读】"设身处地地听"和表6-1"倾听中常见的反馈方式"，完成以下练习中语言和非语言表达。

1. 表演哑剧，以动作、表情等表示专注、积极地倾听对方。

2. 模拟打电话，应答对方，表示在专注、积极地倾听。

3. 表演情景剧，面对面听对方说话，态势语和有声语言并用，表示正在专注、积极地倾听。

任务二　有效倾听训练

任务描述

至此，我们用了三个概念：听、倾听、有效倾听，意在突出由耳、心、目①共同参与的"倾听"的效果，人有70%的清醒时间用于倾听他人，但仅仅使用了他们倾听能力的25%，怎样消除影响倾听效果的"干扰"，采取怎样的措施去积极获得有效倾听，要克服哪些不良的倾听习惯，都是本任务要解决的问题。请从"必备知识"中获得指导，踏踏实实完成【做一做】，并在实践中逐渐掌握这些本领。

必备知识

据专家称，在实际生活中，不会听的大有人在。能平心静气和有目的地倾听对方讲话的人不足10%，这是因为一般的人大都希望引起别人的注意，而不大注意别人。再加上口头交际环境的复杂性（引起听众注意力分散的因素甚多），稍不留意，便会造成偏听、误听、漏听或没有听清、听懂的情况。因此，有效的倾听，要从讲究倾听的环节和要求做起，并努力掌握一些适当的方法。

---

①听：繁体字为"聽"，表示由耳、心、目组成。

一、有效倾听的意义

增强沟通效力：满足倾诉者自尊，真实了解他人。

改善人际关系：人们喜欢善听者更胜于善说者。

增强解决问题的能力：获取更多信息，"听君一席话，胜读十年书"。

有助于个人发展：激发创造灵感，提高专业技能。

二、影响倾听的障碍

噪声：环境，语义差异，口音等；

注意力分散：心智时间差（走神）；

想着如何反应：不能设身处地正确理解他人；

预先判断对方要讲的内容：感情过滤（主观地排斥或接受）。

尤其要警惕主观心理因素形成的障碍，即：

● 听者主观上超前判断，认为对方的话只有部分的价值；

● 听者选择性地听；

● 听者由于对讲话者的成见、偏见，造成故意的"漏听"。

三、有效倾听的四步骤

第一，做好倾听准备——身心准备和物质准备（包括环境和用具）。

第二，发出倾听信息——常用眼神示意对方，准备接收信息。

第三，采取积极行动——频繁点头，身体前倾，集中精神，敞开思想。

第四，理解全部信息——把你的理解及时向对方反馈；充分理解并记忆。

【读一读】

倾听要诀

1. 尊重对方；

2. 注意力集中；

3. 理解；

4. 耐心；

5. 注意整体，不要断章取义；

6. 注意词语背后的意思。

有效的倾听方法

1. 准备倾听：开放思想，抛开烦恼；一直把注意力集中在对方身上。

2. 限制自己的谈话：我们不能边谈边听。

3. 创造气氛：礼貌而不是威胁，注意回应对方。

4. 设身处地：要有同理心。

5. 耐心：打开思想，闭上嘴巴。

6. 不要打断客户：不要结束句子；不要急促；不要急着作总结。

7. 集中思想：注意谈的内容；谁在讲；怎样在讲；不要分心。

8. 记笔记：便于总结，便于检查自己是否理解，便于控制谈话要点。

9. 客观：小心"我们以前都已经听过"的态度，保持开放的心态；不管你以前是否听过这个要求，每一次都应该像第一次听；不要因为有答案就自满。

四、有效倾听时的身体语言

眼神和表情：面带微笑，友善注视。

姿势：上身挺拔，略微前倾。

距离：区分场合，亲疏关系。

身体动作：恰当点头，给出手势。

五、有效倾听的六原则

原则之一，适应讲话者的风格（节奏、音调、口音、语气等）。

原则之二，眼耳并用，全神贯注（不仅仅接收语言信息，同时接收思想情感）。

原则之三，理解他人，取消预先判断（站在他人角度，善于总结要点）。

原则之四，鼓励他人表达自己（用各种方式作适当反馈）。

原则之五，聆听全部信息（不轻易打断别人，不急于作出判断）。

原则之六，表现聆听兴趣（用积极的肢体语言如身体前倾，微笑等表现）。

六、影响倾听的不良习惯

（1）说得比听得多；

（2）喜欢插话；

（3）在倾听过程中，不回应对方；

（4）发现感兴趣的问题时问个不休，导致跑题；

（5）以自我为中心；

（6）走神；

（7）太乐于提出自己的建议；

（8）问题太多；

（9）过早下结论。

【想－想】

1. 你在倾听时通常采用怎样的肢体语言？

2. 你属于下面的哪一种倾听者？

假装倾听者、连续说话者、速记要点者、批评型倾听者、"我正忙着"型倾听者、手放在门把上的倾听者、打断型倾听者、"我知道更多"型倾听者。

3. 有没有用过这些当做不认真倾听的借口？

（1）我认为有许多更重要的事要做；

（2）说话人没有告诉我：我为什么要倾听；

（3）他们所讲的我们已经知道了；

（4）有太多的分心事干扰，使得很难集中精力倾听；

（5）不喜欢讲话者或讲话内容；

（6）我只想听那些想听的内容；

（7）我只需要结论；

（8）我更喜欢交谈，这样更加活跃，更容易控制。

七、练习"倾听"功夫

想练就"倾听"功夫，可以逐步做一些技能训练，最好能学点儿自主训练的方法。可以从这三点做起：①学习并掌握倾听训练方法。②自我训练倾听能力。③自我测试倾听兴趣与倾听水平。

倾听本领的练就需要经历日积月累的过程，从基础练起，并且能够完成系统性的训练。这比就事论事型的学习更有效。由低到高，循序渐进，练就较强的倾听技能。

（1）听记训练。用文字符号把听到的话语迅速写下来的能力训练，获得边听、边详细记录全部内容和记录要点的本领。

（2）听话组合力训练。对不同的话语内容进行归纳、组合的听话技能训练。练就把听到的多角度内容或多种内容边听、边重新归类组合的本领。

（3）听辨训练。边听，边对所知材料进行准确辨析的能力训练。边听边比较话语内容的各个方面，判断话语的正误、找出观点的异同。

（4）听测训练。根据话语的内容进行推测、判断的能力训练，锻炼边听、边作出合理推测、准确判断的能力，获得透过话语表面得到言外之意的本领。

注意事项：

第一，任何时候，做好听之前的准备，即备好纸和笔。

第二，听的时候不要同时做其他事情，养成集中精力专注倾听的习惯。

第三，业余学习一些快速听记技巧，有条件的话参加速录技术培训。

第四，自主学习。为自己挑选现成的音频（例如广播新闻、记者招待会、国家领导人的讲话、某重要发言人的讲话等，可利用互联网的资源），听录音，边听边记。

第五，给自己提要求，既要有记录速度又要准确度高。

【做一做】

比一比谁记得快；

比一比谁记得准；

比一比谁记得既快又准。

（提示：练习时，可由学生轮流朗读需听记的信息）

1. 听记电话号码

六位电话号码：615473　523148　873801　662353　210640　701198

七位电话号码：2531489　5238011　8970546　6733731　8127183　8766100

八位电话号码：53467197　80834769　88615228　67615382　62079240
　　　　　　　　78515096

手机号码：18605229133　15262249136　13775270986　18920061232
　　　　　13365124742

传真号码：86－0592－88887777　86－0411－39329989
　　　　　86－010－68992466　86－021－51265679

QQ号码：1051666333　726235876　1429494941　1263131318
　　　　749304543　479444112

2. 听记电子邮箱地址

username@host. domain　　　526235876@yeah. net　　　xiaxin@hotmail. com
mmeili@126. com　　　gzhshyky@qq. com　　　pingpan12@yahoo. com. cn

3. 听记姓名

赵：走乂赵；赵钱孙李的赵。

钱：金钱的钱。

孙：子小孙；孙中山的孙。

李：木子李；十八子李。

周：框吉周；周总理的周。

吴：口天吴。

郑：关耳郑；河南郑州的郑。

王：三横王。

冯：二马冯。

陈：耳东陈。

褚：衣者褚。

卫：保卫的卫；卫生的卫。

蒋：草头蒋；将军的将加草头蒋。

沈：三点水的沈；沈阳的沈。

韩：韩信的韩；韩国的韩。

杨：木易杨；杨柳的杨。

朱：未撇朱。

秦：秦朝的秦。

尤：尤其的尤；优秀的优去掉单人旁。

许：言午许；许多的许。

何：人可何；如何的何。

吕：双口吕。

施：方人也施；措施的施。

张：弓长张。

孔：孔夫子的孔；孔雀的孔。

曹：曲日曹；曹操的曹。

任务三　话语听解技巧训练

任务描述

完成了认知倾听，明白了时刻不忘尊重交际对象；学习了用什么方式可以把这种态度付诸实施。现在进入高一级也是倾听的重要本质方面的学习：话语理解。既对所听到的话语，能准确分析、准确理解，还要学习怎样把听到的信息准确地转述给他人。请从"必备知识"中获取话语理解的技巧。从【做一做】中习得实际操作技能，并在实训环节中逐步巩固。

必备知识

一、话语理解

（一）把握话语要点

口语表达本应该遵循"节省"原则，话语尽可能简洁，这样不仅对说话方有省事省力的效用，也有助于听话人准确地把握说话人的话语意图。但是实际会话中并非人人都能遵循这个规则，听话人获取话语的中心意思就很"吃力"。听话人要剔除与主题"风马牛不相及"的内容，例如：有人发言偏离了主题、有人在应对接话时又漫不经心，接过其中的非主要话题开始发挥、有人"东拉西扯"……

日常对话都没有事先准备，对话的双方常常以一种"边想边说""边说边想"的方式来投入对话，难免出现啰唆重复、不着正题等现象。听话人既无法杜绝说话人出现这种现象，又不能因此而放弃获得交际成功的努力，所以听话人就必须注意训练自己对于夹杂冗余信息的话语进行筛选、过滤，以提取与口语交际的目标密切相关的诸要点的能力。也就是在听话过程中，应当时时注意对对方的话语进行散乱观点的整理，进而努力把握其要点和中心。可从以下两方面来把握。①剔除与主题"风马牛不相及"的内容；②捕捉与交际的目标密切相关的诸要点。

（二）把握话语主干

人们在口语交际过程中的"东拉西扯"现象，不仅表现在观点散乱，有时还表现为有多个头绪、几条线索，或者一条线索中各个阶段有诸多发挥、枝枝蔓蔓等。此时要理解说话者的意图，需要在听话过程中时时把握对方话语的主干或主线，而将旁支细节暂时搁置一旁。

当然，这些旁支细节也不能完全去除，随着口才交际话题的深入，或者随着事态的发展，某些原先未曾加以关注的旁支细节或许会逐步变得重要起来。当这种变化发生时，我们再开始关注这些内容。这样循序渐进，步步深入，必能准确把握说话者的意图。

一般来说，在人们谈话内容中的主干或主线，如表6-2所示。

表 6-2　　　　　　　　　　　　各类话语的主干

谈话的内容分类	各类话语的主干
叙事	事件的起因、过程、结局是主干
抒情	情绪的发展、起伏、跌宕等波动曲线是主干
议论	总论点与分论点间的内在联系是主干

（三）提炼话语中心

听话过程中应该时时对对方话语的意图进行总结提炼，同时明确其内在的纲目层次关系。

口语交际并不完全是以一句对一句的方式进行的，有时是一方长时间的听取另一方的话语表述，而在这种长时间的单方面表述中，说话人又有时在叙事，有时在议论，有时在抒情，这就需要听话人具有比较强的中心提炼能力，对听取的话语内容能进行归纳总结，并能整理出纲目层次。

话语中心提炼能力，从某种意义上讲，可以看成是之前所过的前两项内容的有机结合。也就是说，在听取对方的话语表述时，常常是一方面要及时提取对方的话语要点，筛除冗余信息，与此同时，还要能够把握对方话语的主干，虚化旁支细节，并在逐一提取话语要点的同时，将这些散乱的要点予以串接，从听话人的角度，构建起既忠实于说话人的原意，又融入了听话人的独特理解的纲目层次。

口语交际中，能够有效地运用这种方法听取对方的说话，就说明你已经掌握了口语交际中听话的基本要求。

（四）辨析话外之意

口语交际过程中，常常需要对对方话语同时进行话内意思和话外意思的分析。

话内意思就是指话语的表面意义。理解话内意思也就是就事论事、就话论话，话语是怎么说的，听话人就按照话语表面来理解。

话外意思就是话语表面意思之外的，虽然比较隐蔽，但却是客观存在的另外一层意思。理解话外意思就是对话语的表面意思进行理解的同时，还应当结合交际场合、交际双方的关系等因素，更进一步地准确把握说话人的真正目的。话外意思的类型，主要可从以下三个方面归纳。

第一类：说话人话中有话。

口才交际中，说话人出于某种原因，觉得自己的真实意图难以直言相告，于是就欲盖弥彰的，或顾左右而言他的以话中有话的方式说出来；或者由于某种原因，觉得如果直言相告，不足以有效地刺激对方，于是就以含沙射影的，或声东击西的方式把话绕一个圈子说出来。

这就要求听话时能辨析其真正的意图和目的究竟是什么。如果说话人明明是话中有话，而且希望听话人能够听出来，但听话人却没有能够听出这话中的话，口才交际就不能成功。但是，如果听话人听出了话中的话，而对这话中的话作出反应可能对自己不利，有时也可以采取只按话语表面意思理解的方式来予以回避。

有时，说话人其实原本话外无话，但是听话人却听出了话外有话，并对此话外之话按照自己的理解作出应答，或者碍于情面、身份、场合、时机，虽然没有当即作出应答，却在心里留下了不快的印象或疙瘩，此时，就难免会出现违背交际初衷的情况。我们应该积极培养自己对别人的话语进行内外辨析的能力，尽量避免这种情况的出现。

第二类：说话人正话反说与反话正说。

口才交际的目的，从内容角度看其实可以大致分为两类，一为信息交流，二为情感交流。信息交流的话语要求含义明确、准确，以有助于对方作出判断、决断。而作为情感交流的话语则有所不同，它在表现形式上具有多样化的特点。有时候，尤其是在交际双方原本有着较深的感情基础上，当人们觉得正话正说和反话反说不足以充分表现自己的情感时，就会出现正话反说和反话正说的现象。正话反说有调侃逗趣的目的，反话正说有讽刺嘲弄的意思。如果听话人不懂得辨析，则不能正确理解说话人的意图，达不到交流的目的。

第三类：说话人说违心话。

为了某种目的或者为了面子、身份，或者为了达到更好的语言交际效果，人们常常会有意识地说一些与自己的真实意思相违背的话。

除此之外，口才交际过程中，人们对话语的选择使用，不仅会因人、因事而异，而且还会因为双方的情感深浅而呈现出多样化的色彩。同样的一个意思，有的人无所顾忌，直言刁难，有的人则反复思量，谨慎措辞，有的人左弯右拐，兜着圈子说出来，还有的人则是牢骚怪话随口而出。这些都需要在口才交际过程中做好辨析，而不能作简单的推断。

【做一做】

1. 听读下面的五段话，把对话语内涵的理解填入下表（如表 6-3 所示，要求理解

准确，填写迅速）。

（1）为人立传，我希望多写真人、凡人，少写假人、仙人。特别不要把这个人写得连他自己都不敢相认，那他可就滑稽了！

（2）每块木头都是座佛，只要有人去掉多余的部分；每个人都是完善的，只要自己除掉缺点和瑕疵。

（3）世界上若没有了女人，真不知道这世界要变成什么样子……我所能想象的是：世界上若没有了女人，这世界至少失去了十分之五的"真"，十分之六的"善"，十分之七的"美"。

（4）只要有虚荣心在，奉承话就永远不会消失。

（5）尽管一生中无数次不幸和遗憾，但生活毕竟是美好的。要乐观、热爱、全心全意地做每一件事，并且用歌声来表达这份对人生的热爱。

表6-3　　　　　　　　　　　　话语含义理解

段数	对话语含义的理解
第一段	
第二段	
第三段	
第四段	
第五段	

2. 听读下面三段话（不允许用笔记录）回答问题。

（1）各段字面大意是什么？

（2）话语背后的真实意义是什么？

A. 阿凡提与皇帝一起洗澡，皇帝："凭我这模样到奴隶市场能卖几个元宝？"阿凡提说："10个元宝。"皇帝火了："胡说！光我那条绣花围巾就值10个元宝！"阿凡提说："正是呀，高贵的陛下！"

B. 某商店为配合夜市，准备让职工晚间在路边设摊推销商品，开会请大家发表意见，献计献策。一位中年女职工这样说："我建议，可以到寺庙请一批和尚来担任夜市营业员。"

C. 一位厨师做的烤鸭深得顾客喜爱，但他的老板却从来没有称赞过他，这让他闷闷不乐。有一次，老板的一位贵客到来，席间最重要的一道菜就是烤鸭。可是烤鸭上来之后，大家惊异地发现，鸭子只有一条腿。老板向厨师询问原因，厨师告诉老板，饭店的鸭子本来就是只有一条腿。饭后老板随厨师去察看，时值夜晚，鸭子都在睡觉，鸭笼中的每只鸭子确实都只露出了一条腿。精明的老板大声拍手，惊醒了鸭子，所有鸭子都露出了两条腿。面对老板的质问，厨师镇定地回答说："对呀，你必须要鼓掌拍手，才能看到两条腿呀。况且鼓掌并不需要花费你很大的劲呀。"①

二、话语传递

导游进行话语传递，包括向游客转述通知、线路安排、注意事项、临时变更等信息；为游客转述其同伴的口信、留言等。此外还包括向同事传递旅行社领导的指示，或者是导游交接——领队、全陪、地陪之间任务更替的话语传递。

（一）话语传递的基本要求

传递他人话语时，即将听到、看到的（书面文本内容）传递给第三方，最基本的要求就是准确无误、不失真。不允许粗心大意错传、漏传信息，更不允许在传话过程中随意添枝加叶，或掐头去尾。

（二）他人话语传递的技巧

在口头传递信息时，除了要传得准确外，还应该传得巧妙，以利于增进团结和协调一致地工作。这就要掌握以下话语传递技巧。

（1）分析传话内容，只传那些应该传的话，不添加主观臆测；

（2）抓住传话要点，确保受话方获得准确信息；

（3）选择传话时机，转告游客要及时；

（4）不传递不利于游客团结的话；

（5）不传递有可能扰乱游客情绪或危及游客安全感的"道听途说"的信息。

【做一做】

1. "拷贝不走样"小组竞赛

一小组同学以耳语的方式提供材料给另一组的第一位同学，再由这位同学以耳语的方式传给第二位，依次往下，最后一位同学公布答案。提供材料的同学检查其答案的完整性。

2. 听话快速应对

海涅和梅内德谟的回答分别是什么？

（1）德国诗人海涅是犹太人，常常遭到无理的攻击。有一次晚会，一个旅行家对他说："我发现了一个小岛，这个岛上竟然没有犹太人和驴子！"海涅白了他一眼，不动声色地说："……"

（2）古希腊哲学家梅内德谟曾经机警地回答诡辩论者的挑衅。一个诡辩论者："你是否已经停止打你的父亲了？"梅内德谟答道："……"诡辩论者听了后，只好自认失败了。

---

①根据《十日谈》威尼斯厨师（基基比奥）烤灰鹤的故事改写。

【做一做】

1. 听话能力测评标准

美国"教育进步系列测验"的听力部分

由美国教育测验服务社编制的"教育进步系列测验"属于一种标准化教育测验。该测验通过阅读理解、听力、写作、数学、自然科学、社会科学等测量学生的能力。听力测试是其中一部分，测试项目涉及以下技能：

(1) 识别主要观点；

(2) 记忆主要的细节；

(3) 记住材料的简单顺序；

(4) 认清讲述者的倾向与偏见；

(5) 判断信息的正确性；

(6) 区分想象与事实；

(7) 判断细节与观念的联系；

(8) 确定语言上下文的组织结构；

(9) 认识讲述者想要听讲者去做和相信的东西。

2. 测试你的倾听指数

提示：

问题 (1)、(3)、(5)、(6)、(7)、(8) 经常计 3 分、偶尔计 2 分、很少计 1 分；

问题 (2)、(4)、(9)、(10) 经常计 1 分、偶尔计 2 分、很少计 3 分。

总分高于 26 分，你的倾听技巧很不错，但有少许地方需要改进；

总分在 22～26 分，你的倾听技巧还行，但仍有要改进的空间；

总分低于 22 分，你有很多地方需要改进，懂得"倾听"别人说话，对你还很遥远。

(1) 在倾听时，我会与对方保持目光接触。

经常　　偶尔　　很少

(2) 对方外表、品位和声音会左右我对他讲话内容的判断。

经常　　偶尔　　很少

(3) 我会试着站在对方立场，考虑他的谈话内容。

经常　　偶尔　　很少

(4) 我宁可听到具体明确的事，也不想听不切实际的话。

经常　　偶尔　　很少

(5) 我会留意台面话（客套话）背后的含义。

经常　　偶尔　　很少

(6) 我会要求对方再讲清楚一点。

经常　　偶尔　　很少

（7）我会等到对方讲完话之后再下断语。

经常　　偶尔　　很少

（8）我会用心检视对方所说的话是否有条理、前后一致。

经常　　偶尔　　很少

（9）别人讲话时，我会想若有机会我要说什么。

经常　　偶尔　　很少

（10）我喜欢当最后一个发言的人。

经常　　偶尔　　很少

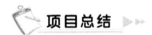 项目总结 ▶▶▶

在口才能力培养过程中，应予以倾听足够的重视。人首先学会听，然后学会说，听的能力高于说的能力，故练习说要从练习听起步，会听才会说，导游口才培养需要利用并借助倾听来提高。另外，倾听是捕捉信息、处理信息和反馈信息的需要，故它又在构建导游与客人之间和谐关系中起着重要作用，善于倾听，是导游尊重客人的体现；耐心倾听游客的投诉，化解不满，改善情绪，这些都要求导游人员具有良好的倾听修养。

 复习思考题

一、选择题

1. 显示倾听过程的正确步骤是（　　）。

A. 接受信息→选择信息→整理信息→解释信息

B. 选择信息→接受信息→整理信息→解释信息

C. 接受信息→选择信息→解释信息→整理信息

D. 选择信息→接受信息→解释信息→整理信息

2. 关于"倾听"的表述不当的一项是（　　）。

A. 倾听不但是人们获取知识、信息的重要途径，而且也是人们交流思想、情感的有效方式

B. 倾听仅仅是一种行为、一种生理反应，参与"倾听"的动作的人体器官只是耳朵

C. 倾听与信息储存、记忆密切相关，倾听力训练过程中，边听边记，对记忆力也有训练

D. 倾听是表示对说话者的礼貌、尊重和给面子，说话者也会因此而喜欢、信赖并乐意与倾听者交往

3. 关于有效倾听的四步骤表述不当的一项是（　　）。

A. 第一，做好倾听准备——身心准备和物质准备（包括环境和用具）

B. 第二，发出倾听信息——常用眼神示意对方，准备接收信息

C. 第三，采取积极行动——频繁点头，身体前倾，发现感兴趣的问题时不断追问

D. 第四，理解全部信息——及时告知对方你的理解情况，充分理解并记忆影响因素

4. 我们提倡的倾听是（　　）。

A. 听而不闻　　　B. 选择听　　　C. 专心听　　　D. 设身处地地听

5. 有效倾听时不正确的身体语言是（　　）。

A. 眼神和表情要面带微笑，友善注视　　B. 保持上身挺拔，略微前倾的姿势

C. 距离越近越好，以显亲切接纳之意　　D. 身体动作上要恰当点头，给出手势

二、简答题

1. 倾听的重要作用体现在哪些方面？

2. 有效倾听的意义何以体现？

3. 有效倾听的基本原则有哪些？

4. 对于他人的话语应从哪几个方面理解？

5. 话语传递的基本要求是什么？

6. 他人话语传递的技巧有哪些？

实训项目

项目一

【实训名称】倾听行为训练与讨论

【实训要求】主讲者必须事先拟定文稿；倾听者须事先拟写脚本；小组须记录实训过程；所有书面材料提交给老师。

【操作提示】①按照角色分组，每组不超过8人；②讨论（可组内，班内；亦可两组合并，组与组交流）；③按照【实训内容】，变化角色模拟。

【实训评测】教师巡视实训。依据提交文稿评定小组及学生成绩。

【实训内容】

角色分组训练内容如表6-4所示。

表 6 - 4　　　　　　　　　　　　　　实训内容

	角色甲	角色乙
	做主讲者	做倾听者
第一部分	你是这个练习的主讲者，在两分钟内向你的听众讲述你最开心的一次假期，其中包括曾度假或旅行的地点、同行者，以及你曾做过的事情	你是一个倾听者。请用两分钟时间用心倾听主讲者有关他的一次开心旅行或度假的经历。尝试用良好的倾听表现，例如：与主讲者进行目光交流，身体微微前倾，在适当的时候展现微笑，或作出适当的提问等
	扮演倾听者	扮演主讲者
第二部分	请你扮演倾听者，先用心倾听一分钟，接着以另一种心态去倾听主讲者的讲述内容，如：四处张望，把玩口袋里的钥匙，玩弄指甲，或显得烦躁不安，双腿左右交叠，身体靠向椅背、装作没精打采的样子，或不时想起和自己有关的事情	现在你扮演主讲者，在两分钟内向你的听众讲述你最开心的一次假期，其中包括曾度假或旅行的地点、同行者，以及你曾做过的事情

讨论：

1. 身为主讲者，你有何感受？为何如此？

2. 举出角色乙曾表现出的有效的倾听技巧和心得。

3. 你依据什么认为角色甲并非在倾听？

4. 哪些倾听技巧是你常用的？当你对讲述内容不感兴趣时，你认为主讲者的感受会如何？

项目二

【实训名称】倾听技能训练

【实训要求】提高听记能力，使听记下来的信息准确、无误。

【操作提示】全班集体做练习，由教师朗读文本，或选学生轮流读一部分。

【实训评测】根据记录的准确程度评定成绩。

【实训内容】

以下文为听记材料。

1. 听记要点。养成边听边记的习惯，初步掌握边听、边记录要点的本领。

2. 全息听记比赛。边听边记下听到的所有内容，要求记全、准确无误。

3. 速记发言。边听边记，跟上说话速度，所记内容无误。

国家旅游局 2011 年公务员招考面试确认通知

按照中组部、人力资源和社会保障部、国家公务员局关于招考公务员的工作部署，

现将我局 2011 年公务员招考面试确认及材料寄送有关事项通知如下：

一、请准备参加面试的考生于 2011 年 2 月 10 日前发送电子邮件到 LLiu@cnta. gov. cn 进行面试确认。

邮件标题一律为"×××确认参加面试"，邮件内容应包含考生姓名、准考证号、身份证号、政治面貌及入党（团）时间、考生身份、报考职位名称、报考职位代码、公共科目笔试成绩、联系电话等。

二、请考生于 2011 年 2 月 10 日前（以邮戳为准）通过特快专递将以下材料邮寄到我局（恕不接待个人送达）。材料邮寄地址：北京市东城区建国门内大街甲九号，国家旅游局人事司干部处，邮编 100740。如无另行通知说明材料已收到。

1. 报名登记表（从国家公务员局网站下载）。贴好照片（报考时提供的照片），要求准确、详细填写个人学习、工作经历，时间必须连续。未按要求填写的，视为资料不全。

2. 身份证复印件。

3. 职位要求的学历、学位证书复印件。留学人员需提供留学回国证明和国务院学位委员会、教育部授权单位出具的学历学位认证材料复印件。

4. 招考职位所要求的外语水平测试证书复印件。

5. 2 张 1 寸近期免冠彩照，在照片背面注明姓名。

6. 公共科目笔试准考证复印件。

7. 其他材料：

应届毕业生提供报名推荐表（学校盖章）、学生证复印件。

在职人员提供工作证复印件和单位人事部门同意报考证明。证明中需注明工作单位详细名称、地址、联系人和电话。现工作单位与报名时填写单位不一致的，还需提供离职证明。

待业人员提供待业证明，注明开具证明单位联系人及电话。

"选聘高校毕业生到村任职工作"、"农村义务教育阶段学校教师特设岗位计划"、"三支一扶"计划、"大学生志愿服务西部计划"等四类人员，还需提供相应的主管部门出具的证明复印件。

未按时寄送材料者，视为自动放弃，由该职位其他考生按成绩顺序递补。

三、相关注意事项

1. 我局拟定于 2011 年 2 月下旬组织面试，具体安排另行通知，请各位考生密切关注国家旅游局网站（www. cnta. gov. cn）。

2. 考生参加面试时，须携带本通知所列复印件的相应原件。

3. 考生需对报考信息的完整性和真实性负责，报考资料不全或信息虚假的，将取消面试和录用资格。

4. 考生所提交材料，不再退还。

联系电话：010 - 65201937

国家旅游局人事司

二○一一年一月二十六日

项目三

【实训名称】听话理解及应对能力训练

【实训要求】提高正确理解客人的诉求并灵活应对的能力。

【操作提示】分若干组：学生模拟扮演一方为要求退团的客人，另一方为旅行社代表。

【实训评测】为扮演旅行社代表的一方评定成绩。

【实训内容】

情景角色模拟表演：婉拒游客退团。

1. 游客一方可因请求一再被拒绝而有过激言行。

2. 旅行社代表自始至终履行有效倾听的职责。

3. 旅行社代表无论游客态度如何，如何抱怨，都只能和颜悦色、婉言拒绝。

4. 旅行社代表抓住对方发言要点，据理提出机智的反对意见。

5. 扮演的双方事先不得互通对话内容。

项目七　职业口才技能之迎送游客

知识目标

- ● 认知导游讲解的程序。
- ● 掌握欢迎辞与欢送辞的内容。
- ● 遵守迎送礼节。

技能目标

1. 能够语言准确、内容完整地致欢迎辞。
2. 能够语言准确、内容完整地致欢送辞。
3. 能够遵守致辞礼仪规范。

问题讨论

女士们，先生们：

欢迎各位来海南。请允许我向你们作介绍，此次你们的海南之旅由海口国旅负责全程安排。这是王先生，我们的司机，他的驾驶技术特别棒。我姓吴，是你们海南之行的导游，各位可以叫我吴导，但请记住不是"误导"。如你们有什么要求，请告诉我。我的职责是为你们的旅行铺平道路，尽力照顾好各位，使你们的旅行愉快。

海南既是我国著名的旅游度假胜地，也是经商、购物、饮食、娱乐的理想之地。海南是一个年轻的特区省份，建省以来，海南建设取得了很大的发展，每天都发生着日新月异的变化。

作为中国第二大岛屿，地处南海，其热带浪漫风情已成为了人们向往之地。大家今天来到这童话般美丽的海岛，将在这短短的几天中，领略那迷人的椰风海韵热带风情，一定会让您回归自然，抛弃烦恼。海南有许多旅游景点，短期内肯定是看不完的，然而走马观花也能让您受益匪浅。

祝愿大家在海南旅游愉快！谢谢各位。

1. 这是小吴接待游客的首次发言，通常称为致"欢迎辞"，这段话包括哪几项内容?

2. 欢迎辞中的问候语、欢迎语、介绍语、祝福语与项目五学习的有声语言能力训练有何联系？小吴称呼客人为"你们"，它还可以换用成哪些更合适的称谓？

3. 游客圆满地结束了旅游，小吴应该怎样致欢送辞？

任务一　导游员接站口才

任务描述

由北京青旅组织的 20120107 团一行 17 人，将于 1 月 7 日乘坐 MU4471 航班抵昆明，1 月 10 日乘 CA7141 航班离开昆明赴北京。小彭接到任务，和司机老王一起前往首都机场接站。请你和小彭一起学习接站需要掌握的导游服务口语知识，并完成相关的实训项目。

必备知识

在进入接站口才学习与训练之前，首先对导游讲解服务作简要了解，知晓讲解及其程序、讲解禁忌等常识。

一、讲解及其程序

（一）导游讲解服务

导游讲解服务，是指导游员在旅游者旅行、游览途中所作的介绍、交谈和问题解答等导游活动，以及在参观游览现场所作的介绍和讲解。

讲解是导游员最重要的服务工作之一，从某种程度上来讲，讲解服务是导游服务的灵魂。常言说："没有导游的旅游，是没有灵魂的旅游。"就是针对此提出的。因为，讲解服务能够给旅游者带来知识享受和美感享受，而这两种享受才是旅游者进行旅游活动的真正目的。

（二）讲解程序

导游员要向游客解说的内容十分丰富，从讲解程序的角度看，一般含有欢迎辞、旅游注意事项讲解、沿途风光讲解、介绍下榻的宾馆饭店、旅游景点导游讲解、欢送辞等部分。[①]

（三）导游职业口才的训练安排

本教材的"职业口才技能"，依照导游解说程序中的先后次序来安排训练内容。

[①]《导游服务技能》（修订版）中国旅游出版社出版，2009 年第 4 版。

（1）致欢迎辞（含注意事项讲解）、致欢送辞①（项目七）；

（2）途中（沿途）讲解、介绍下榻酒店（项目八）；

（3）景点讲解（项目九）；

（4）讲解优化（项目十）。

二、导游讲解注意事项及禁忌

（一）正确处理所涉内容

中外国情、历史文化背景、政治见解不同，导游员对旅游途中遇到的不同游客的观点要宽容。但是作为整个团队的导游，要立足于国家的立场观点。涉及政治内容要讲完即收，绝不参与争论、辩论。对旅游者中的敌对挑衅、恶意诋毁，则要立场坚定、理直气壮地予以澄清，并要求对方立即停止与旅游无关的话题。导游员不得盲从于外国人，一味附和，更不能为迎合个别旅游者而对国家和地区有不当的言论。

（二）处理好民族宗教与迷信的关系

参观庙宇、道观、教堂是旅游的重要组成部分之一，导游员要把握如下原则。

1. 是介绍而非传道

介绍宗教知识和文化知识，介绍宗教艺术对人们思想的影响，要避免成为传道和布道者。

2. 要尊重而非不恭

尊重宗教信仰，不得在宗教场所内发表一些不恰当的言论，如在天主教教堂内不要讲佛教的事情，对佛教徒不要讲天主教的事情等。

3. 尊重所在场所的民族宗教习惯、文化传统

如到了清真寺，跟猪有关的物品绝对不允许带进去，也不允许放在包里，否则，是对伊斯兰教的亵渎。

4. 不参与迷信活动

例如鼓动旅游者看相、算命、测字等；但对旅游者的祈福避邪活动，则一般不予干涉，如烧香、拜佛、摸福、求福像等。

（三）严禁黄段

有的导游为了取悦一部分旅游者，在讲解中主动或被动地津津乐道"黄段子"，不以为耻，反以为能，与当前提倡的文明旅游格格不入。导游员要用深厚的传统文化和健康的传说笑话来引导、教育和鼓舞同行者，在游客中倡导健康高雅的文娱活动。低级趣味不但不会赢得旅游者的好感，反而会遭到他们的鄙视。

（四）忌缄默冷淡

导游员不讲解，是旅游者投诉的内容之一。导游既然要敬业，还要乐业。"不讲解"的原因不外乎两点：

①迎送辞有诸多相似之处，为便于训练，将这两个部分纳入一个项目之中。

一是不会讲，缺乏对导游讲解内容的准备和熟悉，只死背几个景点的内容，尤其缺乏对沿途导游的研究，故想说不会说。导游应在平时多钻研业务，增加导游讲解的切入点和话题。

二是不愿讲，态度冷漠，工作无热情，只在旅游者询问时，才勉强说几句，这源于导游职业道德修养不够。讲解是导游的基本职责，导游员要尽己所长，有针对性地多讲，尽责尽力，赢得旅游者的好感。

三、致欢迎辞

欢迎辞，亦写作"欢迎词"。致欢迎辞是导游口才服务的起点，"良好的开端是成功的一半"，它决定着导游员能否快速、成功地与游客沟通，与之建立远胜于服务与被服务的良好关系，欢迎辞的精彩是赢得游客喜爱的要素之一。

在与游客首次见面后，按照导游服务程序要向客人致欢迎辞。

（一）欢迎辞的主要内容

欢迎辞内容应视旅游团的性质及其成员的文化水平、职业、年龄及居住地区等情况而有所不同，但通常必须包括以下内容。

（1）导游员代表所在接待社、本人及司机欢迎客人的光临；

（2）介绍自己的姓名及所属单位；

（3）介绍司机和车辆；

（4）表达竭力服务的诚挚和希望得到合作的意愿；

（5）预祝旅游愉快、顺利。

【读一读】

女士们，先生们：

早上好！欢迎各位来宾。我叫王明，是各位参观美丽的北京期间的导游，我们的司机姓肖，请允许我代表我们的旅行社及我个人，热烈欢迎各位光临北京，真挚祝愿各位北京之行愉快！我们会尽我们的最大热忱为各位服务，如果需要什么，请随时提出，不要客气，任何事情都行。

首先，我来简短地介绍一下这几天的日程安排……

现在，我们先去下榻的饭店，到饭店后再介绍饭店的情况及办理入住登记手续等。吃午饭时，我会详细地介绍和回答各位提出的有关北京的各种问题。

谢谢各位！再次祝愿你们首都之行愉快！

【做一做】

迎候语

（在机场、车站、码头接到客人时）

大家一路辛苦了！

欢迎您的到来！

大家请跟我这边走！

（在车门一侧迎候上车时）

您好！

上车请小心！

在家千日好，出门也不难，我将竭尽全力为大家做好各种服务！

有朋自远方来，不亦乐乎！

百年修得同船渡，千年修得共枕眠！

有缘千里来相会！

世界像一部书，如果您没外出旅行，您是只读了书中一页，现在您在我们这儿旅行，让我们共同读好这一页。

（二）致欢迎辞需注意的问题

1. 认真对待

导游员应该重视欢迎辞的讲解，这是导游员在所带游客面前的首次亮相，是旅游全程的前奏，经验丰富的导游能通过简短的致辞，把游客团聚在自己周围。成功的欢迎致辞有利于拉近与客人的距离，为顺利做好整个团队的接待和管理工作打下良好的基础。

2. 致欢迎辞的地点

致辞的地点一般是在旅游车上，也可在机场、车站、码头等处，根据实际情况灵活掌握。但一定要将全体游客召集齐后再讲解，不要在游客未全部在场时致欢迎辞，有时对个别客人的疏漏和怠慢会给以后的团队管理带来隐患。

3. 致欢迎辞的态度

致欢迎辞要热情，让客人产生宾至如归的感觉，避免简单程式化的介绍，不要给人走过场的感觉。

4. 自我介绍新颖别致

介绍导游员姓氏时要新颖别致，力图使客人迅速记住。有时一个大型旅游团或长线旅游，在全程中会得到多名导游人员的服务，如何让客人记住自己的姓名，对加强沟通、增加客人的信任感非常重要。如果客人回去以后，甚至在很长一段时间以后还能记住导游员姓氏，那是非常成功的。

5. 在致辞中宣传旅行社

介绍自己所属的旅行社是一个宣传企业的机会，应把握好这个机会。可以作这样的介绍：如解释公司名字的吉祥含义，介绍公司的业绩、影响等，有利于增加客人对公司和导游员的肯定。

6. 表达意愿态度诚恳

在表示尽力服务的诚挚愿望和希望得到合作的意愿时，态度要诚恳。因为在旅游团接待过程中确实会遇到各种各样的不尽如人意的地方，需要客人的配合和理解。在此可以把在该地旅游接待中容易遇到的问题简单列举一二，如城市旅游中的交通堵塞问题、节假日景点人多等候时间较长等，使客人对可能出现的问题提前做好思想准备。

7. 欢迎辞时长

致欢迎辞的长短可以根据时间酌情掌握。如果从机场接团去市区，通常时间较长，可以多讲一些内容；如果在火车站接团，到下榻宾馆或第一个景点时间较短，可以少讲一些。全陪出团时，也可以根据具体情况掌握时间。

【想一想】

导游员不能油嘴滑舌

作家蒋子龙等人到香港参加一个笔会，会前先参加了由旅行社组织的一次香港观光活动。观光结束后，他撰文刊于《中国旅游报》，以下是节选：

"到香港新机场迎接我们的汉子，相貌粗莽，肌肉结实，说话却撮鼓着双唇，细声细气，尽力做文雅状——他是设想周到的主人提前为我们请好的导游。

待大家都上了大轿车，他开始自报家门：鄙姓刘，大家可以叫我刘导，老刘、大刘、小刘，请不要叫我下刘（流）。他说话有个习惯每到一个句号就把最后一个句子重复一遍或两遍：请不要叫我下流。

他自称是20世纪60年代初从福建来到香港，曾投身演艺界，报酬比后来大红大紫的郑少秋还要高。当时两个人都在追求以后被称为'肥肥'的沈殿霞，沈是'旺夫相'，嫁给谁谁走运。大家可想而知，沈殿霞最后是挑选了郑少秋，否则他今天就用不着当导游了……"

看了这段文章，作为导游员，你的感受是什么？

导游工作的成功之处似乎在能否让游客在精神上获得享受，或我们常说的所谓"取悦"于游客。但同时我们必须明白："取悦"游客靠的是诚恳的态度、周到的服务、高明的技巧、恰当的言语。如果仅仅靠俗气的噱头、低级的语言或是其他类似方式来博得客人一笑，且不说会影响自己的形象，对我们提倡的"文明导游"也有害无益。

四、旅游注意事项讲解

无论是全陪还是地陪，在致欢迎辞后，导游员必须向客人交代本次旅游中的注意事项。入境游的全陪需要介绍在中国境内旅游注意事项，国内游全陪要介绍全程旅游中的注意事项。地陪要介绍在本地区（如华东地区）或城市（如南京市）旅游的注意事项。

（一）旅游的注意事项

（1）要求游客遵守时间，按时到达指定地点。

（2）讲究卫生，如保持旅游车的整洁，在景点景区不要抽烟、吐痰、乱丢垃圾，不要购买路边小摊贩的不洁食物等。

（3）注意安全，包括人身安全和财产安全。

（4）尊重当地风俗。

（5）特殊地区或季节要注意的问题。如多雨地区要随时备好雨具，日照较强的地区要备好护肤品和防暑降温用品，高原地区预防高原反应，内地游客到海滨地区吃海鲜时特别注意肠胃等。

（二）讲解时须注意的事项

1. 根据时间

如果时间充裕，可以细讲；如果时间不够，可以择其要点略讲，详细之处在旅游中穿插着讲；但守时、安全等内容必讲并强调。

2. 注意语气

导游员要礼貌而客气，让客人感觉到是在关心他们，为他们着想，不要让客人觉得不信任他们，甚至瞧不起他们。可以说："我们大家共同遵守……"不要说："你们要遵守时间……"

3. 注意适度

根据游客的素质和特点巧妙介绍，特别在讲注意卫生、遵守时间时，避免过分强调引起客人的反感。

【读－读】

请大家记住我们的车号：苏K××××××。贵重物品请随身携带。请大家注意安全，头和手不要伸出窗外，车未停稳请勿上下。希望大家配合和支持我的工作。我衷心祝愿各位朋友旅途平安，愿美丽的××××风光伴您高兴而来，满意而归。谢谢！

……

好，从现在起，我们大家就算认识了，相信各位朋友都能十分珍惜人生旅途中这段同行的缘分。在今天的旅游活动中，大家要彼此关照，进一步加深我们之间的友谊。

请允许我再给各位提几点要求。第一，因为（在座的）各位生活习惯和爱好不同，希望有烟瘾的朋友尽量不要在车内吸烟；第二，大家看，我们这座城市比较干净，希望大家不要把瓜果皮核等杂物扔到窗外；第三，大家都希望在有限的时间内多看看景点，所以请一定要遵守集合时间……

【想－想】

如果带团去黄山，需要向游客交代哪些旅游注意事项？

任务二　导游员送站口才

任务描述

某广东旅游团于 2011 年 8 月 10 日抵京进行为期五天的北京之旅，下榻燕京饭店。结束五天四晚的旅游行程后，将于第五天（8 月 14 日）下午 17：35 乘坐国航 CA1309 航班返回广州。在旅游团结束当天的旅游行程返回酒店的途中，导游小冯对大家做了返程提醒工作，并在机场送行。请向小冯学习怎样提醒游客返程前的注意事项、怎样致欢送辞，并完成相关的实训项目。

必备知识

送别是接待工作的尾声。如果说迎接时给游客的第一印象是重要的。那么，送别时给游客留下的最后印象则是深刻的、持久的。因此，不管旅行活动中顺利与否，我们都要做到善始善终，防止虎头蛇尾。特别要强调的是，送别时琐碎的事情很多，来不得半点马虎，否则便会出大问题。

一、送别游客时的提醒话语

游客在本地的最后一天活动结束时，导游千万不要忽视对大家作以下提醒。

1. 整理行装

在酒店将个人的行李物品打包收拾好，有需要托运的行李事先整理好；在整理行李的时候，一定不要把个人的身份证件和贵重物品装在行李包中，要随身携带。

2. 酒店结账

如果在酒店房间中有个人消费的，如使用了冰箱和吧台上的饮料和食品、开通长途电话、享受送餐服务或其他收费服务项目等，要在当天晚上到酒店前台结账，以免离店当天发生延误。

3. 交代辞行日的安排

告知每一位游客最后一天的旅游行程安排，如叫早时间、早餐时间、集合时间和出发时间等。

4. 随身证件

叮嘱游客保存和带好个人身份证件和机票。

5. 旅行规定

告知游客一些相关的乘坐民航或车船、旅行物品携带的规定。

二、致欢送辞

（一）欢送辞内容

欢送辞（欢送词）的内容应包括以下几项。

（1）回顾行程，感谢合作；

（2）表达友谊和惜别之情；

（3）征求意见，欢迎批评；

（4）介绍未去游览的景点，留有希冀，引发游客的再度光临的愿望；

（5）预祝下一行程顺利。

（二）欢送辞形式

欢送辞形式上大致可分为抒情式欢送辞和总结式欢送辞两种。

1. 抒情式欢送辞

这是指借助抒情语言的感化力，去打动对方，使交流双方产生强烈的情感共鸣的欢送辞。凡采用此形式的欢送辞，导游人员应以热情洋溢的语言，去抒发惜别之情，这对巩固和加深与游客相处期间所建立的友情具有积极的促进作用。

采用抒情式的欢送辞应注意以下几点。

（1）强调情感真挚，有感而发，倾注个人的真情实感。

（2）遣词造句中的比喻要恰当，切忌情感过分夸张，以免使游客产生虚伪之感。

（3）借助声调效果和体态语言，营造一种情景交融的气氛。

2. 总结式欢送辞

这是指用叙述性语言对全程旅游情况作一个简单的回顾，对游客的合作与配合表示感谢，并期待重逢，最后用祝福语收尾的欢送辞。

总结式欢送辞简单明了，情感朴实无华，给人以真情实感，导游人员多采用此形式。

（三）致欢送辞须注意的事项

1. 致欢送辞并非可有可无

有些导游员认为致不致欢送辞无所谓，反正客人要走了，以后也难得见面了，要么不讲，要么简单讲两句应付一下，其实这是错误的。把致欢迎辞做好，一是锦上添花，可以回顾旅游中的美好时光，延续和强化客人的欢乐的心境，加深客人的满意度；二是补过安慰，在离别之际，对旅游中一些不尽如人意的地方再次表示歉意，对客人进行一些发自内心的安慰，能够取得意想不到的效果。好的欢送辞使人终生难忘。

2. 欢送辞要诚挚

致欢送辞要语言诚恳，情感真挚，注重细节。这时导游员与游客已熟悉，还有的成为了朋友，要把真挚的情感表达出来。在感谢客人的支持、理解和配合时，不要尽说套话，可以提及旅游过程中一些细节，表达自己的诚意。

3. 选择合适地点

致欢送辞的地点可选在送客人去机场（车站、码头）的旅游车上，也可在机场

（车站、码头）等地。

4. 向客人依依惜别

乘国内航班（车、船）的旅游团，在其所乘的交通工具启动后，应向客人挥手致意，祝客人一路顺风，然后地陪方可离开；乘坐国际航班（车、船）离境的旅游团，在其进入隔离区后，地陪、全陪才可离开。

【读－读】

告别语

（1）一天行程结束告别时：

大家今天辛苦了，请早点休息！

我们明天见！

（2）在机场、车站、码头送客人时：

欢迎大家再次光临！

感谢大家对我工作的支持与帮助！

祝大家一路平安！

告别，是我思念下一次相逢的开始！

离开你们很难过，又为你们即将看到家人而高兴！

中国有句古语，叫两山不能相遇，两人总能相逢。我期盼很快再相见！

（3）各位朋友：

天下没有不散的宴席。我们相处了20多天，今天就要分别了。20多天时间不算长，各位朋友游览了我国的大江南北、大河上下，观赏了一些名山大川、名胜古迹，对中国有了一个概略的印象。旅途中得到了大家的协助与配合，旅行十分顺利，对此，请接受我由衷的谢意。我有服务不周之处，请多谅解；我们有幸这次相逢，相信将来有缘再次相会，最后祝大家归途上健康愉快，一路顺风！谢谢！

（4）各位朋友：

在我社每年接待的外国游客中，日本客人约占一半左右，日本游客对我社旅游业务的发展给予了极大的支持，对此，我谨表感谢，谢谢大家！（客人笑）……

但并非我"奉承"大家，客人中丢东西最多的，当属日本的"方方"（客人笑）……去车站前，尽管导游们再三提醒客人们不要丢下东西，客人的答复呢？总是"大概没有吧！"但等到了车站或去车站的途中，某位或许就会说："啊，实在抱歉，我把笔记本（相机等）放在宾馆了"，但返回去取时间已经来不及了，事后鄙社只好派人前往客人所去的下站城市，去送失物。

诸位，在此我提醒大家，如果在座的哪一位今天也有失物的话，请不要在中国时说，等回到日本后再写信通知我，那时，我将携带您的失物去日本（客人笑）……多好的出国机会啊！日方有关部门如问我，为何来日本时，我的理由很充分："为了日中友好！"（客人笑）……用你们日本的俗话说是：出门靠伙伴，处世靠人情，我是为人

情而来的！（客人笑）……但是，我可不想这样去日本（意即不希望客人丢东西）！"

从本单元起，以讲解程序的各个环节来安排导游员的职业口才技能训练内容。用"良好的开端是成功的一半"和"善始善终"，可对讲解程序的一头一尾作概括。两项相比较而言，致欢迎辞更为重要一些，它决定了一名导游是否能够尽快为游客所接受，迅速"组建"成听从导游指挥、保障游览一路顺利的团队。因此，导游员侧重学习做好"开场白"的方法，力求在短时间内吸引你的"观众"（游客），将他们的关注"凝聚"在你的周围。

一、填空题

1. 讲解服务是导游服务的_____。因为，讲解服务能够给旅游者带来_____和_____。

2. 欢迎辞和欢送辞都要做到态度_____。

3. 乘国内航班（车、船）的旅游团，在_____，应向客人挥手致意，祝客人一路顺风，然后地陪方可离开；乘坐国际航班（车、船）离境的旅游团，在_____，地陪、全陪才可离开。

二、选择题

1. 导游员要向游客解说的内容十分丰富，从讲解程序的角度看，其中不包括的是（　　）。

A. 旅游注意事项讲解　　　　　B. 沿途风光讲解

C. 旅游景点导游讲解　　　　　D. 旅游知识问答

2. 致（　　）是导游口才服务的起点，"良好的开端是成功的一半"，它决定着导游员能否快速、成功地与游客沟通，与之建立远胜于服务与被服务的良好关系，它的精彩是赢得游客喜爱的要素之一。

A. 欢迎辞　　　　　　　　　　B. 欢送辞

C. 景点介绍　　　　　　　　　D. 沿途讲解

3. 向游客致欢迎辞时（　　）。

A. 一定是在旅游车上　　　　　B. 一定要将全体游客召集齐后再讲解

C. 可以游客未全部在场时讲解　D. 可以进行简单程式化的介绍

4. 送别游客时的提醒话语，不包括（　　）

A. 整理行装　　　　　　　　　B. 交代辞行日的安排

C. 旅行规定　　　　　　　　　D. 介绍未去游览的景点

三、简答题

1. 欢迎辞的主要内容包括哪些？

2. 在致欢迎辞后要进行哪方面的介绍？主要内容是什么？

3. 欢送辞的主要形式有几种？并进行简单介绍。

 实训项目

项目一

【实训名称】接站口才训练

【实训要求】通过训练，掌握欢迎辞内容和表达。

【操作提示】①本情景实训时应结合导游礼仪课之所学，注意服饰、仪表、表情等；②教师课前将训练任务布置给学生；③学生用课余时间操练，致欢迎辞时必须脱稿；④同时练习普通话标准、口齿清晰、声音洪亮；⑤课堂分组，每组不超过 4 人，展示，互评。

【实训评测】在训练材料中选取一段进行考核，教师评定成绩。

【实训内容】

1. 根据下文，模拟情景，向游客致欢迎辞。

(1) 大家好！各位长途旅行辛苦了。首先代表北京青年旅行社欢迎各位朋友的到来。来到中国，来到首都北京参观游览。请允许我向大家作个简单的自我介绍。我叫妞妞。来自于北京青年旅行社，将作为大家此行的导游。而为我们大家驾车的司机姓王，入乡随俗，在北京称司机为师傅，所以大家叫他王师傅就可以了。对我的称呼就会随意一些了，就直呼我的名字叫妞妞吧。接下来在北京的行程就由我和王师傅共同为大家服务，相信我和王师傅默契的配合，热情周到的服务，会让大家在北京度过一个快乐、难忘、有意义的假期，同时大家在旅游活动过程中有何想法和建议，可以直接告诉我或司机师傅，也可以讲给你们的领队让他来转告我。在可能并不超出我职权范围之内的事情我一定会尽力的帮助大家。同时也希望大家在此行中支持并配合我的导游服务工作。在此妞妞先向大家致谢了！

(2) 各位朋友：

大家好！

有一首歌曲叫《常回家看看》，有一种渴望叫常出去转转，说白了就是旅游。

在城里待久了，天天听噪声，吸尾气，忙家务，搞工作，每日里柴米油盐，吃喝拉撒，真可以说操碎了心，磨破了嘴，身板差点没累毁呀！（众人笑）

所以我们应该经常出去旅游，转一转比较大的城市，去趟铁岭都值呀，到青山绿水中陶冶情操，到历史名城去开拓眼界，人生最重要的是什么，不是金钱，不是权力，我个人认为是健康快乐！大家同意吗？（众人会意）

出去旅游，一定要找旅行社，跟旅行社出门方便快捷，经济实惠呀。

但找一个好的旅行社，不如碰到一个好导游，一个好导游能给您带来一次开心快乐的旅行。大家同意吧！

但找一个好导游，不如找一个女导游，在青山绿水之中，还有一位红颜知己相伴，那种感觉何其美妙呀！大家同意吧！（众人笑）

但找一个女导游，不如找一个男导游，男导游身强力壮，不但能给您导游，而且还是半个保镖，碰到紧急情况，咱背起来就走人了。

找一个男导游，不如找一个多才多艺的男导游；

找一个多才多艺的男导游，不如找一个多才多艺、能歌善舞的男导游；

找一个多才多艺、能歌善舞的男导游，不如找一个多才多艺、能歌善舞、能说会道的男导游；

找一个多才多艺、能歌善舞、能说会道的男导游，不如找一个多才多艺、能歌善舞、能说会道、玉树临风的男导游；

找一个多才多艺、能歌善舞、能说会道、玉树临风的男导游，不如找一个多才多艺、能歌善舞、能说会道、玉树临风、潇洒漂亮的男导游！

各位知道中国现在有多少个导游吗，我告诉大家，中国现在有 35 万导游。

但这 35 万导游中，有 25 万女导游，只有 10 万男导游。

这 10 万男导游中，能称得上多才多艺的男导游只有 1 万人。

这 1 万多才多艺的男导游中，能称得上多才多艺、能歌善舞的男导游也就 1000 人。

这 1000 多才多艺、能歌善舞的男导游中，能称得上多才多艺、能歌善舞、能说会道的男导游也就 100 人。

这 100 多才多艺、能歌善舞、能说会道的男导游，能称得上是多才多艺、能歌善舞、能说会道、玉树临风的男导游也就 10 人。

这 10 个多才多艺、能歌善舞、能说会道、玉树临风的男导游，能称得上是多才多艺、能歌善舞、能说会道、玉树临风、潇洒漂亮的男导游也就 1 个。

30 万导游中，我们出门能碰到这样一个能称得上是多才多艺、能歌善舞、能说会道、玉树临风、潇洒漂亮的男导游，概率太小了。

但今天，各位非常的幸运！（众人哗然，继而大笑）

2. 自己拟写一份欢迎辞（含有以下内容），并做情景模拟，向游客致辞。

欢迎辞内容：

（1）问候语。

（2）代表所在接待社、本人及司机欢迎旅游者来本地参观游览。

（3）介绍自己姓名和所属旅行社名称，介绍司机。

（4）表明自己提供服务的工作态度和希望得到合作的愿望。

（5）预祝旅游愉快、顺利。

3. 扮演地陪，向游客介绍来本地旅游需注意的事项。

项目二

【实训名称】送站口才训练

【实训要求】通过训练，掌握欢送辞内容和表达。

【操作提示】①本情景设计的实训内容为送行阶段的服务，送别时，导游应注意衣着，表情要有惜别之情；②教师课前将训练任务布置给学生；③学生用课余时间操练，致辞时必须脱稿；④同时练习普通话标准、口齿清晰、声音洪亮；⑤课堂分组，每组不超过4人，展示，互评。

【实训评测】在训练材料中选取一段进行考核，教师评定成绩。

【实训内容】

1. 根据下文，模拟情景，向游客致欢送辞。

（1）女士们、先生们：

我们已经结束了在北京的旅游，就要飞往古城西安了。到达机场之后我将忙于为你们办理行李托运、登机牌以及处理一些临时出现的问题，可能我们就没有时间互相告别了。因此，我想借此机会对各位在北京期间所给予的协作表示由衷的感谢，为你们服务我感到非常高兴，同时也从你们身上学到了许多可贵的知识。

这里有一些评议单，请各位填好后顺便在登机之前投入司机座位旁的评议箱内。希望你们不仅能够留下友谊，同时也留下批评与建议。谢谢！

（2）各位游客，女士们、先生们、小朋友们：

大家（早上/中午/下午/晚上）好！短短几天的内蒙古之旅就要结束了。经过这几天的亲密相处，我们彼此间结下了比较深厚的情谊。然而，中国有句俗话"十里搭长棚，没有不散的筵席"，我们还有各自的工作和生活，只得道声"拜拜"了。唐诗中有"相见时难别亦难，东风无力百花残"的名句，我们的分手虽然没有生死恋人那么严重的程度，但确实是有点难舍难分的滋味啊！

大家在内蒙古的数日里，饱览了雄浑壮美的草原、大漠、山川风光，亲睹了成吉思汗陵等著名景区的诱人风貌，体验了浓郁的蒙古族风情，领略了内蒙古辉煌灿烂的历史文化，圆了一个内蒙古绿色之旅的陈年美梦。我想大家还是乘兴而来，高兴而归的。说实话，这愉快的、顺利的、有着人生纪念意义的内蒙古之旅，之所以能取得如此的成功，真还是全赖各位团友尤其是领队先生（女士）和全陪×导的大力协作、相互关照、真心支持与密切配合。在此，我和司机×师傅代表旅行社老板及全体员工对各位表示由衷的谢意！（鞠躬，庄重而面带微笑）请让我发自肺腑地对大家再说一声"塔勒儿哈拉（谢谢）!"

朋友们，"海内存知己，天涯若比邻"，愿我们心相知，意相通，万水千山总是情，天长地久，友谊长存！

朋友们，我们的接待与导游服务工作乃至景区建设工作有什么不尽如人意之处，请大家留下宝贵意见，我们定当尽快整改，以尽力塑造内蒙古旅游的良好形象，促进内蒙古旅游业乃至中国旅游业的快速健康发展。

最后，祝大家身心健康，旅途愉快，一路顺风，收益多多，心想事成，万事如意！朋友们，后会有期。"百耶什太"（再见）！

2. 自己拟写一份欢送辞（含有以下内容），并做情景模拟，向游客致辞。

欢送辞内容：

（1）回顾旅游活动，感谢合作。

（2）表达友情和惜别之情。

（3）征求旅游者对工作的意见和建议。

（4）旅游活动如有不尽如人意之处，地陪可借机会向旅游者表示歉意。

（5）期待重逢。

（6）美好祝愿，等等。

3. 扮演地陪，向游客叙说离开前的提醒话语。

项目三

【实训名称】致辞口才训练

【实训要求】掌握语言艺术，使致辞独具特色。

【操作提示】①本实训建立在前两个实训项目的基础上，提高致辞口才的水平；②分组，每组不超过 4 人，组内展示，互评；③教师课前将训练任务布置给学生，学生用课余时间阅读材料，并仿写具有个人特色的致辞；④情景模拟致辞（训练材料与自拟文本的内容）。

【实训评测】考核，以致辞的特色鲜明程度评定成绩。

【实训内容】

1. 阅读附文。

2. 仿写具有个人特色、风格的致辞（欢迎辞、欢送辞各一份）。

3. 情景模拟致辞（致辞时必须脱稿）。

附文

在导游活动开始之初和结束之时，导游人员大都要向游客致欢迎辞或欢送辞，如果说欢迎辞好比一首乐章的"序曲"，那么，欢送辞则是不可缺少的"尾声"。

但是如果致迎送辞内容、程式固定，各地的导游员都是如此致辞，未免单调、枯燥，客人也会反应冷淡。导游员要善于根据不同对象的身份、职业、心情以及不同的时间、地点来确定致辞的内容，达到融洽关系、调节情绪的目的。请看以下各例。

（1）各位早上好！我叫张××，是××旅行社的导游，十分荣幸能为各位服务。各位大都是医生吧？医生是人间最美好的职业。我一出生，就对医生有特别的感情，因为我是难产儿，多亏了医生我才得以"死里逃生"。长大之后，我立志当一名救死扶伤的医生，可是医学院却没有录取我，尽管我没有福气进医学院，但医院我每年都要去几次，我这人特别容易感冒。当医生不行，当"病人"却十分合格，真没有办法……今天的旅游节目是这样为大家安排的，首先参观岳阳楼、洞庭湖，然后去参观一家中医院。如果还有时间，我想请大家"参观"一个特别节目，就是看看我为什么

老是容易患感冒。谢谢。（游客大笑）

　　幽默、风趣、亦庄亦谐、妙趣横生，使游客听来轻松愉快，情绪高昂。在致辞时，幽默是导游员与游客建立友好关系的最有效的手段之一，它不仅能缩短导游员与游客之间的感情距离，而且能够谐调游客心理，制造活泼气氛、激发游客兴趣，往往给人以热情开朗的良好印象。

　　（2）各位早上好！昨天晚上大家坐了七八个小时的夜车，一定很累吧？的确，由于我国交通事业目前还不十分发达，新中国成立后虽然取得了很大进展，但比贵国还有很大差距。若乘贵国新干线上的列车，那么，北京到大同，就会从现在的七八个小时缩短到二三个小时，大家就不会像现在这样疲劳了。但众所周知，我国幅员辽阔，面积是贵国的 26 倍。实现这一愿望当需时日，同时也需要技术上的大力支持与协助。在此，我真诚地希望各位能为中日友好，也为大家今后在我国旅游的方便作出贡献。

　　说到贡献，大家实际上已付诸于行动了。诸位这次来我国旅游不正是对我国旅游业的支持与贡献吗？对此，我代表大同市 120 万人民及国旅大同分社全体职工，表示衷心的感谢与热烈欢迎。中国有句古话叫"有朋自远方来，不亦乐乎"，此次能为大家导游，我感到由衷的高兴……

　　闲谈式的欢迎辞大都情感真挚，语气平和，不急不缓，娓娓道来，如拉家常似的，能给人以亲切自然的感受。

　　（3）中国有句古话说"好事多磨"嘛。各位昼思夜想地盼了四十年，到了家门口却还要等十几个小时，中国人在中国的土地上却不能自由行动，这是一种很奇怪的现象。这是历史原因造成的，要到 1997 年 7 月 1 日以后，这种局面才会改变。宋代诗人陈师道说："去远即相忘，归近不可忍。"大家不是很心急吗？"去远即相忘"这句话怕是不很实际的，各位离别内地四十多年，哪里忘得了自己的故乡，忘得掉这么一片广大的国土？忘掉家乡的亲人，年节的风俗和生养我们的土地？台湾有一支歌，叫《我的家乡在大陆上》，各位唱了四十多年，今日终于唱回家了。在自己家里，要唱就唱，要笑就笑，要想去哪就去哪。大家就尽情地唱吧，笑吧！我谨以家乡亲人的名义，祝贺大家终于回家了……

　　这是一个台胞旅行团由香港乘飞机到重庆，原定上午到达，次日早晨乘游船游三峡，因天气原因，延误至深夜十一点才抵渝，客人心境不佳，情绪十分低落。导游员以善解人意的语言，激发客人低落的情绪，引起感情上的共鸣。

　　（4）各位朋友，时间过得太快，短短几天已经过去了。在此，我不得不为大家送行，心中真的有许多眷恋。无奈，天下没有不散的宴席，也没有永远在一起的朋友，但愿我们还有再见的机会。

　　各位朋友在大连期间游览了市容和海滨风光；参观了旅顺近代史遗迹；并且品尝了大连海鲜，有的朋友还购买了不少大连的土特产，真可谓收获多多。相信在各位朋友的生命中，从此将增添一段新的记忆，那就是大连。但愿它留给大家的印象是美好的。

承蒙各位朋友支持，我和××先生感到此次接待工作非常顺利，心情也非常高兴，在此，我代表××先生向大家表示衷心的感谢！但不知大家的心情是否愉快？对我们的工作是否满意？好，如果是这样，我们就更高兴了！如果我们的服务有不周之处，一方面请大家多多包涵，另一方面还望大家提出来，现在也好，回去写信也好，以便我们不断改进，提高服务质量。

有道是"千里有缘来相会"，既然我们是千里相会，就是缘分！所以，在即将分手之际，我们再次希望大家不要忘记，在这个家里有我和××先生两个与你们有缘而又可以永远信赖的同胞。今后如果再来，或有亲友、同事到大连，请提前打声招呼，我们一定热情接待。

最后，预祝各位朋友在今后的人生旅途中万事顺意，前程无量！

这是一段游罢大连之后，导游向客人们致的欢送辞，富于幽默、风趣，又不失礼仪。

项目四

【实训名称】致辞口才拓展训练

【实训要求】"君子性非异也，善假于物也"，借助网络平台获取信息，使致辞丰富多彩。

【操作提示】①在实训项目一、项目二的基础之上，提高致辞口才；②分组（每组不超过3人），组内合作；③教师课前将任务布置给学生，学生用课余时间上网搜集资料。

【实训评测】以小组为单位提交电子稿，教师评定成绩：以材料丰富，致辞多样化的小组为优等。

【实训内容】

1. 掌握正确使用网络资源的方法。

2. 每组提供从网络上所得资料的打印稿二三份，组与组之间交流。

3. 每人在各组提供的致辞文稿中选择一二，组内情景模拟致辞，致辞时必须脱稿。

下面这段是以《最实用的欢迎辞》为题的文字（请留意括号中注），来源于"考试大"网①，发布者认为把地点作相应的更改，这段话可以适用于不同的游客对象——"只要把地方一改，在哪个省都能用"。很显然，这是个错误的引导。对网络资源，导游首先要有评判能力，其次应懂得善加利用的方法，同行之间多交流分享。只有丰富多样而非千篇一律的致辞，才能广受游客欢迎。

附文

Hello！各位游客朋友，大家好！欢迎各位来到风景秀美，气候宜人，美食成堆，美女如云，帅哥成林（因游客年龄自由填加）的历史文化名城长沙。俗话说得好："百年修得同船渡，千年修得共枕眠。"按现在流行的说法呢就是百年修得同车行，我们大

---

①http://www.233.com/dy/tool/dyc/china/20110611/102532162.html。

家今天在同一辆车里可是百年才修来的缘分呐，小×真是深感荣幸啊！中国有句话说要活到老学到老，那么来到了长沙呢，首先我们也要学习一下三个代表啊：第一，我谨代表长沙人民对各位远道而来的客人表示热烈的欢迎；第二，我谨代表×旅游公司全体员工欢迎大家参加本次快乐之旅，欢迎，欢迎，热烈欢迎；第三个代表呢是我代表我本人和司机师傅欢迎各位乘坐"幸福快车"开始我们的快乐旅行。

作个简单的介绍，我呢是来自×旅游公司的一名导游员，也是大家这次长沙之行的地接导游，我的名字是××，大家可以叫我小×或者×导，只要让我知道你们是在叫我就可以了啊。那接下来呢我要为大家隆重地介绍一下在我们本次旅游中占有绝对重要位置的人，那就是为我们保驾护航的司机师傅×师傅，我们业内呢，有这样的说法，司机呢到了吉林是急着开，到了内蒙古呢是猛开，到了上海是胡开，那有没有人能想到来了我们长沙是怎么开啊？还是我来揭开谜底吧，我们长沙的师傅呢，比较特殊，他们呢是在黑白两道都能开，为什么这样说呢，那就要说到我们长沙的气候了，"春有百花秋有月，夏有凉风冬有雪"，这就是我们长沙的气候特征，四季分明，春、夏、秋三季的道路呢一般是黑色的，到了冬季一下雪，道路就变成白色了，所以呢我们的师傅是黑白两道都混的很熟的，所以大家对我们这几天的行车安全呢尽可以放心了。那现在呢我想请我们车上的女士朋友呢，把你们的目光全部集中到我们师傅这里来，有这样一个说法：一等男人家外有家，二等男人家外有花，三等男人花中寻家，四等男人下了班回家。呵呵，那大家看看我们师傅属于几等男人呢？像我们这样，师傅一出团就是4～5天不能下班就回家的啊。师傅呢可是一等一的好男人啊，为什么这样说呢，大家可别瞎想啊，我可没有说我们师傅花心啊。那大家看看此时此刻为我们遮风挡雨的旅游车，它呢就是我们师傅一个流动的家啊，当然师傅也很爱它，那现在不是很流行房车吗？我们姑且把我们的旅游车也看做新款的房车，我想说的是，在大家每天离开这个流动的家时一定要做个潇洒状：挥一挥衣袖，不留下一片云彩！好，请大家把你们最热烈的掌声送给我们一等一的好男人……（只要把地名一改，在哪个省都能用）。

项目八　职业口才技能之途中讲解

知识目标

- 认知介绍下榻酒店、沿途风光在导游讲解程序的地位。
- 掌握途中讲解的内容与方法。
- 掌握介绍下榻酒店的内容与方法。

技能目标

1. 能够语言准确、恰当地为游客讲解沿途风光。
2. 能够语言准确、巧妙地向游客介绍下榻酒店。
3. 能把握概述的方法和讲解的礼仪。

问题讨论

　　诸位团友，车开动了，我们已踏上了蜀南竹海之游的旅程。竹海距成都400多千米。咱们现在从成都出发，沿成渝高速公路东南行至内江，折向西南沿内宜高速跨过岷江至宜宾市，共约330公里，再跨过长江至市区南岸再行约80公里到达。全程路况较好，中途参观恐龙博物馆并午餐。正常情况全程约需8个小时。

　　这一路都行进在四川中南部地区。途经内江、自贡、宜宾三个主要城市。成都茶馆多、茶香。内江产糖、糖甜。自贡产井盐、盐鲜。宜宾出五粮液、酒醇。因此，我们此行可称为"香甜鲜醇之旅"。期望大家在整个过程中，都有这香甜鲜醇的感受。另外，这几个字也多少反映了这个城市历史上的经济特点。但随着经济的发展，产业结构都有了很大改变。内江不只产糖，自贡也由产盐发展为盐化工城市。这些变化，沿途将作介绍……

　　1. 从机场或码头、火车站接团后，游客乘车前往下一地（游览或下榻）的途中，导游员需要提供哪些讲解服务？

　　2. 途中讲解有什么重要价值？内容应该包括哪些方面？

任务一　沿途风光讲解

任务描述

　　游客有一个旅游时间段是乘坐在旅游交通工具上的，和景点游览时的讲解作比较，这个时间段的途中讲解有哪些优势？怎样利用这个时段的空间优势给游客作介绍？请阅读"必备知识"，掌握途中讲解的内容，了解注意事项，并完成相关的实训项目。

必备知识

一、沿途风光讲解

　　在旅游交通工具上，导游员沿着行车或船路线，围绕沿途风景所做的讲解，就是沿途风光讲解。

　　沿途风光讲解是导游员与游客面对面的交流，是宣传介绍各地文化的好时机，也是导游讲解服务的重要一环。导游员优质的沿途风光讲解，能够强化旅游者对本地的认知度和亲和力，有利于游客对本地区形成整体的概念，从而能够增长旅游者的知识，还可以提高旅游者的游兴，并有效地消除旅游者的旅途疲劳或寂寞。

二、途中讲解的场所及其优势

　　（一）途中讲解场所广泛

　　沿途风光导游非常普遍，进行讲解、介绍的场所很广泛，如：

　　（1）汽车团出发前往旅游目的地的长途旅行途中；

　　（2）长线团出发前往机场（火车站、码头）的途中；

　　（3）地接导游员从机场（或车站、码头）接到游客到城市的途中；

　　（4）前往下榻宾馆的途中；

　　（5）前往旅游景点的途中；

　　（6）前往餐厅的途中；

　　（7）结束游览活动返回宾馆饭店的途中；

　　（8）送团时前往机场（车站、码头）途中；

　　（9）汽车团返回游客居住地的途中；

　　（10）在旅游城市间旅行的途中等。

　　（二）沿途风光讲解的优势

　　沿途风光讲解是导游讲解的最佳场所。一是可以给客人集中讲解；二是音响效果好，环境干扰少，讲解条件优；三是客人思想集中，便于导游员与游客的互动和交流。

三、讲解内容

沿途风光讲解没有统一固定的标准及模式，总体的要求是"见人说人、见物说物"，具体讲解内容可以根据实际情况而定。通常，沿途风光讲解包括以下几类内容。

（一）地区和城市概况介绍

这包括当地的地理位置、地形、气候、面积、行政区划等，历史、经济状况、教育、市树、市花、知名人物等，旅游景点、名胜古迹、标志性建筑等，当地的风土人情、民风民俗、特色产品等。

【读一读】

各位朋友：

北京，是中国的首都，全国政治、文化、科教、交通、旅游和国际交往的中心，我国的六大古都之一，四大中央直辖市之首。北京由 18 个区县组成（13 个区、5 个县），总面积 16800 平方公里，也就是说，一个北京等于 16 个香港、九龙、新界面积的总和。北京拥有常住人口 1200 万，其中城区人口 940 万，郊区人口 260 万。再加上约 350 万的流动人口，北京的人口总数达 1550 万左右，为世界特大都市之一。

北京是一座举世闻名的历史文化名城，古老而充满活力的迷人之城。新中国成立 60 余年来，北京日新月异，发展迅猛。在跨进 21 世纪之际，正以更雄壮的步伐，朝建设现代化的国际大都市迈进！

北京浓缩了中华民族 5000 年的悠久历史与灿烂文化。天安门广场、故宫、长城等名胜古迹，星罗棋布；现代风貌，引人入胜，景观壮丽，气象万千！

北京宛如一个巨大的中国大观园和古今博物馆，充满着东方文化的无穷魅力，已成为中外广大游客所向往的旅游胜地。我在陪伴大家的游览过程中，将作详尽的介绍！

（二）沿途景物讲解

1. 结合沿途风光、景物进行讲解

比如，结合街道景色讲解城市道路建设情况；结合公交车站或地铁车站，介绍城市公共交通情况；在城市郊区公路上，可以结合农作物，介绍当地的气候和农业生产情况；结合著名企业讲解当地工业生产情况等。将概况讲解与客人眼前所见景物结合起来，有利于提高客人的兴趣，加深印象。

2. 讲解醒目的事物

讲解较为醒目的、容易引起客人注意的自然景观、景物，如野外的山脉、河流、湖泊、田野、村庄、植物、动物等；在城市中的建筑、道路、大型市政工程等。

3. 讲解具有历史价值的事物

讲解不易被人注意但具有较高历史价值的东西。如城市中一些虽不起眼，但却与重大历史事件相联系的建筑等。

【读一读】

各位朋友，我们的旅游车沿着蜀都大道由东向西行驶，经过羊市街西沿线，它是我们成都市的饮食文化一条街，道路的两旁汇集了中国的四大菜系，如川菜、鲁菜、粤菜、淮扬菜餐馆及海外如日本、欧美风格的餐馆，近年又有许多如东北菜、湘菜及四川特色火锅酒楼应运而生，点缀出成都市区一幅幅亮丽的风景画。我们路经这里，可以先饱眼福，有机会等我们旅游返回成都时再来一饱口福，细细地品味其中博大精深的风味与文化底蕴。

现在请允许我向各位朋友介绍一下成都，成都市是一座旅游城市，一座具有2300多年历史的文化古城。曾有7个政权在此建都，其中较有影响力的是三国时期的刘备蜀汉政权，明末张献忠的大西政权等。成都有一座中国独具特色的君臣合庙的建筑物武侯祠，是纪念刘备与诸葛亮等杰出人物的纪念地。成都人口约近一千万，市区人口约400万，8区12个县市。面积约12600平方公里。成都有多大呢？我打个比方，两个成都市的面积相当于中国的海南省，三个成都市的面积相当于中国的台湾省，海拔400～500米，年平均气温15℃～16℃。

成都有三个别名，秦代时一度叫"龟城"；一个是西汉时得名的"锦城"，又名"锦官城"；第三个是五代后蜀时得名的"芙蓉城"。成都自古名声在外，在唐朝时，成都商贾云集，经济贸易集中发展，曾被称为"扬一益二"。

成都有几个世界之最，如秦代都江堰水利工程是世界上最古老的水利工程之一，现在仍然发挥着巨大的作用，造福于人民。如汉代时邛崃的火井是世界上最早发现的火井。在宋代成都发明的"交子"，是世界上最早流通的纸货币之一。

（三）解答游客问题

解答客人针对所见所闻提出的问题。客人来到异地他乡，往往充满好奇，特别是当地生活的方方面面，会提出很多新奇有趣的问题，导游员要及时回答。

四、讲解须注意的事项

（一）根据客人特点选择内容

沿途讲解内容很多，不要面面俱到，要针对不同客人的实际情况，选择他们最感兴趣、最想知道的进行讲解。

如果是外国游客，导游员则应熟知沿途情况，做到见什么讲什么，哪怕是一花一树、一幢建筑物、一个街心花园、一个自由市场，都应加以简短介绍，使新来乍到的游客增加兴趣。外国游客就怕中国导游员"当哑巴"，一言不发。一位日本游客曾说过，哪怕是一件小事物，他们也想知道。导游员不要认为自己司空见惯了的平常的事不值一谈。中国人习以为常的事，对外国游客来说却是很新鲜的，往往很想知道。这并不奇怪，彼此毕竟是生活在不同国度里，生活环境和生活习惯都不同，所以才需要

开展国际交往，加强互相了解。这就对导游讲解赋予了深层的含义。

（二）讲解内容相对集中

一个主题尽量一次讲完，不要东一榔头西一棒子，不要经常重复相同内容，让游客觉得凌乱、无章法。

（三）讲解要适量

如果客人精神饱满，兴致高涨，就可以多讲一些；如果客人是乘坐夜车或早班飞机到达，或午饭后，比较疲倦，想休息时，可以少讲或不讲；如果途中时间较长，可以讲一个内容较多的主题，反之，就选择较少的主题，尽量不要出现旅游车已到达目的地，所讲内容未讲完的现象。

（四）景物指示要有提前量，并讲清方位

导游员对沿途景物要谙熟于胸，对所介绍的景物要有提前量，切忌旅游者还没看到景物而旅游车已经驶过，给客人留下遗憾。

在旅游车上，导游员有时与客人并排而坐（如在小型旅游车上），有时与客人面对面站立（如在大型旅游车上），在指示窗外景物时要以客人的位置为坐标，说清是在他们视野的什么方位，如左前方或右前方，不要指错了。

（五）避免客人频繁转身

导游员所指景物尽量在车窗一侧，不要让客人不停地调头转身、切换视线。

【读－读】

前往景点途中的导游讲解

（1）核实清点人数。

（2）问候游客，预报天气，提醒当日游览活动中游客在衣物、鞋袜及雨具等方面的注意事项。

（3）重申当日的活动安排，具体内容包括将参观景点的名称、位置、途中所需时间、用餐安排等。

（4）介绍国内外重要新闻（具体内容根据游客的实际情况和游览期间的情况灵活选择）。

（5）对当天所要游览景点作一概要，引发游客的游兴，但不需讲解太深，引起兴趣即可，可利用制造悬念法。

（6）途中风光导游。

（7）注意调节游客的情绪。

（8）即将抵达景点前，要根据前面对景点的讲解，进行有机呼应。

返程途中的导游讲解

（1）回顾当天的活动，回答游客的问题，对景点作相应的补充介绍，运用画龙点睛的方法适时总结，为游览留下深刻印象；

（2）风光导游；

（3）根据沿途的情况和路途的长短，可适当安排游客休息；

（4）宣布次日活动安排；

（5）提醒回饭店后的注意事项。

任务二　介绍下榻酒店

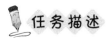 **任务描述**

导游员应向旅游者介绍该团所住宾馆饭店的基本情况，有利于客人强化对下榻宾馆的认可度，方便客人的生活。导游员介绍下榻的宾馆饭店的话语主要有哪些内容？作介绍时需注意什么问题？请阅读"必备知识"掌握介绍下榻酒店的内容，了解注意事项，并完成相关的练习。

必备知识

旅游中，住店是重要一环。游客需要卫生、安全、安静、舒适的住宿环境，酒店设备不一定要齐全豪华，但一定要让游客睡得好，保证有充足的睡眠才能有保证第二天精力充沛，使游览活动顺利进行。

导游人员掌握一些有关星级饭店的基本知识，并能有水平地、艺术地、突出特点地介绍，是导游人员水平的体现，也是导游人员必备的能力。

一、讲解下榻酒店的意义

（一）让游客感受精心服务的诚意

导游员讲解过程中突出游客所下榻饭店的特点，让游客感到下榻该饭店是旅行社为他们精心准备的，他们所享受的同级标准中较好的服务，是当地同等档次中较有特色的饭店。

（二）引申介绍当地旅游业的发展

导游服务的任务之一是有意识地进行宣传。旅游饭店的建设数量和服务质量是当地旅游业发展的标志之一。通过对下榻饭店的介绍，运用对比、联想等导游讲解方法，介绍当地旅游业的发展，从心理上满足游客对旅游目的地求新、求安全的需要。这对维护旅游目的地形象和促销旅游产品起到催化作用。

（三）使游客获得身心双重享受

我国许多的旅游城市和旅游区，在饭店的建设中，引入了当地民居建筑的风格，在装饰上体现了地方特色和民族特色，使得饭店本身就成为审美对象，注重饭店人文

之美的介绍，满足游客猎奇的心理。

二、介绍下榻的宾馆饭店主要情况

导游人员讲解介绍一般包括：饭店名称、星级、规模、设施设备条件、饭店位置、交通状况（含周边交通条件，教会游客如何使用各种交通工具和注意事项）、饭店周围的商业及娱乐设施等内容。旅游饭店的特色主要表现在建筑装饰、周边环境、客房布局与装饰、特色餐饮、服务水平与质量、娱乐项目、企业文化等方面，这些应该突出讲解，不要遗漏或草草了事。

（一）下榻饭店概况

饭店名称、规模、星级、位置、距机场（车站、码头）的距离、曾经获得的赞誉（荣誉）等。

（二）饭店的周边信息

详细的地址，周围著名的、地标性的地名、商业区、建筑物，交通状况等。

（三）主要设施

如餐饮设施（各类餐厅、酒吧等）、休闲设施（健身房、游泳池、桑拿、KTV 包间等）、服务设施（如购物商店、商务中心等）。

（四）常规服务

如外币兑换、酒店内外的电话服务、上网服务等。

（五）办理入店手续和进入房间的注意事项

如门锁的使用、检查房间内物品，房间内自费商品的使用和付费等。

【读－读】

不同饭店导游讲解介绍要点提示

老饭店——历史悠久，牌子响亮，服务规范，是身份的象征；

新饭店——设备齐全，装潢考究，虽不知名但住起来实惠、舒适；

闹市区——交通方便，商铺集中，夜生活丰富，是自由活动的好去处；

僻静区——闹中取静，环境幽雅，空气清新，是休闲度假的最好选择。

其他，如早餐品种丰富、有异国情调、有民族风格、依山傍水、风景独特等都可以算是饭店的优越条件。接内宾团时，甚至连电视频道较多都可以作为卖点。

三、需注意的事项

（一）突出宾馆的优势和特点

如有的宾馆地理位置好，有的设施、设备比较新，可以突出介绍。特别对住店客人可以享受的免费服务，如使用游泳池、健身房等，要重点介绍。

一个好的饭店，不仅有供游客吃、住、娱、购、健身等方面的设施，还应该有自己的"拳头产品"——某项独具特色的服务项目来赢得旅客的喜爱。如有的旅馆以风味餐厅取胜，有的旅馆以娱乐健身服务吸引人，有的旅馆以"微笑"为核心的热情服务而闻名。

（二）根据客人情况选择介绍

导游人员在向游客介绍下榻饭店时，要根据游客的知识水平和兴趣、根据游客所关心的内容来介绍。

如果客人经常出门，具有较丰富的旅游经验，可以对客房作简单介绍，对休闲服务等作较多介绍；如果客人很少出门，要详细介绍客房设备的使用，包括哪些物品可以带走，哪些不能带走等细节。

（三）不管什么原因，都不要说宾馆不好

一般情况下，客人所住宾馆多是导游员服务的旅行社订的，如果说宾馆不好，也是对自己的旅行社的批评，进而是对自己的否定。在宾馆遇到问题时要积极应对，及时解决问题，不要抱怨和埋怨。

【读－读】

昆明住宿介绍

大家看，正前方高大、华丽的玻璃建筑，便是我们今天的下榻之所——新世纪大酒店。该酒店坐落在昆明市中心点上，地理位置优越，酒店是四星级，各种设施齐全，交通方便，特别是上街逛商店，看昆明市容，住这儿是最好不过了：酒店内有中、西餐厅、茶厅、酒吧、健身房、游泳池、歌舞厅等，大家都可自由活动，只是到哪儿都请诸位保管好自己的贵重物品，并注意安全。晚上不要回来得太晚，以保持充足的体力，第二天才能尽情观光游览。

从整个讲解程序和职业口才训练环节看，到本任务末，讲解技能操练已经"行进"到中途，现在设置一个自测练习【做一做】，建议导游员在服务工作中，时常进行自我检测。例如接到上团任务时，迎接客人前，安顿客人下榻后，辞送旅行团后，对照下面的20条，给自己打打分。上团之前检测，是提醒自己在讲解服务中遵守规范；安顿游客下榻后检测，是途中提示自己坚守讲解规范，善始善终；送团后检测，是反省自己、总结得失，以便在下一次带团时改进。

【做－做】

自测题

1. 参考打分表（可自行增加检测时间）

自测时间	迎接客人之前	带团途中	送走旅行团之后
自测成绩			

2. 评分的方法：为下列各题评分。A. 措辞准确、恰当；B. 措辞基本准确、恰当；C. 有时措辞不够准确、恰当。

3.85％的题目得 A，你是导游中的优秀"讲解员"；70％的题目得 A，你还需要加把劲；如果只有60％的题目得 A，虽在及格线上，但你要警惕了，必须整改，否则你有不受游客欢迎的危险。

（1）声音可闻度高不高，语音语调有无变化，有没有抑扬顿挫，音色有无美感。

（2）措辞是否准确、恰当。

（3）拿话筒姿势是否标准，声音经过话筒是否失真（男同志应两脚自然分开，与肩同宽；女同志拿话筒应右脚在前，站钉子步。右手执话筒，放在嘴的右侧下部，话筒不要挡住嘴）。

（4）出发时是否清点人数（注意不用手指点数），是否作出预告。

（5）是否每次都第一个下车，最后一个上车。

（6）讲解所用材料是否可靠，有出处，作为一个导游员，不允许同样一个问题你两次都不会回答。

（7）衣着是否整齐，打扮是否得当（决不允许穿拖鞋）。

（8）证件是否按规定佩戴到位。

（9）为游客选点是否到位，视角是否清楚。

（10）景点的文化内涵是否可以揭示清楚。

（11）讲解用词可接受程度如何，是否讲究见什么人说什么话（是否见老农民你总给他讲唐诗宋词、见老教授你给他讲荤笑话等）。

（12）车上所讲的内容和车外景点有没有逻辑关系。

（13）导游的讲解是否面对游客，切记永远不要背对着游客（无异于用臀部对着客人）。

（14）面部表情是否自然和谐，带笑容。

（15）导游语言是否是生动形象、富有表达力的口头语言。

（16）导游所用的知识是否平等（尤其是在散客团队里，游客的文化水平、经济条件等不同的情况下切记——要一视同仁）。

（17）讲解是否引起了游客兴趣，有无幽默感。

（18）手势是否使用得当（体态语言在导游中占70％的重要性）。

（19）在讲解中口头语是否很多，可自带一部录音机下团后放给自己听。

（20）口齿是否清楚，交代问题是否清楚。

 项目总结 ▶▶

讲解程序中的这个部分，常常未得到导游的重视，和景点游览时的讲解相比，途中讲解有着它独到的优势。优质的途中讲解，可强化旅游者对本地的认知度，提高旅游者的游兴，消除旅游者的旅途疲劳或寂寞。途中不仅可以讲实景还可以讲"虚"景（实景的延伸内容），能弥补实地游览的时间长度、空间广度之不足，是导游讲解服务的重要一环。因此对途中（沿途）讲解在讲解程序中的地位、作用及其内容应给予足够的重视。

复习思考题

一、填空题

1. 在旅游交通工具上，导游员沿着＿＿＿＿＿，围绕＿＿＿＿＿所做的讲解，就是沿途风光讲解。

2. 沿途风光讲解包括＿＿＿＿＿＿＿＿、＿＿＿＿＿＿＿＿两类。

3. 沿途风光讲解没有统一固定的标准及模式，总体的要求是"＿＿＿＿＿＿＿"，具体讲解内容可以根据实际情况而定。

二、选择题

1. 以下不属于导游员沿途风光讲解作用的是（　　）。

A. 有利于客人对本地区形成整体的概念　B. 可以提高旅游者的游兴

C. 有效地消除旅游者的旅途疲劳或寂寞　D. 增加旅游者互动，使相互了解

E. 增长旅游者的知识

2. 以下不属于沿途风光讲解场所的是（　　）。

A. 前往下榻宾馆的途中　　　　B. 前往旅游景点的途中

C. 到达旅游景点参观的途中　　D. 前往餐厅的途中

E. 汽车团返回游客居住地的途中

3. 沿途景物讲解中一般讲解（　　）。

A. 市树、市花、知名人物等　　B. 旅游景点、名胜古迹

C. 具有历史价值的事物　　　　D. 标志性建筑

4. 途中讲解须注意的事项是（　　）。

A. 要面面俱到，详细讲解

B. 讲解内容相对分散，不要太集中

C. 讲解要适量

D. 景物指示不一定要有提前量，讲清方位就行

5. 介绍下榻的宾馆饭店的主要内容，说法错误的是（　　）。

A. 导游房号
B. 主要设施
C. 常规服务
D. 办理入店手续和进入房间的注意事项

三、简答题

1. 沿途风光讲解在导游讲解中是必不可少的，请分析沿途风光讲解的优势。

2. 旅游中，住店是重要一环，请分析下榻酒店的重要意义。

3. 下榻酒店时，需注意的事项有哪些？请简要分析。

 实训项目

项目一

【实训名称】沿途风光讲解训练

【实训要求】通过训练，掌握沿途风光讲解的表达方法。

【操作提示】①教师课前将训练任务布置给学生；②学生用课余时间操练，必须能够脱稿讲解；③使用正确的指示语和手势（指明景物的方位）；④普通话标准、口齿清晰、声音洪亮；⑤课堂分组，每组不超过4人，展示，互评。

【实训评测】在训练材料中选取一段进行考核，教师评定成绩。

【实训内容】

1. 阅读实训材料，回答问题。

（1）游客在车上的这段时间很长，导游员利用车上的时间和空间环境，讲解了哪几项内容？

（2）导游员用什么方式让这段路途的旅行有趣（不枯燥）、有效（既行路又了解景区文化内涵)？

（3）用了哪些指示语、提醒语？

2. 根据材料内容，模拟情景，向游客介绍沿途风光。要求说清楚。

（1）下加横线的提示语。

（2）绘声绘色讲故事。

（3）条理清晰讲历史（特色）。

附文

白水洋途中讲解

各位朋友，我们的车现位于屏南的加隆环岛。请看车前方，前方有座雕像。先来考考大家，这个雕像是谁？他身挎大刀，所以是名武将；他有条辫子，所以是一名清朝的武将。我给大家一个小提示：他还担任过台湾的挂帅总兵。猜到了吗？呵呵，他就是福建名人甘—国—宝！

甘国宝出身在屏南的小梨洋村，从童试，到乡试，再到殿试二甲八名，他凭借着

自己的聪明和勤奋，从一个普通的御前侍卫到被两度委任为台湾挂帅总兵，一生戎马，忠心报国，清正廉洁。他既是屏南人民的骄傲，也是八闽子弟的骄傲。民间还流传着许多关于甘国宝的神话传说。

现在我就跟大家讲一个关于他越墙化虎的故事。甘国宝小时候调皮好动，喜欢舞刀弄棒，这就害惨了它们村的鸡鸭猪狗，经常成了国宝的棒下冤魂。这天又有人到甘国宝家告状，诉说着国宝和他家那只断腿鸭子的关系。碰巧甘国宝这时回来，他父亲二话不说，抡起钵儿般的铁拳就要向甘国宝招呼过去。小国宝自然领教过父亲的战斗力，拔腿就跑。父子俩一前一后在村子里上演起了"生死时速"。前面有面高墙挡住了去路，父亲把年幼的国宝逼近了一条死巷，正当父亲准备在这里"大展拳脚"的时候，奇怪的事情发生了，甘国宝竟然一跃跳过了墙。爸爸虽然不敢相信自己的眼睛，但还是担心孩子越墙摔出去会发生意外，连忙爬上墙头，没想到看见一只小白虎一溜烟地跑走了。

玄乎吧？此外还有他母亲梦虎而孕，国宝化虎扑鸭等故事，有兴趣的话我回来时再和大家讲。

好了，我们的车现在开到了屏南北面的棠口村。这里有个屏南特色景点是一定要向大家介绍的。各位请注意，看我的左手边，这座桥叫千乘桥，桥长62.7米，宽4.9米，一墩两孔。这座桥与长桥镇的万安桥、棠口的百祥桥，都是国家级重点文物保护单位。冠上国家的名字自然有非同凡响的地方了。

屏南的桥可以用"稀""奇""古"（没有"怪"）来形容。什么意思呢？让我给您娓娓道来：

首先是"稀"，屏南的木桥学名叫"木拱廊桥"，又叫叠梁式风雨桥，俗称"厝桥"。现在全国现存的木拱廊桥才100多座，主要分布在闽东北和浙西南地区，闽东各县市有54座，我们屏南有13座。所以别看这种桥貌不惊人，它们的数量比大熊猫还少，所以是非常稀有的。白水洋景区有一座仿建的木拱廊桥叫双龙桥，一会儿到了那儿，大家可以去走走。

然后是桥的"古"。屏南的木拱廊桥最早建于宋代，其余分别建于元、明和清代，都有好几百年的历史。请想一想，木结构的桥，能够历经几百年的风风雨雨，至今还伫立在此处迎接四方来的游客，这是不是一份难得的缘分呢？

最后我们重点说说桥的"奇"。大家在图片上看过清明上河图吗？里面有座汴水虹桥，它，就是木拱廊桥的前身，但是我们聪明的屏南老祖先作了一个很大的改动，使我们的桥冠绝江南。木拱廊桥的建造不用寸钉寸铁，而是利用木头的榫卯结构搭建起来的。榫卯的意思就是把木头一些地方挖空形成凹凸状，利用这些凹凸点进行接洽，使结构稳固。为了让桥的使用寿命更加长久，建造木拱廊桥的木料选用的都是上等的杉木。现在全国十几亿人口只能有五个桥梁师傅能够建造这种结构的桥梁，屏南就有一个！

大家注意到没有，千乘桥上有个屋顶呢？这个叫桥屋。屏南人民很有人文精神，在每一个细节上都"以人为本"，桥不仅供路人通行，桥屋里还有长凳，可以为游客遮

风避雨。这里也是屏南人民茶余饭后聊天交流的主要场所，如果有时间泡上一壶茶闲坐在一群老农中间，你能听到各种有趣的事，从寻常百姓的柴米油盐酱醋茶，到毛泽东、邓小平的轶事，等等。

现在，我们的车走到了鸳鸯湖景区了！我们这里是鸳鸯故乡，大家看！这青山之中有一湾碧水，总面积 5000 多亩。从高空俯瞰整个湖的形状就像两只交颈而眠的鸳鸯，所以就取名"鸳鸯湖"。虽然只是路过，但是我在这里衷心希望已成家的朋友能够如同此湖，夫妻恩恩爱爱，白头到老！如果暂时没有另一半的也没关系，白水洋美女如云，再加上鸳鸯的喜气，你们拥有很大的概率在这里找寻到另一半！

好了，大家把目光再放远一点，看到山头的那座塔没有？嗯，这是屏南设县之初建造的，算来也有两百多年的历史了。古代讲究一城必需具备"一庙、一塔、一城煌"，这个塔是双溪的一部分，也是我们屏南的地标。看到它，就意味着我们马上要到达千年古镇双溪了。

双溪可以概括为"一塔一湖一长老，两寺两庙两廊桥，三祠五宅廿七巷，舞龙迎神闹元宵"。一塔指的是我们刚看到的瑞光塔，它是屏南现有的唯一的塔式建筑，也是古屏南的地标；一湖指刚才的鸳鸯湖，是国家重点风景名胜区鸳鸯溪五大景区之一；一长老指石长老（又名罗汉石）景区；两寺是建于宋代的灵岩寺和北岩寺；两庙指文庙和城隍庙；两廊桥指迎恩桥和劝农桥；三祠指陆氏、薛氏、张氏三宗祠；五宅指张宅、宋宅、周宅、陆宅、薛宅等古民居群；廿七巷指镇内诸街巷。总之这是一座古色古香的小镇，等我们中午回来用"膳"的时候我们再来仔细品味它悠久的历史。

好了，下了这个坡就到白水洋了。到景区之前小张要给大家点儿友情提示，注意的第一点是：贵重物品要寄存，景区里有专门的寄存柜子，可以寄存在那里。其次，白水洋的河床比较滑，大家一定要穿上防滑袜。请有小朋友的游客照顾好自己的小孩，不然在万米的水上广场和数千人中间找人那是很困难的。最后我们进景区后我会告诉大家在什么时间，在哪里集合。所以大家不要玩得乐不思蜀，记得我们还要碰头回去的。好了，马上就到白水洋了。让我们尽情地体会亲水之乐吧。

项目二

【实训名称】下榻酒店的讲解训练

【实训要求】掌握应讲解的内容和表达方法。

【操作提示】①分组，每组不超过 4 人，两两小组结成对子，展示，互评；②根据要求拟写脚本，突出宾馆饭店的特色；③模拟讲解（讲解时必须脱稿）；④普通话标准、口齿清晰、声音洪亮。

【实训评测】小组互评脚本及其讲解效果。

【实训内容】

1. 根据下面提供的材料，编写下榻酒店介绍的脚本。

2. 情景模拟，作酒店介绍。

附文

导游人员安排旅游团入住的程序

（1）填写住房登记表，并向总服务台提供旅游团队名单，拿到住房卡（房间号）后，再请领队分配房间。

（2）记下领队、全陪和重点旅游者的房间号。

（3）待一切安排妥当后，导游员向全团宣布叫早时间或下一次集合时间，并及时通知饭店总服务台，办理叫早手续。

（4）介绍饭店设施、设备、服务项目及相关注意事项：

A. 介绍外币兑换处、商场、娱乐场所、公共洗手间、中西餐厅等设施的位置；

B. 说明旅游者所住房间的楼层情况和房间门锁的开启方法；

C. 告之游客客房内自费物品的收费情况；

D. 提醒游客妥善保管随身携带的物品，现金和贵重物品存入总台的保险箱内；

E. 如旅游者系晚间抵达（需用晚餐），还应宣布晚餐时间、地点、用餐形式。

3. 登录中山大厦（南京）、锦江之星、7 天连锁酒店、国际青年旅舍……官网。

（1）了解这些宾馆饭店各不相同的优势与特色。

（2）将官网上的介绍编写成讲解词。

（3）情景模拟表演（向游客介绍下榻酒店）。

（4）两个小组组员间交流文稿，保障每位组员作两次以上特色各异的酒店介绍。

项目三

【实训名称】沿途风光讲解口才拓展训练

【实训要求】借助图书馆、网络平台获取信息，使沿途风光讲解多样化。

【操作提示】①在实训项目一的基础之上，提高讲解口才；②分组（每组 3 人以下），组内合作；③教师课前将任务布置给学生，学生用课余时间到图书馆、登录互联网搜集资料。

【实训评测】以小组为单位提交电子稿，教师评定成绩：以材料丰富，解说词多样化的小组为优等。

【实训内容】

1. 各组分头搜集书刊中和网络上的途中景点讲解的优秀片段。

2. 每组提供从图书馆所得资料的复印文本（一式三份）、从网络上所得资料的打印稿（一式三份），组与组之间交流。

3. 每人在各组提供的文稿中选择自己喜欢的片段（至少选两个途中风景），组内做模拟讲解，且讲解时必须脱稿。

4. 在课堂上两两小组结成对子，展示途中景点讲解（使用正确的指示语和手势，指明景物的方位；普通话标准、口齿清晰、声音洪亮），两组同学互评。

项目九　职业口才技能之景点讲解

 **知识目标**

- 认知旅游景点讲解是导游服务中最重要、最核心的部分。
- 了解旅游景点导游需讲解的主要内容。
- 掌握提高导游讲解质量的要领。

 技能目标

1. 能够遵守讲解规范，准确、据实地为游客作景点讲解。
2. 讲解能够达到形象、生动的境界。
3. 导游员能够形成自己的讲解风格。

 **问题讨论**

案例1

　　每当我们站在天安门广场上，看着金碧辉煌的天安门和正阳门时，尽管它们容颜依旧，但人民却赋予了它新的生命。封建时代的天安门广场两侧，都是皇帝直接掌管的统治机关，主宰着对人民的生杀大权。东侧是户部、吏部、礼部，西侧是锦衣卫（明朝特务机关）、刑部、都察院。因此，古人说："天安门东边掌生，西边掌死。"现在是人民的天下，天安门广场东侧是国家博物馆，记载着中国人民历史业绩和丰功伟绩，这是总结过去；西侧是人民大会堂，象征着人民至高无上的政治权力，人民参政议政，规划未来。从天安门广场的建筑布局，可以看出我国历史文化的延续和发展。

　　有人曾把天安门广场比作一架巨大的托盘，一手托着历史，一手托着现在，纪念碑是顶天立地的支点。

　　……举世闻名的天安门广场，以它丰富的历史内涵，特殊的地理位置，成为世人向往的地方……（中国国际旅行社总社《天安门广场》导游词）

案例2

　　某年夏天，导游员小林接待了一个美国旅游团。那些游客很随和，经常和他开玩

笑。为了使气氛更和谐，他也常用一些美国的俚语作为回应。当遇到交通堵塞需要改道时，他便用"short-cut"（抄近路）的说法；当路过麦当劳餐厅客人们指手画脚时，他便风趣地说，要少吃"junk-food"（垃圾食品）；当他想表示领队的权威地位时就说，"wear the pants"（一家之主）……游客们经常被小林的妙语逗得哈哈大笑，并不时和他交流一些美国的俚语和方言，旅游的气氛非常热烈、友好。

不久，小林又接待了一个澳大利亚旅游团。他试着用一些上次使用过的俚语，但游客们却不以为然。一位好心的游客告诉他，美国俚语和澳大利亚俚语不一样，如有些美国人把睡觉说成"hit the hay"，而澳大利亚人则用"hit the sack"。林导游听后连忙向游客表示感谢。通过此团的接待，他又学到了不少的东西。

1. 新导游员带团要经历许多个第一次，每一次都是新考验。但真正关键的第一次，是第一次为游客作现场讲解。怎样做好导游员最见功力的基本业务——景点讲解？

2. 旅游景点讲解服务应该包括哪几项内容？景点讲解的准则是什么？

3. 第二个案例给你的启发是什么？

任务一　认知景点讲解

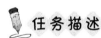 **任务描述**

新导游员带团，第一次和司机、领队、全陪……合作，第一次到机场迎接游客，第一次和游客说话，第一次向游客作自我介绍，第一次向游客讲解窗外的景致，第一次带游客入住饭店，第一次回答游客的提问……然而真正关键的是现在将要开始的第一次：为游客作景点现场讲解。作为一名新导游，请你在正式讲解之前做好知识准备。请阅读"必备知识"，掌握应讲、必讲的内容包括哪几个方面，了解景点讲解的准则是什么，需要注意哪些事情，并完成相关的练习。

必备知识

导游员的工作质量，最为关键的因素还在于导游讲解本身的质量。导游员要导"食"、导"住"、导"行"、导"购"、导"娱"，然而这些行为最终都要集中于中心环节——导"游"。导"游"是导游员的正业，景点讲解是导游员最见功力的基本业务。作为一名新导游员，应该把提高导游讲解的水平和质量放在突出的位置。

对旅游景点的详细讲解，是导游讲解中的重头戏，是导游服务中最重要、最核心的部分，也是游客评判导游员水平的最重要依据。

一、景点讲解的意义

相对于后起的"图文声像导游"讲解而言，导游景点讲解特指的是导游员的实地

讲解，它又称现场讲解。导游讲解在导游服务中占据主导地位，是旅游者在旅游中获取知识的主要渠道。当然导游讲解内容丰富，除了景点知识外，还包括旅游目的地其他方面的大量知识。

近年来，在很多城市和景点，图文声像导游越来越多，如导游图、导游宣传册、电子导游机等，图文声像导游具有形象生动，便于携带，讲解翔实、系统，语言规范、清晰、无干扰，可以自主选择讲解内容等优点，成为旅游景点实地导游讲解的重要补充。

与导游员实地导游讲解相比，图文声像导游仍处于从属地位，导游讲解方式不会被图文声像导游方式所替代。

（一）现场讲解是双向沟通模式的信息传播

旅游者来自各个阶层，有着不同的社会背景，出游的想法和目的不尽相同，有的人会直接表达出来，有的人则比较含蓄，还有的人可能缄默不言。单纯依靠图文声像这种千篇一律的固定模式介绍旅游景点，不可能满足具有不同社会背景和出游目的旅游者的需要。导游员可以通过观察旅游者的举止，同旅游者进行交谈，了解不同旅游者的想法和出游目的，然后根据旅游者的不同需要，在对参观游览的景物进行必要的介绍的同时，有针对性、有重点地进行讲解，这绝不是图文声像导游服务所能替代的。

（二）导游提供因人而异的个性化现场讲解

导游员在对参观游览的景物进行介绍和讲解时，旅游者中有的会专心致志地听讲，有的人则心不在焉，有的人还会突发奇想，提出各种稀奇古怪的问题。这些情况都需要导游员在讲解过程中沉着应对、妥善处理。一方面在不降低导游服务质量标准的前提下，满足那些确实想了解参观游览地景物知识的旅游者的需要；另一方面想方设法调动那些游兴不高的旅游者的兴趣，积极解答旅游者提出的各种问题，活跃整个旅游气氛。此类复杂情况也并非图文声像导游手段可以做到的。

（三）导游现场讲解具有激发性

旅游是客源地的人们到旅游目的地进行的一种社会文化活动，通过旅游实现不同国度、地域、民族之间的人际交往，并建立友谊。通过导游员的讲解，旅游者不仅了解目的地的文化，增长知识，陶冶情操，还会与导游员产生情感交流，增进友谊。这种友谊对旅游者和导游员来说都是十分宝贵的。图文声像导游肯定是难以做到这一点的。

二、讲解的主要内容与注意事项

要成为一名合格的导游，练就过硬的现场讲解本领，是必须的。首先要了解讲什么，有哪些注意事项。

（一）景点讲解内容

旅游景点种类很多，讲解的内容和角度不尽相同，主要有以下内容。

1. 背景知识讲解

抵达景点前，重点讲解该景点的背景知识，包括历史价值、特色、景点成因或历史变迁、人文景观的建设情况、相关重要人物的生平、在此发生的重要历史事件等，满足旅游者事先想了解有关知识的心理，激起其游览景点的欲望。

2. 实景知识讲解

就是在实地游览中的导游讲解，详细介绍客人所见到的景物，并穿插讲解一些故事、传说等。

3. 景点游览注意事项

【想－想】

为什么在景点讲解的内容中要含有"景点游览注意事项"这个部分？

提示：导游员在游客开始一天的游览活动之前，一定要将当天的旅游计划再次向游客作出详细介绍。要让每一个游客清楚地了解，他们的游览线路是怎样的、到达每一个景点是什么时间、在那里逗留多久、什么时间离开、上车的确切地点在哪里、游客乘坐的汽车牌号是多少等，要做到细致入微，不厌其烦。到达景点以后，导游员仍然要继续提醒游客，加深游客对计划中预定的时间及游程安排的印象。

例如，某导游员带领游客游览故宫，进入午门的时候，导游员应该再次提示游客："现在是 9：00，我们将在故宫里逗留两个半小时，我们在故宫里将沿着中轴线向前游览，11：40 我们将在神武门外的停车场上车，请大家记住我们的车号；故宫里面游人比较多，请大家在游览的时候注意紧跟队伍，不要掉队。"

导游员向游客多次进行这种看似内容重复的交代，其实是非常有必要的。这种重复的交代将给游客留下深刻的印象，绝大多数游客会以此为参照来规范自己的行为，他们会遵守计划的时间，紧跟旅游团的队伍，服从导游员的安排。即使有个别游客不慎走失，由于导游员反复强调了队伍行进的方向和集合上车的时间，这些游客也有可能自己找到景点的出口或乘车的场地。

(二) 旅游景点讲解需注意的事项

1. 根据旅游者的文化层次选择讲解内容

对层次较高的旅游者要讲得深一点，对文化层次较低的旅游者要讲得浅一点，通俗一点，这样可以使不同的旅游者都游有所获（见下文详述）。要运用多种的导游技巧和生动的导游语言，使景点讲解更富有感染力，吸引旅游者，强化旅游者的旅游审美感受。

2. 景点前后讲解内容的分配与衔接

重要的、整体性的、概括性的背景知识尽量在抵达景点前讲完，这样既可以让客人在接触景点之前先有一个全面的了解，又压缩了实地游览时导游即时讲解的时间，方便了客人细观景点，全面了解景点。在景点上重点讲客人眼前的景物，要简明扼要，否则客人可能会因为急于拍照、缺乏耐心而跑散。

3. 根据游览时间、气候条件等客观情况安排讲解内容

如果时间充裕，气候宜人，景点游人不多，客人听从指挥，可以把较多的内容安

排在景点讲解上；如果时间短，天气不好（如炎热、雨雪、严寒、大风等天气），景点人多拥挤，可以把较多的内容安排在车上讲解，既可以减少不便，又可以节省时间。

三、旅游景点讲解的准则

从第一次做导游起，养成遵守规范的良好习惯，讲解首先要实在，内容准确，不能以胡吹乱侃、哗众取宠来吸引游客，实地讲解要为游客"导"游，而不是以"讲解"替代"游览"，游览的主题是风景，游览的主体是游客，导游员不能利用讲解机会吹得天花乱坠出风头、喧宾夺主。

（一）据实讲解

讲解应该做到内容和形式相统一。为了重点讲解景点的核心内容，新导游员首先应该遵守准确、清楚、简练的讲解准则。

1. 准确

要据实而讲，多采用类似小说中白描的手法，要向游客传达准确的、规范的信息；不要穿凿附会，加入过多带有个人感情色彩的内容。

2. 清楚

清楚是准确的保障，导游员把话讲清楚才能做到与游客的沟通。有些导游员和游客沟通不好，一个重要原因是游客无法习惯他的讲话风格。新导游员在实际讲解之前，应该先对着镜子给自己讲几遍，或是给别人讲一讲，让人家听一听，感觉一下言辞语句是不是通顺，如果有不够通顺的地方，坚决改正。新导游员要虚心听取别人的意见和建议。

3. 简练

讲解应该简练，不能啰唆，不应该保留多余的口头语。讲话简练可以节省时间，同样讲 5 分钟，讲话简练的导游员可以向游客提供更多准确、清楚、有价值的信息。简练是由准确和清楚带来的一种"讲解美"，应该成为导游员的追求。

（二）定准基调

学会选择适宜讲解的内容——讲解核心内容。

导游员在带团之前都做过全面、深入的准备，经过查找和阅读相关的旅游资料，发现景点中该讲的事情有很多；经过学习和演练，感觉自己能讲的事情也有很多。新导游员应该学会从中选择出究竟哪些是适宜讲解的内容。

导游员在准备导游词的时候，要考虑重点讲解景点的核心内容，而且要使讲解内容合乎规范，因为这些内容虽然并不一定都是游客急于想知道的东西，却是介绍这个景点必须要交代的关键内容，把基调定在这个位置，可以进退自如。对于导游员来说，在一个景点里究竟向游客讲解些什么，选择怎样的讲解尺度和分寸，应该与自己事前定下的基调保持和谐。有些话，即使游客听得十分着迷，由于已经离景点讲解的核心内容比较远，就该适可而止，顺势打住。有些话，虽然在现场讲解的感觉不十分好，由于是景点讲解的核心内容，就该打起精神讲下去。

（三）因材施"讲"

导游员的讲解质量，取决于他们带团之前的准备工作的质量，然而看准听讲解的对象，做到"因材施教"，也是保障讲解质量的一个关键因素。

1. 两套解说词

"人上一百，五颜六色"，游客的文化层次和欣赏习惯存在差异。景点解说词丰富多彩，数不胜数。那么，导游员怎样既能"见什么人说什么话"，又不增加自己的"无限"准备各种解说词的负担呢？那就要学会针对游客的文化差异准备自己的不同版本的解说词。

导游员在熟悉景点的基础上，可以为同一个景点准备两种解说词。一种针对文化层次比较高的游客，另一种针对文化层次比较低的游客。版本不同，材料的取舍和选择、讲解的程度以及讲话的技巧自然也不同。

2. 文化层次高低——讲解深浅差异

在实际讲解过程中，导游员应学会辨别游客的文化层次；对文化层次比较高的游客，讲得深一点，对文化层次比较浅的游客，讲得浅一点。深和浅相对而言，它们是导游员在为游客提供讲解服务时的一种相对的选择和区分，导游员可以根据游客的游览兴趣和认知程度的变化而随时进行双向的调整，处理好"尺有所短、寸有所长"的比较。善于讲解的导游员，无论是给文化层次比较高的游客作讲解，还是给文化层次比较低的游客作讲解，一样都能使游客把握到其中远近高低、错落有致的韵味。

3. 首次讲解定调

导游员所讲的深和浅主要是适用于不同人的方法和手段，其本身绝没有高低贵贱之分。新导游员从第一次起就要运用这种方法，不必暗示自己还需要等到日后达到某种程度以后再来尝试。第一次讲解是起定调作用的，导游员应该充分展示才华，树立信心，找到一种良好的职业感觉。

【做一做】

各位游客：

大家好！欢迎大家来到美丽的春城——昆明。不知大家可曾听过这样一句诗："春城无处不飞花"。当年的这句唐诗虽然不是来形容昆明的，但是，我们昆明却正应验了这句唐诗。各位在看电视的时候也许记住了一句话"昆明天天是春天"，这就是昆明的形象代名词。春天是什么景象呢？

人们说春天是绿色的，可我要说，昆明的春天是七彩的，因为这里是花的世界，花的王国。而我们今天旅游的主题就是鲜花，游览的目的地就是驰名中外的花乡——斗南，我将带大家去看花、赏花、购花。

说到花，各位可能都听说过中国十大名花吧。在1986年，全国举办了一次"中国名花"评选，结果有十大名花榜上有名。

现在请随我步入花的海洋，我们一起来数一数……

四、新导游的讲解怎样吸引游客

（一）知识的魅力

导游员吸引游客最突出的地方在于他的知识。导游员以讲解旅游景点为职业，经过长期积累、深入研究、反复运用和切磋比较，他们对于经常接触的景点以及相关问题理应有着超越常人的知识水平和认识能力。导游员应该善于运用这种专业知识和能力吸引游客的注意。

新导游员也是一样，要在第一次为游客讲解的时候就主动自觉地运用和展示自己的知识魅力，不要总是暗示自己这还要学习那还要学习，放不开手脚，不自信，这样会导致在讲解实践中展示出来的总是不自信和不成熟，引起游客的怀疑。导游员要对自己的专业知识有自信，要相信许多事情并不是先学好了再干，而是干起来再学习、干就是学习的道理，在展示知识魅力方面给自己提一点比较高的要求。

例如，有些老导游员的景点讲解很有魅力，能够讲人、讲物、讲景，做到三者统一，这自然不是一日之功；新导游员不要因为一时达不到这样的程度便放弃了朝这个方向的努力和追求。新导游员将人、物、景融为一体进行景点讲解的时候，应该有意识地展现自己的英气、朝气和活力，吸引游客的注意力。

例如：讲人要有神，即要突出神韵。历史人物很值得讲，首先在于他的精神价值，新导游员应该使所讲的人物从历史故事中站立起来，突出他的神韵。

讲物要有识，就是要开掘其中的知识和文化。在旅游讲解中，可讲之物都是有着强大文化生命力的，都是生生不息的，新导游员要深入研究其中的文化问题，讲解才能做到言之有物，言之有理。

讲景要有情，就是要融入感情，做到情景交融。第一，自然风景要用心去观察和体验才美丽，新导游员要启发引导游客的情感投入；第二，导游员要感动别人，首先得感动自己，只有以情动人，才能吸引游客注意。

（二）语言的魅力

导游员的语言魅力是吸引游客的重要条件。新导游员从第一次上团讲解开始，就要注意锻炼自己的语言风格，锻炼自己的口才艺术。导游员是吃开口饭的，应该拿出"食不厌精、脍不厌细"的态度来检验自己的语言作品，即使练到出口成章的状态也仍然有着提高的余地，这才是吃开口饭者对开口说话这项职业技术应持的态度。

新导游员要使自己的语言富有魅力，锻炼过程大致需要经历三个阶段。

第一阶段是认真观察、刻意模仿。处在这个阶段的导游员，无论是语言的内容还是形式，都要采取"拿来主义"的态度，只要碰到好的，只要是有利于为游客作讲解的，就拿来使用。一首诗词，一句格言或警句，一篇导游词，甚至是一种悦耳的语音、语调，导游员都不妨拿来模仿一番，而且现练现卖，自然而然；什么感觉窘迫、不好意思、怕游客说长道短、怕同行讽刺讥笑等都要统统放在一边，切莫让这些东西影响了自己的模仿大计。

第二阶段是博采众长、充实自己。这是导游员开始逐渐形成自己语言风格的时候。新导游员在第一阶段的功课做得越扎实到位，第二阶段便来得越早，进行得越顺利。

第三阶段是融会贯通、形成风格。导游员应该相信自己一定会有凭借出色的语言魅力吸引游客的那一天。但是，这一天并不是等来的，要靠自己的努力实践去探索，去争取。为了使这一天早日来到，导游员需要从带团的第一天开始，就尝试用自己的语言魅力吸引游客。

【想－想】

1. 请从"据实讲解"原则出发，谈谈你对下面事例的看法。

郭沫若先生曾为中国第一座遗址博物馆——陕西半坡博物馆题词"半坡遗趾"，其墨宝至今仍然镶在博物馆保护大厅东墙之上，供人欣赏。

对此题词，一位导游以"遗址"而非"遗趾"之议，竟推演出郭老当时喝醉酒，下笔有误，遂有"遗趾"流传后世。此话一出，引来众人一阵喧哗。恰好从旁走过的半坡博物馆负责人听到了，上前解释说，古汉语"趾"与"址"通用，"遗趾"是古代人遗留下来的足迹，郭老写此题词更见精粹。

2. "工夫在诗外"，请温习项目一，谈谈应怎样为导游讲解做好"准备"？

任务二　通俗风格的讲解

任务描述

以"天安门广场讲解"为例，学习如何面对普通游客，用纯粹的口语使讲解通俗明白。请随着观景方位的移动，按照解说词介绍旅游地的历史、人文、自然，激发游人的观光兴趣。并通过天安门广场这一具体景点的讲解学习，能够举一反三，突出讲解景点最具魅力、最为传神的部分，掌握应讲、必讲内容以及讲解方法。

必备知识

一、景点讲解的构成

导游人员引导游客游览观光的讲解，结构上由四个部分构成，即序言、总说、分说、结尾四部分。

（一）序言部分

对游客表示欢迎，并交代活动计划、有关事项及联络方式，营造良好氛围或设置某种悬念，为整个旅游活动作安排和铺垫。

（二）总说、简介部分

用概述的方法介绍景点的性质、地位、特色、价值等，使游客对游览地有一个总体的印象，引发游客兴趣。

（三）分说部分

随着客人观景主体的移动，转换观景视线，讲解位置也相应变动，对各景点逐一做详细讲解，把景点最具魅力、最为传神的内涵挖掘出来，引导游客欣赏品味。

（四）尾声

用真诚的告别、祝福话语结束全篇，也可根据景点的具体情况，采用个性化的结尾。

景点解说的重点在总说、分说两部分。首尾两个部分在前两个项目的学习中已有接触，此处略去，主要学习需重点讲解的景点的本体部分。以下以"天安门广场讲解"为范例，学习沿着游览线路的推进展开解说内容，既能客观地介绍眼前之景色，又能以言辞吸引游客听讲的注意力和兴趣，激发游兴。

二、总说部分——天安门广场简介

［讲解位置：广场前（纪念碑东南角）］

各位朋友：现在呢，我们来到了天安门广场，我先为大家作一个简单的介绍，天安门广场是目前世界上最大的城市中心广场，它位于北京市区的中心。天安门广场呈长方形，南北长 880 米，东西宽 500 米，总面积 44 万平方米。如果人们肩并肩地站在广场上，整个广场可容纳 100 万人，就是说全北京总人口的 1/13 都可以同时站在这里，够大的吧！（讲解内容 1：天安门广场的判定语）

在明清时期广场可没有这么大，当时它呈"T"字形，"T"字的那一横就是我们今天的长安街，那一竖就是从现在的国旗杆前至毛主席纪念堂前的这一长条形区域，在这一区域的两侧是按文东武西的格局分布着当时的政府机关。解放后，原来广场两侧的建筑被拆除，从而形成了今天广场的基本格局。（讲解内容 2：明清年间的布局）

在天安门广场的四周，有很多著名的建筑，现在我为大家以顺时针方向作一个简单介绍，就让我们以广场西侧的人民大会堂开始吧！人民大会堂位于天安门广场西侧，是全国人民代表参政、议政、举行重大会议，当家做主行使主权的地方，建成于 1959 年，最高处 46.5 米，是现在广场上的最高建筑。整个大会堂由三部分组成，南部为人大常委会办公楼，中部为万人大会堂，北端是国宴大厅，整座建筑自设计到完工只用了 10 个月，是我国建筑史上的一个奇迹。（讲解内容 3：广场的主要建筑）

在广场的北端是大家都很熟悉的天安门城楼，它是新中国的象征。就是在天安门城楼上，1949 年 10 月 1 日毛主席向全世界人民庄严宣告："中华人民共和国成立了！中国人民从此站起来了！"

广场的东侧矗立着中国历史博物馆及中国革命博物馆，完工于 1959 年，那里是收藏并展览中国古代、近代历史文物及革命文物的主要场所。

在人民英雄纪念碑的南面是<u>毛主席纪念堂</u>，原来在那里曾有一座门，明代叫大明门，清代叫大清门，民国时又改为中华门，解放后拆除，1976 年毛主席逝世后在其基址上建起了庄严肃穆的毛主席纪念堂。纪念堂建成于 1977 年，是为纪念伟大领袖毛主席而建，现在毛主席的遗体安然地躺在水晶棺中，供人们凭吊、瞻仰、表达深深的敬意。

广场的正中，巍巍耸立着中国第一碑——<u>人民英雄纪念碑</u>，它是为了纪念那些 1840 年鸦片战争至 1949 年中华人民共和国成立这一百多年来为中华民族的独立及自由而抛头颅、洒热血的人民英雄们而建。整座纪念碑高 37.94 米，坐落在双层基座之上，碑座四周镶嵌有八幅汉白玉浮雕，反映了中国近百年革命历史。纪念碑的背面是毛主席起草，周总理手书的碑文，正面是毛主席亲笔题写的"人民英雄永垂不朽"八个镏金大字。（讲解内容 4：广场周围的建筑）

天安门广场是中国近代革命的见证人，反帝反封建的"<u>五四</u>"运动、"<u>三·一八</u>"惨案、"<u>一二·九</u>"运动都发生在这里。天安门广场也是新中国诞生的见证人，更是今天人民幸福生活的见证人。现在，它已被全国人民评为"中国第一景"，每天都有来自海内外的朋友们到此参观游览。（讲解内容 5：广场的历史沿革）

好！不多说啦！各位一定想在这里照几张相吧？现在就请各位自由拍照，10 分钟后我们在<u>北面国旗杆处</u>集合，谢谢大家！（结束语）

【想一想】

上面下加横线、加粗的文字的作用？（广场周围建筑的位置、名称）

【做一做】

天安门简介的内容以客观陈述为主，请练习讲解以上五个部分。
要求：客观准确，条理清晰；普通话标准，声音洪亮。

三、分说、详说部分

（一）天安门广场升降旗仪式

[讲解位置：国旗杆前]

各位朋友，我们现在来到国旗杆前，<u>大家知道吗？</u>自 1991 年 5 月 1 日起，这里每天都有升降旗的仪式，<u>那么升旗时间是根据什么而定的呢？哪位朋友知道？</u>其实升旗时间是以我国东海太阳自海平面升起的时间为准。每天早晨，伴随着雄壮的国歌，在国旗护卫队的护卫下，升旗手将国旗冉冉升起，升旗时间为 2 分零 7 秒。（讲解内容 1：升旗时间）

每当建军节、国庆节及每月 1 日、11 日、21 日，升旗现场都有军乐队伴奏，国旗护卫队官兵共 96 人，象征捍卫祖国 960 万平方公里的土地。（讲解内容 2：国旗护卫队）

　　这里是在天安门前留影的最佳地点，请各位拍下这难忘的一刻，待会儿我再给各位讲讲天安门。（结束语）

【想－想】

　　1.“升降旗仪式”这段中下加横线的文字，为什么用问句？在讲解中有什么表达作用？

　　2.下面“天安门城楼”的讲解中有没有用问句？请用“＿＿＿”先画出来，再说一说它们在讲解中所起的表达作用。

　　（二）天安门城楼

　　［讲解位置：国旗杆东北角或西北角］

　　天安门是新中国的象征，<u>它位于天安门广场北端</u>，始建于 500 多年前的明代，当时它并不叫天安门，而叫承天门，取“承天启运、受命于天”之意。当年规模也很小，明末毁于战火。清顺治年间，即公元 1651 年重建后，才有了今天的规模，且改名为“天安门”，取“受命于天，安邦治国”之意。（讲解内容 1：位置、始建年代）

　　在明清天安门是举行“金凤颁诏”的地方。所谓金凤颁诏，即是皇帝下圣旨后，由专人在天安门城楼上把圣旨放在一只木制“金凤”的口中，然后从城楼正中垛口用黄丝带将“金凤”放下，城楼下有人以用云朵装饰的漆盘接旨，送到礼部抄写后告示天下。

　　也是在天安门城楼上，1949 年 10 月 1 日下午 3 点，毛泽东主席向全世界庄严宣告了中华人民共和国的成立，那是全中国人民期盼已久的日子，随着国歌的奏响，随着五星红旗的升起，中国人民从此站起来了。（讲解内容 2：历史沿革、作用）

　　天安门城楼高 33.7 米，建筑等级很高，这从城楼的殿顶形式、彩绘等处都能表现出来，处处显示着当年皇家的威严，城楼开五个门洞，正中门洞上悬挂着毛主席的巨幅油画像。在天安门城楼前对着五个门洞有五座汉白玉石桥，叫做金水桥。正中最宽广的一座名为御路桥，供皇帝出入专用；其东西两侧的两座桥为皇族桥，就是专供皇亲国戚们通行的桥；再两侧的石桥为品级桥，凡三品以上大臣才可通过。小官、杂役怎么办？对不起，那年代官大一级压死人，官小一级跑断腿，小官小吏只能跑跑腿，从当年东侧太庙及西侧社稷坛旁的两座小石桥通过金水河再到大内。

　　除金水桥外，天安门前陈设石狮二对，它们像卫士一样威严守卫着天安门，除此以外还有一对像石柱一样的陈设物，大家知道它们叫什么名字，是做什么用的吗？对了，它们的名字叫华表。现在我们从地下通道过马路，过一会儿我给大家讲一讲华表的历史。（讲解内容 3：建筑特点、城楼前陈设）

　　（三）华表

　　［讲解位置：在华表旁］

　　各位请看，这就是华表。最早的华表出现在尧舜时期，是木制的，当时称其为

"诽谤木"。哎！各位别误会，当时的"诽谤"不是诬陷别人的意思，而是"纳谏"的意思，即为了征求民众的意见而设于路边的木桩，人们可以在木桩中写下自己对当权者的意见及建议，以示"参政"。华表在当时又被称"表木"，即我们今天的路标，用以给人们提示方向。到了秦汉，"诽谤木"还在，但再没有人敢"诽谤"当权者了，它的质地从木制变成石制，位置也从路旁搬到了帝王宫殿的门口。后来，"诽谤木"便成了当时帝王们显示权力的特殊陈设品，用以标榜自己有尧舜之贤、广纳民意。又将"诽谤木"更名为华表，并用云龙纹装饰柱身，上插云板，用以"华"饰宫殿之外"表"。在华表的顶端，坐着一个像龙一样的小动物，名字叫"犼"，生来就喜欢登高望远，据说这小动物很灵异，能提醒帝王们勤政。大家也许要问，犼是怎么提醒帝王们勤政的呢？先别急！请大家记住天安门前这两只"犼"面朝的方向，我们马上去寻找答案。

[讲解位置：在天安门内东侧的一只华表旁]

好啦！各位，这便是答案了。请看，在天安门后也有两只华表，可华表上的"犼"可不再往南（外）看，而是往北（里）看了，对吧？为什么呢？因为这里的犼名叫"望君出"，意思是提醒皇帝不要沉迷于花天酒地，醉生梦死的生活，要走出深宫，去体查民情，希"望"国"君"走"出"去看一看。天安门前的那一对犼叫"盼君归"，意思是提醒皇帝不要在外面留恋青山秀水，不思国事，"盼"望国"君"早日"归"政。现在大家知道犼是怎么提醒皇帝们勤政的了吧？但这只不过是人民美好的愿望，真的皇帝是怎么生活的呢？那就让我们去皇帝的家——紫禁城去串个门儿吧。

【想－想】

1. 讲解华表时，用了哪些问句？
2. 讲了什么故事？
3. 找出所有的语气词（例如"吧"），说说它们的表达作用。
4. 这段讲解有哪些值得模仿的好方法？

【做－做】

情景模拟，向游客介绍华表。要求能够使用这段面对普通游客使用口语句子和口语词，并能够在每一个问句之后，恰当停顿，突出各个问句的表达作用。

【想－想】

阅读下面的案例，回答问题。
1. 为什么钟导游前面的讲解效果不好，改变策略后游客才感到满意？
2. 请总结钟导游的接待经验。
3. 第二个案例的启示。
（1）某年夏天，北京的导游员钟小姐接待了一个台湾的旅游团。在导游接待过程中，她按照接待西方人的方式，讲解中国的历史、对外政策、改革开放和人民生活水

平的变化等。虽然她讲得很认真，但游客们的反应却不是十分热烈。钟小姐征求了领队的意见，领队告诉她：要多讲一些轻松的话题，如老百姓的吃、穿、住、行、收入、工作和生活情况，多一些笑话、野史、趣闻等，不必讲太多的政治形势，因为游客来中国是散心、游玩的，不是来上课的。听了领队的意见，钟小姐注意改变讲解的内容，果然得到了游客们的响应。在讲解故宫时，她把溥仪皇帝从 3 岁登基到成为普通公民的历史讲了一遍。她虽然讲得十分紧凑，但客人却经常打断她，让她讲一些皇帝日常的起居生活和三宫六院的趣事，于是她又改变讲解内容讲皇帝结婚、用膳、宗教活动……游客们深为她的讲解所吸引，越听越感兴趣，再也不打断她的讲解了。

　　（2）生长在风景区的每棵古树，导游几乎都会说出它们背后蕴藏的一段传奇故事。为了能让游客们信以为真，导游还绘声绘色地讲出许多例证。对一棵已断裂三处的古树，导游非常动情地说：古树能预测灾难，当地历史上的三次灾难出现之前，古树就三次出现裂痕。甚至连发生在美国的"9·11"恐怖事件也事先有所察觉。

　　导游对一眼山泉也给予了"很高的评价"。据导游介绍，在山泉旁许愿，没有不变为现实的，关键要看心诚与否。随后导游举例说，内地一患绝症病人，走遍全国都无药可治，便抱着试试看的想法不远千里来此，只喝了三口泉水，身体就得到恢复。

　　导游在讲解过程中，最好不要千篇一律地按书上的导游词来讲，否则会显得机械和死板。当发现游客对你讲解的内容不感兴趣时，应及时调整，尽量符合他们的口味。当然，对于一些庸俗、低级和违背原则的内容，决不能迁就，要坚持原则。

　　有关人士指出，现在有些地方为发展当地的旅游经济，牵强附会地搞出些"人造传说"来提高知名度，这是不妥当的。

【做一做】

总结通俗风格的景点讲解在语言上的特点。

提示：

1. 较多使用口语词、通用词语；较少使用书面语、文言词语。

2. 多用短句，不用或很少用长句；使用口语句式，不用文言句式。

3. 使用语气词。

4. ……

任务三　典雅风格的讲解

任务描述

　　以"兰亭景点讲解"为例，学习如何针对知识文化层次较高的游客，多作知识性、文化、传统的介绍，使讲解富有典雅风格。请随着观景方位的移动，按照解说词，介

绍旅游地的历史、人文、自然，激发游人的观光兴趣。并通过兰亭这一具体景点的讲解学习，能够举一反三，突出讲解景点最具魅力、最为传神的部分，掌握应讲、必讲内容以及讲解方法。

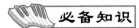

一、游客背景特点

游客的知识、文化程度较高，适宜使用典雅风格的讲解，且可以讲得层次高、知识深。

二、典雅风格讲解的语言特点

（1）较多使用书面语、文言词语。
（2）使用文言句式。
（3）引用对联、古诗文。
（4）较多使用关联词。

三、兰亭景点导游词

这段富于典雅风格的景点解说（见下一页导游词），具有以下三方面的特色。
第一，紧扣园主书法名家的身份，突出王羲之的书品、人品、官品；
第二，抓住游客希望进行情境体验的心情，因势利导，创造出极其欢乐的气氛；
第三，画龙点睛，叙述得当，评说到位，繁简疏密，恰到好处。
我国旅游者的旅游活动一直有重文、重古、重贤的传统。由于游客的文化程度较高，所以讲解的语言比较典雅，引用许多古诗文，以满足游客的需求。

四、对导游员的要求

典雅风格的解说，对导游员的要求较高，导游须拥有一定的文学修养。而书面词语和引经据典的文言句式，适合于视觉阅读，但不便于口说，这给解说带来一定的困难。

比起通俗讲解，导游记忆、解说高雅风格的导游词，需要花费更多的时间与精力来做事前的准备。

【读－读】

请带着以下任务学习兰亭的景点讲解。
1. 在第二段里找出游客文化背景的句子。
2. 在文本中画出文献的引用句子（例如"因右军禊会"）。

3. 在文本中画出庄重典雅的书面词语（例如"巍峨宏丽""画栋雕梁"）。

4. 试作讲解。

我们从禹陵来到了兰亭，刚刚瞻仰过巍峨宏丽、画栋雕梁的殿宇，再见到曲水弯环、幽兰修竹的兰亭，顿觉耳目一新。真是"竹风随地畅，兰气向人清"。好一派山林野趣！兰亭位于绍兴东南约15公里处的兰渚山麓、兰溪江畔。据《越绝书》记载："勾践种兰渚田"，小洲因得名"兰渚"，附近的山水亭台也都由此得名：兰渚山、兰溪、兰亭。如今，兰亭已是游者云集的天下名胜，然而最初的兰亭可能只是如邮铺似的小型建筑物。清代于敏中在《浙程备览》中说："或云兰亭，非右军始，旧有兰亭，即亭堠之亭，如邮铺相似，因右军禊会，名遂著于天下。"如此看来，兰亭是从右军（王羲之）等人在此地做修禊活动后，才"著于天下"，进而成为天下名胜的。

游客们，你们当中有来自松花江畔的老书法家，有海南椰林来旅游的女大学生。恰巧，日本北海道教育界书法代表团也来到了兰亭，有为学书而来，有为瞻仰而至，天南海北，男女老少都欢聚在兰亭。

古兰亭在绍兴县西南兰渚山，"此地有崇山峻岭，茂林修竹，又有清流激湍，映带左右"，东晋时著名书法家王羲之于永和九年三月上旬巳日邀谢安、孙绰等到水边嬉游，以消除不祥，叫做"修禊"，引曲水以流觞，吟诗饮酒，诗文成集，他书写了闻名中外的《兰亭序》。从此兰亭成了我国书法史上的一处胜地。

《兰亭序》言简意赅。日本朋友，你们不解什么是"引曲水以流觞"吗？好，恕我不直接回答，请随我到"曲水流觞亭"前，亭处荷抱之中，面阔三间，单檐歇山，四面围廊，亭内悬"曲水邀欢处"匾额，下挂兰亭修禊图一轴。这是扇面形兼工代写的人物山水画，用笔工正，设色淡雅，记载着当时修禊的盛况，画中王羲之等42人散处在一弯曲水之旁，或坐或卧，或饮或吟，有的正铺笔撰写，有的却拈须沉思，有趣的是那曲水中，一个个酒杯由荷叶托着顺流缓缓而下，杯停之处便是杯旁文人吟唱之时，枯墨者就要把觞饮酒，不剩点滴。

大家请看，这里顺小溪流筑成曲池，沿池布叠黄山石，凹凸相间，起伏有致，虽是人工所为，却有自然之势。刚才大家问我什么叫"修禊"，"修禊"是古代的一种风俗。农历三月三日，人们到水边采兰，用兰草蘸水洒在身上，以驱除不祥。晋穆帝永和九年春，王羲之等42人相聚于兰亭，举行了大规模的修禊仪式。参加这次盛会的大多是天下名士，其中有司徒谢安，玄言诗人孙绰，高僧支遁，还有谢万、徐丰之、孙统、桓伟、王彬之、王肃之、王徽之、王蕴之、王玄之、王献之等。

江南三月，往往阴雨连绵，可这一天日暖风和，天气格外晴朗，四周山峦如绿色屏障，兰溪似白练，穿过青青翠竹生长的山水之间，景色迷人。聚集此地的大多是天下名流，士族豪门子弟，他们都有很高的文化修养。难得相聚，令人欢欣。况逢如此天，如此美景，人们的兴致都特别高。他们在水边做完了修禊仪式，便依次列坐在蜿蜒曲折的兰溪两岸，让书僮把斟满酒的羽觞放在溪流之上，让其顺流而下，停在谁的面前，谁就得取而饮之，饮罢，还要即席赋诗，每人至少一首，做不成，要罚酒三斗。

42人中，11人成诗二首，15人成诗一首，16人做不成诗，各被罚酒三斗。

他们把诗收集起来，公推王羲之为之作序。王羲之乘兴即席挥洒（据说用的是蚕茧纸，鼠须笔），写下了被称为"天下第一行书"的《兰亭集序》。这篇序文叙写山水嬉游之乐，境界清新疏朗，笔调简洁明快，抒发感情深沉动人，富于浓厚的哲理韵味，是一篇融情、景、理于一炉的极优秀的散文作品，尤其是该文书法风格如行云流水，姿态横生，字字珠玑，字里行间流荡着一派自然活泼的生机，具有无与伦比的艺术魅力，成为书法艺术上登峰造极制作，是历代学书者的最高典范之作。原书影响太大，时人纷纷临摹，尤其是唐人临摹已成风气，可贵的是，临摹不仅努力吸取原作的精髓，同时也掺杂进自己的个性，这就形成了风格各异的兰亭序。其中以"冯承素摹本"与真迹最为接近，久负盛名，有"神龙本"之誉。

<u>好！巧极了</u>，杯子首先在老书法家面前停住了，我们希望他讲一段古，感谢他兴之所至，毫不推辞，大家听他讲古。

据说，山阴地方一位老道，想求王羲之写一本"黄庭经"，他知道王羲之喜欢白鹅，于是就特地养了一群逗人喜爱的白鹅，王羲之路过，见白鹅羽毛白净，形态优美，不由得驻足不前，进而要求买鹅，道士说："钱我不要，只要你写本《黄庭经》。"羲之欣然答应，笔走龙蛇，不过半日，经成搁笔，道士已把群鹅用笼子装好。这就是"书成换白鹅"的故事。

感谢老先生，我也长见识了，兰亭特别建有鹅池，尤其引人注目的是鹅池碑亭上刻的"鹅池"二字，传说这二字出自王羲之和王献之父子二人的手笔。一天，王羲之题写"鹅池"二字匾额，刚写完"鹅"字，忽闻圣旨到了，遂搁笔迎旨。颇以书学自负的王献之趁父亲离去之际，挥笔补上"池"字。父子二人，笔势神采迥然不同，却珠联璧合，别有一番妙趣。<u>王羲之为何特别喜欢鹅呢？是喜欢白鹅的洁白无瑕，还是欣赏它的潇洒飘逸？都不是，谁知道？</u>（日本姑娘说）"<u>羲之执笔时，使食指如鹅头那样昂扬微曲，运笔时像鹅的两掌齐力拨水，原来羲之爱鹅，完全是为了研究运笔，执笔。</u>"

这话提醒了我，我不禁想起清代有名的书法家包世臣的一首绝句：

全身精力到毫端，

定台先将两足安。

悟入鹅群行水势，

方知五指用力难。

事情就是这样，当酒杯在曲水中流淌时，大家开始都怕杯子在自己身旁停下，每每杯子未到，人却下意识地惊躲在同伴身后，感谢老书法家开了头，也感谢日本姑娘的侃侃而谈，现在气氛便逐渐活跃起来了……好，他讲得好，墨池水边，羲之父子曾将一池水蘸干，金鲤鱼曾吐出金色的泡沫；他也说得巧，题扇桥旁，羲之倾听卖扇老姬吁诉饥寒，于是磨墨挥毫，为老姬点染扇面；大家都是有感而发，有人赞颂王羲之的书法"龙跳天门，虎卧凤阁"；有人遗憾唐太宗把《兰亭集序》作为葬品，手迹从此

失传……

听着这一个个美丽的传说，再回想刚刚看过的鹅池、墨池、墨华亭等形制特殊的建筑，<u>我们大家的游兴是不是更浓了？</u>

【做－做】

1. 将任务二和任务三所举的例文作一比较。

2. 找出两类风格解说的共同之处。

3. 领悟不同风格的讲解都需要用问句、故事、典故等来吸引游客关注你讲的内容，激发游客的游兴。

项目总结 ▶▶

旅游景点讲解是导游讲解服务中最核心的部分。掌握这项技能，需循序渐进，逐步提高。第一步，首先要遵守准确、据实讲解的规范及原则，体现实事求是地解说的本质；第二步，在据实讲解的基础上，学会通俗与典雅两种风格的讲解；第三步，针对游客的文化背景选择或通俗或典雅的讲解风格，并进而结合自己的个性特点形成具有个人特色的讲解风格。

复习思考题

一、填空题

1. _____讲解，是导游讲解中的重头戏，是导游服务中最重要、最核心的部分，也是游客评判导游员水平的最重要的依据。

2. 景点讲解分为_____、_____、_____。

3. 导游员应该遵守_____、_____、_____的讲解准则。

二、选择题

1. 图文声像导游与导游员实地导游讲解相比，正确的是（　　）。

A. 图文声像导游成为旅游景点实地导游讲解的重要补充

B. 图文声像导游处于主导地位

C. 导游讲解方式渐渐会被图文声像导游方式所替代

D. 图文声像导游能满足所有旅游者的需要

2. 旅游景点讲解须注意，错误的是（　　）。

A. 根据旅游者的文化层次进行讲解　　　B. 背景知识可以在抵达景点后再讲解

C. 根据游览时间安排讲解内容　　　　　D. 根据气候条件安排讲解内容

3. 关于旅游景点讲解的准则，正确的是（　　　）。

A. 讲解可以带有个人感情色彩　　　　B. 简练是应该成为导游员的追求

C. 对待所有游客可用同样的解说词　　D. 可以以"讲解"替代"游览"

4. 作为新导游员，想要吸引游客的注意，不正确的是（　　　）。

A. 知识魅力　　　　　　　　　　　　B. 语言魅力

C. 展现自己的英气、朝气和活力　　　D. 讲人、讲物、讲景，做到三者统一

5. 新导游员要使自己的语言富有魅力，必须要经过锻炼，不正确的是（　　　）。

A. 只要碰到好的，有利于为游客做讲解的，就拿来使用

B. 认真观察、刻意模仿

C. 要考虑游客说长道短、同行讽刺讥笑这些因素

D. 博采众长、充实自己

三、简答题

1. 与图文声像导游相比，请分析现场讲解的意义。

2. 作为导游员，请简要分析旅游景点讲解的准则。

3. 作为新导游的讲解怎样吸引游客？

实训项目

项目一

【实训名称】通俗风格的景点解说

【实训要求】掌握通俗风格的口才表达。

【操作提示】①本情景实训时应结合导游业务技能课程之所学；②教师课前将训练任务布置给学生；学生用课余时间操练，必须达到能够脱稿讲解的要求；③面对普通游客做通俗讲解；④同时练习普通话标准、口齿清晰、声音洪亮；⑤课堂分组，每组不超过4人，组内展示，互评；⑥必须保障每位学生都得到不少于两次的景点讲解操练。

【实训评测】在训练材料中选取一段进行考核，评定成绩。

【实训内容】

1. 根据下文，模拟情景，解说景点扬州瘦西湖白塔。

相传在1784年，乾隆皇帝第六次坐船游览扬州瘦西湖。从水上看到五亭桥一带的景色，不由遗憾地说："只可惜少了一座白塔，不然这看起来和北海的琼岛春阴像极了。"说者无心听者有意，财大气粗的扬州盐商当即花了十万两银子跟太监买来了北海白塔的图样，当晚连夜用白色的盐包堆成了一座白塔。这就是在扬州流传至今的"一夜造塔"的故事。

扬州的白塔高27.5米，下面是束腰须弥塔座，八面四角，每面三龛，龛内雕刻着十二生肖像。和北海白塔的厚重稳健不同，扬州白塔比例匀称，玉立亭亭，和身边的五亭桥相映成趣。

2. 将任务二的兰亭景点讲解文本改写为通俗语体风格（将文言文、书面语词更换为口语词语等）。

根据修改文，模拟情景，作景点解说训练。

项目二

【实训名称】典雅风格的景点解说

【实训要求】掌握典雅风格的口才表达。

【操作提示】①本情景实训时应结合导游业务技能课程之所学；②教师课前将训练任务布置给学生；学生需查询工具书，识读解说词原稿的难字词；用课余时间操练，必须达到能够脱稿讲解的要求；③面对文化层次比较高的游客作典雅风格的讲解；④同时练习普通话标准、口齿清晰、声音洪亮；⑤课堂分组，每组不超过 3 人，组内展示，互评；⑥必须保障每位学生都得到不少于两次的景点讲解操练。

【实训评测】在训练材料中选取一段进行考核，评定成绩。

【实训内容】

根据下文，模拟情景，解说景点。

（1）在讲解中对词句作适当调整。

（2）增加问句，吸引游客注意力，使讲解具有悬念、趣味。

（3）怎样对普通游客讲解"大明寺""正学路"？需要在词语、句子上作哪些变动。

A. 扬州大明寺景点

古城扬州北郊，蜀冈如卧龙般蜿蜒绵亘。名扬四海的千年古刹大明寺，就雄踞在蜀冈中峰之上。大明寺及其附属建筑，因其集佛教庙宇、文物古迹和园林风光于一体而历代享有盛名，是一处历史文化内涵十分丰富的民族文化宝藏。

大明寺因初建于南朝刘宋孝武帝大明年间（457—464 年）而得名。1500 余年来，寺名多有变化，如隋代称"栖灵寺""西寺"，唐末称"秤平"等。清代，因讳"大明"二字，一度沿称"栖灵寺"，乾隆三十年皇帝亲笔题书"敕题法净寺"。1980 年，大明寺恢复原名。

千年古刹，历经劫难，终获新生。唐会昌三年（843 年），九层栖灵塔遭大火焚毁。两年后"会昌法难"，大明寺未能幸免，庙宇被毁。后经僧人募化重建，但屡有圮废。清康乾盛世，大明寺扩建为扬州八大名刹之首。然而咸丰三年（1853 年），寺庙又毁于太平军兵燹。此后，大明寺几经修建，规模渐大。1958 年，大明寺被列为江苏省保护单位。"文化大革命"时期，"红卫兵"以"破四旧"为名，要砸烂寺庙内佛像。周恩来总理紧急电谕，命令坚决保护大明寺古迹。地方政府及时封闭了寺庙，使古刹幸免于难。1979 年，寺庙全面维修，佛像贴金，大明寺焕然一新。二十年来，在能勤、瑞祥、能修法师的住持下，大明寺规模越来越大，中外宾客络绎不绝，千年古刹大放光彩。

B. 南京正学路

正学路位于中华门外，东起晨光机器厂，西至雨花路。明初大儒、建文皇帝的老

师方孝儒①曾居于此。靖难之变后，孝儒携妻子儿女在此殉国。人们为怀念这一义举，遂以方孝儒的别号"正学"二字命名这条路为正学路。

方孝儒字希直，一字希古，明初浙江海宁人。他是一代名儒宋濂的得意门生。他博学强记，通晓经史，文章盖世。洪武二十五年任汉中教授时，被蜀献王特聘为世子之师，并为其读书处题额"正学"，时人遂尊称其为"方正学"。

1399 年，建文帝即位后，将方孝儒转至南京，委以翰林侍讲学士之职。建文帝年纪尚轻，缺乏治国治军的本领，加上本性柔弱寡断，他的叔叔们都不把他放在眼里，都想篡皇位，于是他便起用一些老臣为他出谋划策。因方孝儒是他的老师，更受到百般信赖和倚重，"国家大事，辄以咨之"。方孝儒对建文帝赤胆忠心，全力扶持。建文帝害怕他的叔叔们王权过大，拥兵为患，就采用齐秦、黄子澄的削藩建议，但遭到以燕王朱棣为首的诸王的反对。方孝儒替建文帝起草了一系列征讨燕王的诏书和檄文，并为他谋划削藩的方针策略。为此，朱棣对方孝儒怀有刻骨的仇恨，后在攻下南京后，迫令方孝儒为他起草即位昭书。方孝儒宁死不从，掷笔于地说："死即死耳，诏书不草！"燕王咬牙切齿地说："诏不草，灭汝九族！"方孝儒针锋相对地说："莫说九族，十族何妨！"朱棣闻言大怒，当即下令在午门内将方孝儒磔死。

相传明宫午朝门内丹墀上的血迹石，即为方孝儒颈血所溅而成。如今，雨后看血迹石，血色鲜红欲滴，嗅之似犹有血腥味！古代帝王处死大臣，一般都在刑部天牢、闹市行刑，或者推出午门外斩首，在午门内杀人是没有先例的。由此可见朱棣对方孝儒怨恨之深。方孝儒在就义前，作绝命赋道："天降乱离兮，孰知其由；奸臣得计兮，谋国用犹；忠臣发愤兮，血泪交流；以此殉君兮，抑又可求？呜呼哀哉，庶我不尤！"朱棣处死方孝儒后，仍不解心头之恨，下令灭他十族。方孝儒的妻子郑氏，儿子中宪、中愈，知道老头子是块硬骨头、不会屈服于压力，必遭灭门之祸，因此差官还未到就先上吊自杀了。两个女儿，也都投秦淮河死了。这个案件，株连致死者竟达 870 余人。

方孝儒宁死不屈的高尚情操，受到人们的尊敬。早在明代万历年间，就有人为他建神情祠、树亭。著名戏曲家汤显祖还曾为他树了墓碑。但是，县令邵甲害怕因此获罪，下令将它们都捣毁了。清代顺治年间，又在雨花台西麓重建祠、墓，分为两处。祠之楹柱上刻一副对联："起懦廉□②一夕秋风生木末；成仁取义千年春草在长干。"嘉庆二年，方孝儒族人方昂来谒墓，又重修了祠和墓，并由著名的桐城学派者姚鼐作记。

项目三

【实训名称】景点解说口才拓展训练

【实训要求】借助图书馆、网络平台获取信息，使景点讲解丰富多彩。

【操作提示】①在实训项目一、项目二的基础之上，提高现场讲解口才；②分组（每组 3 人以下），组内合作；③教师课前将任务布置给学生，学生用课余时间到图书

---

① 亦写作"孺"。

② 疑为"起懦廉隅"或"起懦廉□"，否则字数不对。无法考证，暂以"□"代之。

馆、登录互联网搜集资料。

【实训评测】以小组为单位提交电子稿，教师评定成绩：以材料丰富，解说词多样化的小组为优等。

【实训内容】

1. 各组分头搜集书刊中和网络上的景点讲解的优秀片段。

2. 每组提供从图书馆所得资料的复印文本（一式三份）、从网络上所得资料的打印稿（一式三份），组与组之间交流。

3. 每人在各组提供的文稿中选择自己喜欢的片段，组内作模拟讲解（讲解时必须脱稿）。

4. 每人作拟真景点讲解时，通俗与典雅风格的讲解至少各作一例。

5. 在课堂上两两小组结成对子，展示现场景点讲解（普通话标准、口齿清晰、声音洪亮），两组同学互评。

项目十　职业口才技能之讲解优化

知识目标

● 认识高层次讲解的意义。

● 认知导游讲解服务的优化，习得常用的优化方法。

● 知晓借助网络获得现成的导游词资源，并善加改编的途径与方法。

技能目标

1. 能够分析游客的主观因素和景点的客观因素，针对不同游客、景点的差异，选择恰当的解说方法。

2. 能够一个景点多种方式讲解。

3. 能够掌握常用的改写方法，将现成的导游词优化为既适合自己讲解，同时也吻合游客特点的解说词。

问题讨论

案例1

小俞是一位北京的景点景区导游员（又称讲解员），在故宫讲解已经好几年了。不久前，旅游局请她去给导游做后续培训。小俞指出，懂得如何优化景点讲解，是成长为成熟导游的关键要素之一，她以自己的体验为例，说：

"到北京的国内外旅游者一般都要参观故宫，但是导游的讲解，内容深浅恰当、雅俗相宜，努力使每个旅游者都能游有所获，应根据对象的不同而有所区别：对初次远道而来的旅游者，导游员可讲得简单一些，简洁明了地作一般性介绍；对多次来京的旅游者则应多讲一些，讲得深一点；对比较了解北京的旅游者，导游词的内容应该广一些，比如讲一些典故和背景材料；对研究古建筑和中国历史的学者，导游员就应对他们感兴趣的专业内容作比较详细、深入的讲解，还可进行一些讨论；对文化层次比较低的旅游者就得多讲些传闻轶事，尽力使讲解更生动、风趣。这就要求导游员懂得灵活地安排讲解内容。"

　　"讲解的语言也要有相应的变化，如对专家、学者，要严谨规范；对文化水平较低的旅游者，导游语言要力求通俗易懂；对年老体弱的旅游者，语速慢一些，重要内容多重复几遍；对青少年，语调应活泼欢快，使用新潮时尚的词语……"

　　案例2

　　嘉嘉干了三年导游，她喜欢上网，在各个省市的旅游门户网站或学习网站拷贝景点导游词，不过嘉嘉并不"奉行"拿来主义，她会对这些解说词作适当改动，有时候是为了讲起来顺口，有时候是为了使游客喜爱听。

　　童童是刚拿到IC卡不久的新导游，对景点讲解服务很不以为然，遇到要讲解新景点的任务，她就上网搜解说词。童童认为：我普通话这么标准，记忆力又棒，讲解还不是小菜一碟！网络上现成的导游词多的是，随便哪一段（只要是正需要讲的景点就行），拿来背背，十分钟二十分钟就全搞定！

　　1. 景点讲解的内容是灵活的，可以根据不同的游客，进行详略筛选。小俞的案例给你的启发是什么？

　　2. 景点讲解除了内容选择有讲究，还有什么要素应作灵活调整，从而符合不同游客的具体情况？

　　3. 自己不会撰写导游词没关系，网络上有相当多的导游词文本，但能不能像童童那样做：直接拿来记记背背？正确的做法有哪些？

任务一　认知讲解优化

任务描述

　　从一个导游新手，逐渐成长为一名资深导游员，其中要经历各个环节的诸多实践过程。就讲解服务而言，需要有哪些方面的自我提高？请阅读"必备知识"，认知不同层次的讲解，理解对讲解进行优化的意义；了解可在哪些方面对导游讲解作优化、完善。

必备知识

　　对自己的讲解服务进行优化，这十分重要，导游员在思想上要有对高层次讲解的追求，这样才会产生不断完善讲解的自觉性，并发挥主观能动性去深入细致地了解游客和景点的多侧面特征，继而不懈地钻研优化讲解的方法，达到具体情况具体讲解的境界——面对具有差异性的游客，根据不同景点的特点，精心选择讲解的内容，采用多种多样的讲解方式。

一、讲解的层次

我们把解说分为三个层次：普通讲解、形象讲解、个性讲解。

（一）普通讲解

导游词是以文字形式书写的视觉形象信息，解说是把书面的视觉形象转化为 A 导游员说——语音形象信息，B 游客听——听觉形象信息。普通解说就是完成了这一信息形式转化的过程。

需要特别指出的是，导游员对讲解的粗浅认识即止于此，所以新手对景点讲解所做的准备工作就是背诵导游词，若要求准备充分，充其量就是把导游词背得滚瓜烂熟，其实不然。

（二）形象讲解

导游讲解具有现场性特点，与游客面对面，生硬地"背书"式解说，即使是符合了我们在项目九中要求的客观、据实原则，也仅属于低层次的讲解。

游客身处景区听导游员作讲解，而不是坐在课堂里听课，景区有无数吸引他关注的元素，分散着他的注意力。导游员不是课堂上的教师，不能要求游客"不许开小差，听我讲"。所以导游员必须在讲解中为声音、语言注入多样的"色彩"，诸如声音宏亮、音色动听、生动形象、绘声绘色、设置悬念、幽默风趣等，凭借这些不仅是向游客传达"注意听讲"的言外之意，更是要让游客通过专注听讲激发其对景区旅游的兴趣。

能说会道的导游，大多能达到这一层次的讲解。这样的导游，比较多地聚焦于自身讲解水平的提高，例如讲究语音的修饰，注重景点知识的丰富和噱头的穿插。

（三）个性讲解

导游服务是一门艺术，其艺术性集中体现在导游讲解之中；个性讲解是高层次的解说，富有讲解艺术性。

1．"个性"之讲解

个性讲解中的"个性"，不是指导游的个人讲解风格，而是指建立在了解游客的主体特点、景点的客体特点的基础上，依据这两个特点对讲解内容进行筛选，考虑讲哪些适合这批游客，怎样讲才适合这些游客。因此个性讲解是因材施"讲"。

个性讲解的准备工作，不仅包括熟悉导游词、熟练使用语言修辞，还包括要细致了解客人的年龄、性别、文化等背景信息，以及把握所解说的景点的表层与深层信息。如上述案例1中的小俞，对来访的客人和故宫有着可谓细致入微的观察与分析，所以她才能游刃有余地安排讲解内容：或粗讲或细说，或详解或略述，或表层有形的景点或深层无形的背景；采用各异的讲解方式和语言：或轻声细语，语速舒缓，或快人快语，潮词给力。

2．"艺术"之讲解

（1）意境的再创造。在把书面导游词转化为有声语言的讲解时，导游用语言进行了意境的再创造——导游员以丰富多彩的社会生活和璀璨壮丽的自然美景为题材，以

兴趣爱好不同、审美情趣各异的旅游者为对象，对自己掌握的各类知识进行整理、加工和提炼，用简要明快的语言进行"意境的再创造"。换句话说，导游对讲解作了优化设计。

（2）创造性的劳动。讲解是一种创造性劳动，高层次讲解技能体现的就是导游方法和技巧的多样性、灵活性和创造性。在现场解说时，对不同的对象采用异彩纷呈的导游方法和技巧；导游以其渊博的知识，既符合客观规律，又敢于抛弃僵化的模式，勇于标新立异，探索新的表现形式，使讲解具有与众不同的魅力。导游服务是一门艺术，它集表演艺术、语言艺术和综合艺术于一身，其艺术性集中体现在导游讲解中。

二、讲解优化简述

（一）讲解优化

讲解优化指的是追求高层次的讲解，从讲解内容的选择、讲解方法的灵活多变等方面进行加工、优化，把讲解服务从普通讲解提高到高层次的个性讲解。

如果说能够按照项目七至项目九的任务安排，从讲解程序的角度掌握了导游职业口才技能，那么一名新导游就完成了讲解服务的一般性学习，可以上岗实践，练练身手了。但是至此这名导游还停留在初级层面，即仅完成了规定动作，只是符合讲解规范而已，离"出彩"还有相当距离，讲解还称不上有"艺术"性。

对自己的导游讲解服务进行打磨、优化，经历从普通讲解到个性讲解的升华过程，在坚持规范讲解的原则上，精益求精，不断完善和创新，这样一个导游才能从初出茅庐的新手，日渐成长，向优秀导游员迈进。

（二）讲解优化的内容

讲解优化涉及的侧面有很多，例如妥善安排需讲解的内容，合理分配讲解的内容和时间长度，变换独白式或问答式的讲解技巧，调整语气、语速等副语言要素，独具匠心巧妙运用语言修饰等。新知识传授及新技能培训的经验告诉我们，与其面面俱到而无甚成效，不如择其要处而攻之，因此我们将着重选择讲解方法、讲解技巧这几个方面来学习，并据此设立操练项（在任务二里具体学习），使年轻的导游员能够事半功倍，快速、有效地获得进步。学习者可在掌握了本项目介绍的这几个方面之后，再酌情拓展更多的优化技能。

任务二　讲解的优化

任务描述

从普通讲解上升到高层次讲解，学习者可以从哪些方面入手？掌握哪些要领？请阅读"必备知识"，认知优化讲解的方法，把握讲解时景点内容的组织、选择和修饰语言等技巧；完成相关的实训项目，并能于课堂之外，在实际导游活动中去尝试运用各种解说法，留心自己讲解实践中的得失，养成勤总结、思改进的良好习惯。

 必备知识

一、讲解方法优化

讲解方法是指导游员对景点内容的组织技巧。一个景点该讲哪些，不该讲哪些，都需要导游员根据时空条件和旅游者情况进行选择。一般情况下，导游会对讲解的内容从以下角度进行选择。

（一）"面"的讲解

导游选择"面"的讲解有两种含义：一指概况介绍，二指扩大景点外延的讲解。

1. 概况介绍

旅游者初到一地，首先要了解的就是当地的概况，地理位置、地域规模、气候特点、人文历史、文化教育、卫生环境、经济状况、发展前景、旅游资源等，这些都是旅游者感兴趣的内容。这种面的讲解，是导游解说的开端，也是导游展示讲解才能、吸引旅游者、建立权威的第一步。对此，导游员要认真对待，不可懈怠。

如介绍古都南京自然地理情况时，可以这样总述："南京是江苏省省会，长江上最著名的滨江城市，面积 6500 多平方公里，辖区内有 11 个区 2 个县；地形以丘陵为主，境内有长江、滁河、秦淮河、玄武湖、固城湖等水体；气候类型为亚热带大陆性季风气候，四季分明，冬冷夏热，降水丰富；独特的自然条件孕育了南京地区丰富的动植物资源，南京的绿化很好，是全国著名的'园林城市''绿色城市'，市区绿地覆盖率39%，主要树种有悬铃木、雪松、水杉、龙柏等，花草有紫薇、杜鹃、梅花等，其中雪松是南京的市树，梅花是南京的市花……"此外，导游员还可介绍南京的人文历史、经济、交通、卫生、城建、民俗、特产、旅游资源等。

实际上，导游员无法在一个完整的时间里把这些内容全部讲完，而且旅游者也无意在一个完整的时间听完，导游员要分若干次，在或人多或人少的场合、或旅游车上、或休息时、或以交谈方式、或对那些情有独钟者进行讲解。

2. 景点内容外延的讲解

这是增加导游讲解内容的一种行之有效的方法。一棵树、一栋普通的建筑或一座桥，要使之有较多的内容，或让旅游者能获得更多的知识，那么扩充景点外延，进行面的讲解是必需的。如讲解南京长江大桥，可以先讲南京长江大桥，再讲长江上的大桥，再讲中国的桥，甚至还可以讲世界上的桥。这样一来，讲解的内容就会更多，旅游者所能获得的知识也就会更加全面。

（二）"线"的讲解

"线"的讲解，适用于沿着旅游行车路线作讲解。导游员这时对概况作具体说明，对城市情况作可视及的介绍，沿线行程中作多侧面介绍。直观地讲解本地景观，能够

强化旅游者对旅游地的认知度和亲近感。长途旅行中，更应使用"线"的讲解，它不仅仅是旅游者获得知识的途径之一，更重要的是，"线"的讲解能够使旅游者有效地消除旅途疲劳和寂寞，还可以提高其游兴。

作"线"的讲解，导游员对沿途景点要谙熟于心，对所介绍的内容要早作提示，不可（身处行驶的交通工具中）等目光可视及之风光已错过，才向游客解说；也不要让客人频繁转身才能找到你讲的景点，一般以旅行车的左或右前方的视点作为讲解焦点。

（三）"点"的讲解

点的讲解，就是讲景区景点。旅游者的大多数时间是在景点中度过的，景点导游边走边讲，是导游讲解的核心所在。

对于景点的讲解，导游应根据旅游者的差别、游览时间的长短、季节的变化等客观情况，进行导游内容的选择、组织，并穿插一些导游技巧和娴熟的语言艺术，使景点讲解更富有感染力，吸引游客的注意力，强化游人的旅游审美感受。读者可再读案例1中小俞的具体做法，此处不再赘述。

（四）即兴讲解

即兴讲解是涉及面最广的内容，会涉及世界风云、时政方针、年节民俗、俚语笑话、社会百态等一切旅游者感兴趣的话题。一般是由旅游者引起，无定式，又随时触及。有时在答疑解难中表现，有时在谈笑中表现，有时在调动旅游者情绪时表现。

即兴讲解是颇具难度的导游讲解，往往问题提得突然，导游员准备不足，有时还会陷于被动。对此，导游员要靠平时的知识、经验积累。在不能完全应对的情况下，导游员应扬长避短，机敏应变，有所选择地从容回答，努力在旅游者面前树立良好的自我形象。

二、讲解技巧

讲解技巧是导游艺术的重要组成部分，是对解说语言的组织技巧。

为了使自己成为旅游者的注意中心并将他们吸引在自己周围，导游员须讲究讲解技巧，善于编织讲解的故事情节，结合游览活动的内容，释疑解惑，创造悬念，引人入胜；要有选择地采用有问有答、交流式对话，使语言组织更具魅力。

一名成功的导游员，他应很善于针对旅游者的心理活动，灵活地运用导游技巧，因势利导；对不同层次的旅游者施加相应的影响，使导者、游者之间达到心灵上的默契，让每位游客的需要得到合理的满足，使旅游生活轻松愉快。

国内外导游界的前辈们总结出了很多行之有效的技巧，加之优秀导游员通过实践不断予以补充，讲解技巧丰富多样，现择要介绍其中八种。

（一）概述法

概述法是按前后顺序、因果关系对景物进行系统讲解的一种方法。概述法有简述和详述之分，前者是对景物作概要介绍，后者则是详细讲述。如介绍中山陵：

"中山陵是伟大的民主革命先行者孙中山先生的陵墓。平面呈木铎形，有'使天下皆达道'之喻义，以此警示后人'革命尚未成功，同志仍需努力'。中山陵是著名建筑设计师吕彦直先生的作品，建于1926年，1929年建成，至今已70余年。中山陵景区现已林木葱郁，景色秀丽，环境优美，成为南京最著名的标志性景点，是中国旅游胜地四十佳，也是国家首批重点文物保护单位和首批AAAA级景点"。

概要介绍适用于所有的景点，使用最为广泛。导游运用此技巧，都能讲清自然或人文景观的来龙去脉、规模特点，同时又能有效地控制所要讲解的内容。但这种讲解是导游一言堂，客人被动地听，旅游者容易疲倦，以致厌烦。因此，导游采用此法时，要掌握好时间，不宜过长，而且应注意讲解语言的抑扬顿挫，并适当配合一些手势和表情，切忌单调乏味。

（二）分段法

分段法是将一处大景点分为前后衔接的若干部分来分段讲解。适用于规模较大、内容庞杂的景点。导游员在对景点简要介绍后一般都会按游览的顺序进行分段讲解。

游览颐和园，旅游团的参观路线一般由东宫门进，从如意门出，所以通常分三段进行导游讲解：①以仁寿殿为中心的政治活动区；②以慈禧太后的寝宫乐寿堂和戊戌变法失败后的"天子监狱"玉澜堂为中心的帝后生活区；③游览区的昆明湖和前山（长廊、排云殿至佛香阁的中轴线和石舫）。旅游者边欣赏沿途美景，边听导游员有声有色、层次分明、环环相扣的讲解，一定会心旷神怡，获得美的享受。

使用此法要注意，在讲解一处景区的景物时，注意不要过多涉及下一景区的景物。可在这一景区的游览快结束时，作一个前后景的过渡——引起旅游者对下一景区的兴趣，并使讲解一环扣一环，适当地说一点下一个景区。

（三）突出重点法

突出重点法指突出某一方面（避免面面俱到）的讲解方法。一处景点，导游员根据不同的时空条件和对象区别对待，有的放矢地做到轻重搭配，重点突出，详略得当，疏密有致。

1. 突出大景点中具有代表性的景观

游览规模大的景点，导游员必须做好周密的计划，确定重点景观，这些景观既要有特征，又能概括全貌。到现场游览时，导游员主要讲这些有代表性的景观。如去天坛游览，主要是参观祈年殿和圜丘坛，讲解内容主要也是这两组建筑。如果讲好了这两组建筑，加上绘声绘色地介绍当年皇帝祭天的仪式和场面，不仅可以让旅游者了解天坛的全貌（历史、面积、用途等），还能使他们体会到中国古代建筑艺术的独特魅力。

2. 突出景点的与众不同之处

旅游者在中国游览，总要参观很多宗教建筑，它们中有佛教寺院，有道教宫观，有伊斯兰教清真寺，各具特色。就是同为佛教寺院，即使是同一佛教宗派的寺院，其历史、规模、结构、建筑艺术、供奉的佛像等也各不相同，导游员在讲解时必须讲清

其特征及与众不同之处，尤其在同一地区或同一次旅游活动中参观多处类似景观时，更要突出介绍其特征，以有效吸引旅游者的注意力，避免产生"雷同"的感觉。

3. 突出旅游者感兴趣的方面

导游员在研究旅游团的资料时要注意旅游者的职业和文化层次，以便在游览时重点讲解团内大多数成员感兴趣的内容。投其所好的讲解方法往往能产生良好的导游效果。如游览故宫时，面对以建筑专业学生为主的旅行团，导游除介绍故宫的概况外，可突出讲解中国古代宫殿建筑的布局、特征，故宫的主要建筑及艺术，以及重点建筑物和装饰物的象征意义等。如果能将中国的宫殿建筑与民间建筑进行比较，将中国宫殿与西方宫殿的建筑艺术进行比较，导游讲解的层次就会大大提高，更能引人入胜。

就景点特色而言，参观一座博物馆，可将重点或放在青铜器上，或突出陶瓷，或侧重碑林金石。一切视博物馆的特色和旅游者的兴趣而定，尽量避免蜻蜓点水式的参观、讲解。

4. 突出"某某之最"

根据实情，介绍这是世界（中国/某省/某市/某地）最大（最长/最古老/最高/最新/最袖珍）的……因为这就是景点的特征，很能引起旅游者的兴致。如北京故宫是世界上规模最大的宫殿建筑群，长城是世界上最伟大的古代人类建筑工程，天安门广场是世界上最大的城市中心广场，洛阳白马寺是中国最早的佛教寺庙等。

如果"之最"算不上，第二、第三也值得一提，如长江是世界第三大河等。这样的导游讲解突出了景点的价值，便能激发旅游者的游兴，给他们留下深刻的印象。不过，在使用"某某之最"时，导游员必须实事求是，要有根据，绝不能杜撰，也不要张冠李戴。

（四）触景生情法

触景生情法即见物生情、借题发挥的讲解方法。讲解时导游员不能仅限于就事论事地介绍景物，而要借题发挥，利用所见景物制造意境，使旅游者产生联想，从而领略其中之妙趣。触景生情法有两个含义：

（1）第一个含义：就所见景物进行扩充讲解，介绍情况，借题发挥。

如旅游团在汽车长途旅行时，导游可就旅游者目之所及树林，讲述植被与环境，还可介绍到环境与可持续发展，从而起到以点带面的作用。

（2）第二个含义：讲解内容与所见景物和谐统一，使其情景交融。

讲解文辞与眼前之景和谐、交融，给旅游者以想象空间，从而调动旅游者的审美感觉，使旅游者感到景中有情，情中有景。如当旅游团参观宽广的太和门广场、高大巍峨的太和殿时，导游员可适当描述皇帝登基的壮观场面：金銮殿香烟缭绕，殿前鼓乐喧天，广场上气氛庄严肃穆；皇帝升殿，文武百官三跪九叩，高呼万岁、万万岁。再讲末代皇帝溥仪三岁登基时被隆重的场面吓得直哭，闹着回家，而他的父亲连说"快完了、快完了"哄他的历史趣闻。旅游者望着宏伟的太和殿，听着风趣的讲解，就会联想起太和殿前曾经的辉煌和威严，感觉到如今的冷清和寂寞，从而产生出朝代更

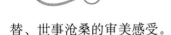

替、世事沧桑的审美感受。

触景生情贵在发挥，要自然、切题。导游员通过生动形象的讲解、有趣而感人的语言，并注入情感，赋予静态的景物以动态的生命，引领旅游者进入审美对象的特定意境。

（五）虚实结合法

虚实结合法是在讲解中将典故、传说与景物介绍有机结合，即编织故事情节的导游手法。换句话说，导游讲解要故事化，以求产生艺术感染力。

虚实结合法中的"实"是指景观的实体、实物等，而"虚"则指与景观有关的历史背景、民间传说、神话故事、趣闻轶事、艺术价值等，以及自然景观中的地理环境、地理特征的成因、比较等。"虚"与"实"必须有机结合，但以"实"为主，以"虚"为辅，"虚"为"实"服务，以"虚"烘托情节，以"虚"加深"实"的存在。过虚，易淡化感性认识；过实，则单调无底蕴。

如讲解颐和园十七孔桥时，当然要讲十七孔桥是模仿北京的卢沟桥和苏州的宝带桥修建的，阳数之极"九"在桥上的体现、桥上的狮子比卢沟桥上的还多等。但是只是这样讲，显得平淡枯燥，如果加上一段关于鲁班帮助修桥的传说就显得生动、风趣得多了。

在中国，几乎每一个景点都有一段美丽的传说，如三峡风光中有"神女峰"的故事，杭州西湖有动人的爱情佳话等。导游员讲解时选择"虚"的内容要"精"、要"活"。所谓"精"，就是选传说精华，与讲解的景观密切相关；所谓"活"，就是使用时要灵活，见景而用，即兴而发。

总之，讲解每一个景点，导游员应编织故事情节，先讲什么，后讲什么，中间穿插什么典故、传说，心中都应有数。加上形象风趣的语言、起伏变化的语调，导游讲解就会产生艺术魅力，受到旅游者的欢迎。

（六）问答法

问答法是在讲解时，导游员向旅游者提问题或启发他们提问题的导游方法。使用问答法可活跃游览气氛，促使旅游者、导游员之间产生思想交流，使旅游者产生参与感或自我成就感；也可避免导游员唱独角戏的灌输式讲解。问答法主要有三种形式。

1. 自问自答法

导游员自己提出问题，并作适当停顿，让旅游者猜想；但并不期待他们回答，只是为了吸引其注意力，激起兴趣；然后作简洁明了的回答或作生动形象的介绍，还可借题发挥，给旅游者留下深刻的印象。如看到昆明东站交叉路口的圆环形白水泥雕塑，导游员可问旅游者：为什么雕塑是圆环形的？为什么只由 6 个少数民族的塑像组成？问题一提出，旅游者一定会猜想一阵，但谁也回答不上来，又都想知道答案。这时导游员可回答并发挥一下：这组雕塑形式上只显示了 6 个民族，但实际上代表了由 56 个民族组成的中华民族。这是因为"六"在中国意即"六合"，"六合"指的是上下和东西南北 6 个方位，常用来表示中国或天下；圆环形则象征团结，所以，这组雕塑象征

着"中国各民族的大团结"。

2. 我问客答法

导游员善于从实际出发提问，希望旅游者回答的问题要提得恰当，估计他们不会毫无所知，也要估计到会有不同答案。导游员要诱导旅游者回答，但不强迫他们回答，以免使旅游者感到尴尬。旅游者的回答不论对错，导游员都不应打断，更不能笑话，而应给予鼓励。最后由导游员讲解，并引出更多、更广的话题。

3. 客问我答法

导游员要善于调动旅游者的积极性及其想象思维，欢迎他们提问题。旅游者提出问题，说明他们对某一景物产生了兴趣，进入了审美角色。即使他们提的问题幼稚可笑，导游员也绝不能置若罔闻，千万不要笑话他们，更不能显示出不耐烦，而是要善于有选择地将回答和讲解有机地结合起来。

讲解时导游员对旅游者的提问，也并非有问必答，一般回答一些与景点有关的问题，注意不要让旅游者的提问冲击自己的讲解，打乱自己的安排。在长期的导游实践中，导游员要积累经验，善于倾听旅游者的提问，掌握他们提问的规律，并总结出一套相应的"客问我答"的导游技巧。

（七）制造悬念法

导游员在导游讲解时提出令人感兴趣的话题，但故意引而不发，激起旅游者急于知道答案的欲望的方法即为制造悬念法，俗称"吊胃口""卖关子"。

这是常用的一种导游手法。通常导游员先提起话题或提出问题，激起旅游者的兴趣，但不告知下文或暂不回答，让游客思考、琢磨、判断，最后才讲出结果。这是一种"先藏后露、欲扬先抑、引而不发"的手法，一旦"发（讲）"出来，会给旅游者留下特别深刻的印象，而且导游员始终处于主导地位，成为旅游者关注的核心。

制造悬念的方法很多，例如问答法、引而不发法、引人入胜法、分段讲解法等都可能激起旅游者对某一景物的兴趣，引起遐想，从而制造出悬念。

如游览十三陵中的定陵，导游讲解可分为三个部分：示意图前、展室和地宫。每一部分有讲解重点，同时为下一步设下悬念。示意图前讲完定陵，末了可提出"定陵是怎样发掘的？""旅游者想知道发掘的过程吗？那就请到展室参观。"旅游者在展室听完发掘过程的介绍，参观完出土文物，导游员又可提出："中国皇帝的坟墓是什么样子的？万历皇帝是怎样入葬的？旅游者若想知道详情，请去参观地宫。"巧妙安排、环环相扣，旅游者听起来就津津有味。

又如，游览苏州网师园的"月到风来亭"，此亭傍池而建，面东而立，亭后装一大镜，将前面的树石檐墙尽映其中。旅游团到此，导游员要讲解亭子建造之精美、结构之巧妙，安装大镜之匠心。导游员可提一句："每当夜晚皓月当空，在这里可以看到三个月亮。"这一句定会引起旅游者的好奇心：天上一月，池中一月，怎会有第三个月亮？当旅游者的脸上露出迷惑不解的表情时，导游员才点破："第三个月亮在镜中。"旅游者在恍然大悟之余也会赞叹大镜安置之妙。

制造悬念是导游讲解的重要手法，在活跃气氛、制造意境、激发旅游者游兴、提高导游讲解效果等诸多方面总能屡屡奏效。但是，再好的导游方法都不能滥用，"悬念"不能乱造，以免起反作用。

（八）类比法

所谓类比法就是以熟喻生，达到类比旁通的导游手法；用旅游者熟悉的事物与眼前景物比较，便于他们理解，从而达到事半功倍的效果。

类比法分为同类相似类比和同类相异类比两种，不仅可在物与物之间进行比较，还可作时间上的比较。

1. 同类相似类比

将相似的两物进行比较，便于旅游者理解并使其产生亲切感。如将北京的王府井比作日本东京的银座、美国纽约的第五大街、法国巴黎的香榭丽舍大街；把上海的城隍庙比作日本东京的浅草；参观苏州时，可将其称作"东方威尼斯"①，将梁山伯和祝英台或许仙与白娘子的故事，称为"中国的罗密欧和朱丽叶"等。

2. 同类相异类比

这种类比法可将两种景物比出规模、质量、风格、水平、价值等方面的差别。例如在规模上将唐代长安城与东罗马帝国的首都君士坦丁堡相比；在价值上将秦始皇陵地宫宝藏同古埃及第十八朝法老图坦卡蒙陵墓的宝藏相比；在宫殿建筑和皇家园林风格与艺术上，将北京故宫和巴黎的凡尔赛宫相比，将颐和园与凡尔赛宫花园相比等，使旅游者不仅了解中国悠久的历史文化，而且进一步认识到东西方文化传统的差异。

3. 时间之比

在游览故宫时，导游员若说故宫建成于明永乐十八年，外国旅游者不会有具体感受，如果说故宫建成于公元 1420 年，就会给人以历史久远的印象。如果说在哥伦布发现新大陆前 72 年、莎士比亚诞生前 144 年中国人就建成了眼前的宏伟宫殿建筑群——这肯定能给旅游者留下深刻印象，还会使外国旅游者产生"中华文明历史悠久""中国人了不起"的感受。

又如，游览故宫时导游会讲到康熙皇帝，但外国游客一般都不知道他是哪个时代的中国皇帝，如果导游员对法国人说康熙与路易十四同一时代，对俄国人说他与彼得大帝同代，还可加上一句，他们在本国历史上都是很有作为的君主。

使用类比法，导游员要熟悉客源地或客源国，掌握丰富的知识，对比较的事物有充分的了解。面对来自不同国家和地区的旅游者，要将他们知道的景物与眼前的景物相比较，切忌胡乱作不相宜的比较。正确运用类比法，可提高导游讲解的层次，增强导游效果，反之，则会导致旅游者不满。

讲解技巧很多，各种技巧不是孤立的，而是相互渗透、相互依存、互相联系的。

---

①马可·波罗称苏州为"东方威尼斯"。

导游员在博采众家之长的同时，必须结合个人的感受融会贯通，并视具体的时空条件和对象，灵活、熟练地运用，这样，才能获得令旅游者满意的导游讲解效果。

【做一做】

1. 请按照"必备知识""时间之比"的提示，介绍故宫重建的年代。

导游员要说故宫建成于公元 1420 年，而不说故宫建成于明永乐十八年，才会给外国旅游者具体的感受，给人以历史久远的印象。进而说中国人建成眼前的宏伟宫殿建筑群，是在哥伦布发现新大陆前 72 年，在莎士比亚诞生前 144 年。这样才能给外国旅游者留下深刻印象，并使他们产生"中华民族历史悠久""中国人了不起"的感受。

2. 模仿上一题，在"必备知识"所举的例子中任选三段，按照行文中提示的优化方法，作几段情景模拟解说，使其具有高层次的讲解效果。

任务三　导游词优化

任务描述

现代技术发达，人们获得信息最方便快捷的方式便是用搜索引擎在网络上查找、下载。导游员中绝大部分是年轻人，他们数字化学习技术好，具备搜寻网络即时信息的素养。但是青年导游的这项优势，如果不加以引导，就会出现上述案例 2 中童童那样的错误。请阅读"必备知识"，学习对既有导游词进行优化的方法，完成相关的实训项目，达到像上述案例 2 中的嘉嘉那样的水平。

必备知识

满足于"吃现成饭"，背诵现成的导游词，没有自己对解说词的深加工，或者不区分游客，用一成不变的导游词，"百病一方"，就不可能成为一名优秀的导游员。导游必须学会一项本领：在现有导游词的基础上，根据每个旅游团的不同情况随时变更，根据自己的导游风格重新调整文辞。在法国的导游资格考试中有一项考试，要求写一篇当地某景点的有自己独到观点的导游词，可见导游词的创作在导游能力中的重要地位。创作导游词，在我国旅游管理高职教育中，亦是重要的环节之一。

但是事实上从无到有地写作导游词，在信息技术迅猛发展的现代已经不多了，更多的导游采取的是嘉嘉、童童们的网络搜索、下载式。因此，学会利用和优先既有导游词，及如何针对游客与景点的特征调整（改写、编辑）已有的解说词文本，应成为现代导游人员的一项必备本领。

在学习怎样利用并优化现成的导游词之前，让我们先了解一篇优秀的导游词应具备哪些要素，导游的内涵与外延综合起来应含有必不可少的四个要素。

主题思想＋景点内涵＋知识＋言辞

现在为各要素增添具体要求，如下。

（1）正确和明确的主题思想；

（2）景点深刻的内涵；

（3）贯穿全篇的相关知识；

（4）优美生动和风趣幽默的言辞。

对既有的导游词进行加工，使其成为符合上述要求的精品，可以从以下几个角度考虑、着手改进。

一、以人为本精选内容

导游员必须把旅游者的需求和喜好放在心上，因此首先要从满足游客需求的角度，精选导游词的内容。

（一）围绕旅游者急于求知选内容

通常旅游者到某地旅游是想了解该地的历史文化、民风民俗等。如到西安想了解千年古都历史，到上海欲了解中国近现代历史等。导游员事先从接待计划书中寻找信息，也可以从旅行社外联人员处了解情况，或在与旅游者接触中直接掌握需求。许多优秀导游员在带团之前，事先搜集整理好旅游者渴望知道的内容。做一个有心人，是导游员选择导游词内容的最佳之路。

（二）因人而异选"热点"话题

在同一旅游团中，年龄、性别、兴趣爱好以及职业等方面的差别，旅游者的层次和素质各不相同，可能对导游讲解产生难以全部满足要求的矛盾。导游员可准备些"大众化"的热点话题，既可以是百姓生活点滴，也可以是诸如建筑、宗教、民间曲艺等方面的小专题，形成短小精悍、雅俗共赏、角度恰当的导游词。那么无论男女老少，文化程度高低不一或者情趣各异，这些话题总能适合于旅游团中的大部分游客。除了"大众化"热点话题，还有"专业化"热点话题可选。一名好导游员，最可贵之处是考虑到旅游者的实际需要，因人而异选好热点。同样一个景区，由于服务的对象不同，选择讲解的侧重点也应有所不同。

二、主题突出，展示文化

（一）主题突出

导游词要中心明确，主题突出。以一根主线贯穿始终，从而给旅游者一个鲜明的印象，并牢牢抓住旅游者的心，使他们从中得到知识，留下美好、深刻的回忆。

（二）展示景点文化内涵

导游词新而"热"，但不应该只图热闹，浮于表面。优秀的导游员善于挖掘景区丰富的文化内涵，讲深、讲透。从审美角度欣赏景物，通常是发掘景点文化内涵的一种方法。对人文景观应作历史背景、地位、特色的分析，对自然景观，除了描述性的介

绍之外，应有地理特色、科学成因的理性介绍。这样，导游词才会有深度而不流于平庸。例如，南京明孝陵导游词中对神道石象路上石兽的介绍，包括建造手段、雕刻手法、艺术品位等各个内容，全面而深入，使旅游者得到历史、文化、美学等丰富的知识。

三、紧跟时代，抒发激情

优秀导游员通过讲解，让旅游者感受旅游地的时代气息，政治性较强的内容要随着时代的进步而不断更新，与时俱进才能讲出新意和特色。

如有的导游员在调整大观园导游词时，对薛宝钗这一人物重新进行了客观评价，并引用了一项大学生调查报告：林黛玉和薛宝钗之间，你选择谁作为终生伴侣？结果显示，绝大多数男学生选择了薛宝钗；许多女学生则认为，贾宝玉可以喜欢，但不可做丈夫。导游员启发游客从现代人的角度观察和理解景点，从中体现出时代的气息。

激情是讲解必不可少的要素。赞赏、惊叹、热爱等，导游员抒发的情感首先体现在导游词的字里行间。通过导游对景物、风情的介绍，使旅游者感同身受，潜移默化中激起对国家和地方文化的认同和热爱。只有内容紧跟时代，言辞充满激情，导游词才是优秀的。

四、逻辑顺序清晰

为了具有实用性，景点导游词多按照游览线路的顺序来展开叙述，因此设计游览线路至关重要。要根据游览景区或景点的规模、布局和旅游者的审美心理设计出最佳游览线路。

（1）要根据景点的类型和特点设计路线；

（2）要便捷、合理、少走弯路；

（3）能引导旅游者移步换景、层层深入地观赏景物；

（4）根据旅游者的不同情况和不同需要，设计出不同的线路。

例如，中国传统的城池、宫殿、寺庙等建筑景观中常选择中轴线作主线，主要建筑是依中轴线对称配置的，所以依据中轴线的延伸顺序展开，是景点导游词中最常见的叙述逻辑。

五、语言通俗易懂、生动形象

（一）通俗易懂

1. 传播—接受效应

导游词由于是使用文字符号书写的，所以它带有书面语性质；但是导游员是以口语形式向游客提供导游讲解服务的，从这个视角看，它又应该具有口语性质。

如果以受众为核心来考察导游讲解，那么就能很明晰地找出导游词应侧重的是书面语还是口语性质：导游员靠有声语言向游客传达信息，游客在无任何文字凭据的情

况下，借助空气对声波的传递，通过听觉接收导游解说的内容。请特别注意，游客获取景点讲解信息的途径是唯一的——听。所以这种口耳的传递信息方式决定了导游词必须口语化、通俗化。

2. 口语化、通俗化

为了导游员口头讲解和游客听觉接收信息的双重便利，导游词应口语化、通俗化。在语言上的具体表现是：

- 多用口语词，多用陈述句式、交谈式语句；
- 少用专业术语和书面语言；
- 不用晦涩难懂的词语；
- 不用拗口的词语，不用一连串的同音词；
- 适当解释有些景点重要的专业术语或文物的名称。

(1) 忌用歧义词语和生僻词汇，少用过于书面语化的词语。对于讲解中必须涉及的专业术语要作必要的解释，在向外国游客讲解涉及中国政治、经济、文化、民俗等方面的专用词汇时要深入浅出地进行专门介绍。

(2) 不用佶屈聱牙的词语，不用成串相邻的同音词。通俗易懂的词不仅利于游客听解，而且便于导游口头表达。连在一起的同音词像绕口令，说和听起来都令人吃力。

(3) 在句式上，要尽量使用结构简单、易懂易记的短句，避免使用结构复杂、句子成分很多、中心语不突出的冗长句式。在句子成分的排列上，尽量把要讲解的新信息词放在主语位置，不要将其置于一长串啰唆华丽的修饰语之后，使其失去了原有的重要性。

项目九的兰亭景点导游词，如果不是向文化程度很高的游客作讲解，最好都进行通俗化改写，例如讲解给普通游客听，就需要对这段导游词中类似于"引曲水以流觞"的许多词句作解释。即使是保留其典雅风格讲给高层次知识分子听，从"传播—接受"效应考虑，也需要作适当调整。

以其中一段为例："古兰亭在绍兴县西南兰渚山，'此地有崇山峻岭，茂林修竹，又有清流激湍，映带左右'，东晋时著名书法家王羲之于永和九年三月上旬巳日邀谢安、孙绰等到水边嬉游，以消除不祥，叫做'修禊'，引曲水以流觞，吟诗饮酒，诗文成集，他书写了闻名中外的《兰亭集序》。从此兰亭成了我国书法史上的一处胜地。"兰亭导游词用了大量的书面语词，如该段的"此地有崇山峻岭，茂林修竹，又有清流激湍，映带左右"，"崇山峻岭"是游客熟悉的词语，而"茂林修竹，又有清流激湍，映带左右"中的词语，仅听语音游客接受信息是有难度的。"引曲水以流觞"句同理。而"东晋时著名书法家王羲之于永和九年三月上旬巳日邀谢安、孙绰等到水边嬉游"则用了长句，听者听起来吃力，导游说起来也费劲，应将一个长句化为二三个短句，以便于说和听。

(二) 生动形象

"看景不如听景"，导游员的生动讲解，对景点起了画龙点睛的作用。生动形象的

讲解效果归功于在导游词中融入形象化的语言和多种的修辞手法，如，"你看'海豹山'下的这个'石洞'，是不是'石磨'的'出米洞'？磨出来的'米'是不是养活了这只'海豹'？这个景就取名叫'仙人推磨'"（漓江）。为导游词增添生动形象的修辞手法有很多，下面列举其中最常见的几种。

（1）比喻。以熟悉的事物比喻陌生的事物，可以使导游讲解化平淡为生动，化深奥为浅显，化抽象为具体，化冗长为简洁。"我们看到的这条长廊又像一条画廊，共绘有大小不同的苏式彩画 1.4 万余幅。内容包括草木花卉、人物故事、山水风景等。其中人物画面大多出自我国古典文学名著，如《红楼梦》《西游记》《三国演义》《水浒传》《封神演义》《聊斋》等，画师们将中华民族数千年的历史文化浓缩在这长长的廊子上。"（颐和园）

（2）排比。将意思密切相关，语气一致的句子或词组，排成一串，既朗朗上口，又一气呵成；既表达了强烈的感情，又增强了语言的感染力。"在栈桥上面走一走，中山公园看一看，太清宫里瞧一瞧，石老人前转一转，五四广场逛一逛，龙潭瀑下站一站，再走一走，看一看，瞧一瞧，转一转，逛一逛……"（青岛）

（3）夸张。导游讲解合理使用夸张，可以烘托讲解气氛，加深游览印象，引发游客联想。"吴师傅前不久出了一次交通事故，砸死了三只闯红灯的蚂蚁，为此吴师傅难过了一宿……吴师傅稳坐如钟，目光如电（比喻），手端方向盘，左脚踩离合，右手一挂挡，啪啪啪油门子连点三下，风驰电掣，直奔下一站。"（褒扬旅游车司机）

（4）对比。可以充分揭示出事物的本质和形象，使主题更加鲜明。如南京夫子庙的导游词中，作者巧妙地将夫子庙悠久的文化学术氛围和热闹的商业文明进行对比，突出了其"庙市合一"的独特景观和富有地方特色的秦淮文化。

（5）引用。在导游讲解中引用史料文献、名人名言、古今中外典故、诗词歌赋、谚语、成语等，用以说明问题，增强说服力，强化讲解效果。"两个黄鹂鸣翠柳，一片孤城万仞山，独在异乡为异客，夜半钟声到客船，天生我才必有用，相见时难别亦难，要问此诗谁人做，不是别人正是咱！我是××导游……"——不仅引用诗句，还用了仿拟的修辞手法。

（6）幽默。幽默风趣的语言如果运用得当，能对活跃气氛、提高游兴起到很好的润滑剂的作用。"现在都喊：顾客是上帝！过去可不是这样讲，过去说衣食父母，演员的衣食父母是看客，司机的衣食父母是乘客，饭店的衣食父母是吃客，……呃，导游的衣食父母是——（众人一起）游客！所以请允许小鹏我尊称各位一声'客官！'"

此处特别提醒导游：要避免滥用幽默。幽默运用不当也会影响导游员形象，使旅游者感到导游员低级趣味，品位不高。

【做一做】

1. 南京静海寺导游词中有一段香港回归之夜敲响警世钟场面的描写，请用笔划出其中用了比喻、夸张等修辞手法的句子。

这口警世钟最具风采的时候是在难忘的香港回归之夜。那一夜小院被欢庆的人群挤得水泄不通，中央电视台在这里现场转播静海寺撞钟庆典的盛况。人们静静地等待零点的到来。一分分，一秒秒，终于钟声响起了，155下的奋力撞击，震撼着小院，震撼着每个人的心灵。最后一声钟响落在零点上，小院爆发出震天动地的欢呼声"香港回来啦！"那感人的场面通过荧屏传遍海内外，警世钟的钟声也随之在夜空回响。

2. 下文是一位从事导游工作10年之久的老导游写下的心得，请阅读这些片段，结合任务一至任务三"必备知识"的内容，谈谈自己的读后感。

我是个做了10年的老导游，每当我给新进公司的导游讲课，总是从游客的角度来讲。

我们许多新导游，一上岗总觉得最重要的是背好景区材料，把它们背得烂熟，张口就来，这好像表示他已是一个合格的导游了，其实几乎可以说完全不是这么回事！想象一下你自己是一个游客，来了一位导游，他一开口就在背书，你会觉得还不如自己拿本旅游指南来看效果更好。

导游要讲解好，首先得对这个景区热爱，爱了之后就会去探索关于它的每一点资讯、每一点故事、每一点惊人之处，然后用你全部的热情，眉飞色舞地讲出来。

讲解成功一半要靠讲解技巧，一说到技巧，新导游就会觉得它是一个很深奥、很复杂的东西，其实有那么几条挺简单、易操作的规律。第一就是你讲什么都要和客人家乡或他熟悉的东西对比着讲。你对一个人讲一大堆他不熟悉的东西他会越听越累，但你提到他家乡的东西、他熟悉的东西，他必会来精神。比如你讲一座大桥，全长有多长、耗了多少钱、建了多少时间等，这些数字对于大多数人来说都是枯燥的，但如果你找出一条客人家乡比较著名的桥，告诉他比那条长一倍，比它建得快三倍，比那条桥用的钱还少，这样他就会惊讶了，他就真的听进去了。要做到这一点，你得在出团前有准备，你必须先了解客人来自哪里，他的家乡或他的工作等情况，然后还要找到相关的资料。你什么都掌握了，但没掌握客人的生理情况，可能还会惨败。如客人是乘长途火车而来，夜里都没睡好，你却在那里兴致勃勃地给他们大讲特讲，他们生理上的困盹可能击败一切精彩的讲解，他们的鼾声会如此地打击你的自信。这时候你要知道，你不是失败在讲解上，而是失败在关心人上。

📋 项目总结 ▶▶▶

做导游并不难，难的是做一名优秀的导游；作一段景点讲解并不难，难的是作一段质量上乘的讲解。每一位导游员都应不仅仅满足于将导游词转化为有声语言的讲解，而要精益求精，不断提升讲解质量，成就解说品牌。具体而言，要深刻认识高层次讲解的意义，习得一些常用的优化讲解的方法，善于对从网络获得现成的导游词进行个性化改编，掌握一个景点多种方式讲解的技能。

复习思考题

一、填空题

1. 讲解的层次分为三个层次：_____、_____、_____。

2. 导游服务是一门艺术，它集_____、_____、_____于一身，其艺术性集中体现在导游讲解之中。

二、选择题

1. 个性讲解是高层次的解说，富有讲解艺术性，以下对个性讲解中的"个性"描述正确的是（ ）。

A. 指导游的个人讲解风格   B. 导游词上有什么就可以讲什么

C. 只要妙语连珠就行   D. 是因材施"讲"

2. 导游选择"面"的讲解有两种含义：一指概况介绍，二指（ ）。

A. 扩大景点外延的讲解   B. 行车路线讲解

C. 景区景点讲解   D. 即兴讲解

3. 讲解技巧是导游艺术的重要组成部分，是对解说语言的组织技巧。以下对讲解技巧描述，错误的是（ ）。

A. "分段法"是将一处大景点分为前后衔接的若干部分来分段讲解

B. "概要介绍"适用于所有的景点，使用最为广泛

C. "触景生情法"在讲解中将典故、传说与景物介绍有机结合

D. "制造悬念法"，俗称"吊胃口""卖关子"

4. 一篇优秀的导游词应具备四个要素：主题思想、（ ）、知识、言辞。

A. 景点内涵   B. 景点知识   C. 景点背景   D. 景点外延

5. "看景不如听景"强调的是（ ）。

A. 导游词口语化   B. 导游词生动形象

C. 导游词通俗化   D. 导游词传播—接受效应

三、简答题

1. 请简要比较讲解的三个层次。

2. 请分析并举例比较"面""线"点"三个层次的讲解。

3. 请选择四种生动形象的修辞手法，进行简单分析。

实训项目

【实训名称】讲解优化

【实训要求】恰当地选用导游解说技巧，达到高层次的讲解效果。

【操作提示】①本情景实训时应结合导游业务技能等其他课程之所学；②教师课前

布置训练任务，学生用课余时间操练；③先根据具体游客、景点的特点，按照你选定的优化方法对所讲景点作文字调整，再将文稿转化为口头讲解，用课堂时间作情景模拟讲解；④模真练习时，要求做到：普通话标准、口齿清晰、声音洪亮；⑤课堂分组，每组不超过 4 人，展示，互评。

【实训评测】教师根据学生的讲解效果评定成绩（讲解时必须脱稿，否则成绩为零分）。

【实训内容】

1. 下文是湖南景点《大围山国家森林公园》的导游词，请据此作景点讲解。设想：

(1) 游客是本地人。

(2) 游客是外省人。

(3) 游客是外国友人。

各位游客，大家好！

欢迎来到山清水秀的大围山。很荣幸今天来为各位作讲解指导，希望大家拥有一次愉快的旅行。

大围山国家森林公园位于湖南省浏阳市东北部，距省会长沙 118 公里。它以森林茂盛，资源丰富，风景秀丽，气候宜人，被称为"湘东绿色明珠"。1992 年经林业部批准为国家森林公园。大围山国家森林公园面积 7 万余亩，境内群山环抱，立峻挺拔，土地肥沃，雨量充沛，植被丰富，种类繁多。原始次生林和人工林浑然一体，形成一片绿色的海洋。植物种类有 23 个群系、3000 多种，列入国家一、二类保护树种有 17 种，已发现野生动物 60 余种，列入国家一、二类保护珍稀动物达 14 种；森林中繁殖的彩蝶达 1200 多种，堪称"天然动植物博物馆"。

大围山国家森林公园以"秀"著称。在崇山峻岭和茂密森林之间，镶嵌着无数奇峰异石和 100 多处流泉飞瀑。山得水而秀，水因林更美。这里的春天，鸟语花香，流水欢歌，生气盎然。盛夏，登临海拔 1515 米的五指石峰，满山杜鹃，姹紫嫣红，堪称一绝。深秋，红枫尽染，与青松翠竹相映，五彩纷呈，令人陶醉；若秋高气爽，伫立海拔 1607.9 米的七星岭顶峰，极目远眺，群山莽莽，层峦叠嶂，晨观日出，晚看落霞，高山壮丽景色尽收眼底，使人心旷神怡，豪情满怀。入冬，遍山玉树琼枝，银妆素裹，好一派北国风光。由于山高林密的地理特点，构成"夏无酷暑，冬无严冬"的森林小气候，使大围山具有"天然空调""大氧吧"的优势。这里年平均气温 11.4℃，年相对湿度 85％以上，夏天平均气温 20℃～28℃。特别是这里空气清新，馨香沁人，水质优良，能满足人们保健、美容、延年益寿和回归大自然的渴求，是十分理想的休闲、度假、旅游、会议的胜地。

大围山曾经是湘东最大的佛教胜地，有玉泉寺、陈真人庙、七星庙、白面将军庙、红莲寺等大型寺庙遗址。历代曾有一些高僧和文人学士慕名来此云游求学。老一辈无产阶级革命家毛泽东、王首道、胡耀邦等在扁担坳、桃树岩一带留下了光辉的足迹。

随着浏阳的发展，大围山国家森林公园正在大力开发建设。它将以更加秀丽的新姿，欢迎您来同享大自然给予人类的最美好的享受。祝您旅途愉快！谢谢！

2. 下文是新疆天池风景区的文字介绍，请按照以下要求，完成景点讲解。

(1) 设计游览线路。

(2) 按照 (1) 设计的线路，利用文本文字组织导游词。

(3) 设想游客是：①普通的外地人；②外国友人。

天山天池位于博格达峰北坡，海拔 1900 多米，系高山融雪汇集而成。传说王母娘娘曾在此沐浴，故称瑶池。天池风景区以天池为中心，融森林、草原、雪山、人文景观为一体，形成别具一格的风光特色。天池共有三处水面，除主湖外，还有东侧的东小天池，古名黑龙潭。潭下为百丈悬崖，有瀑布飞流直下，恰似一道长虹依天而降，煞是壮观。

天池简介

天池古称"瑶池"，地处天山博格达峰北侧，位于阜康市南偏东 40 余公里，距乌鲁木齐市 110 公里。"天池"一名来自乾隆 48 年（公元 1783 年）乌鲁木齐都统明亮的题《灵山天池统凿水渠碑记》。天池是世界著名的高山湖泊。1982 年，天池被列为第一批国家重点风景名胜区。

天池湖面海拔 1910 米，长 3400 米，最宽处约 1500 米，最深处达 105 米，旺水时面积达 4.9 平方公里，总蓄水量 1.6 亿立方米。这是一座 200 余万年以前第四纪大冰川活动中形成的高山冰碛湖，其北岸的天然堤坝就是一条冰碛垄。

景色宜人

天池四季，景色俱佳。古往今来，文人墨客多吟诗赋文，备极赞誉。传说 3000 余年前穆天子曾在天池之畔与西王母欢筵对歌，留下千古佳话，令天池赢得"瑶池"美称。20 世纪 70 年代初，郭沫若陪同西哈努克亲王旅游，临湖吟出"一池浓墨沉砚底，万木长毫挺笔端"的佳章。清代，天池周围曾修建过铁瓦寺、娘娘庙等"八大庙"，现已荡然无存。娘娘庙后经人募捐修复供香客使用。天池周围，还有"石门一线""龙潭碧月""顶天三石""定海神针""南山望雪""西山现松""海峰展""悬泉飞瀑"八大景观。每年都吸引着大批中外游客。冬天的天池，白雪皑皑，银装素裹，湖上坚冰如玉，是全国少有的高山滑冰场。

景点介绍

天池风景区，它以天池为中心，融森林、草原、雪山、人文景观为一体，形成别具一格的风光特色。它北起石门，南到雪线，西达马牙山，东至大东沟，总面积达 160 平方公里。立足高处，举目远望，一片绿色的海浪此起彼伏，那一泓碧波高悬半山，就像一只玉盏被岩山的巨手高高擎起。沿岸苍松翠柏，怪石嶙峋，含烟蓄翠；环山绿草如茵，羊群游移；更有千年冰峰，银装素裹，神峻异常，整个湖光山色，美不胜收。

天池共有三处水面，除主湖外，在东西两侧还有两处水面，东侧为东小天池，古名黑龙潭，位于天池东 500 米处，传说是西王母沐浴梳洗的地方，故又有"梳洗涧"

"浴仙盆"之称。潭下为百丈悬崖,有瀑布飞流直下,恰似一道长虹依天而降,然是壮观,由此得一景曰"悬泉瑶虹"。西侧为西小天池,又称玉女潭,相传为西王母洗脚处,位于天池西北两公里处。西小天池状如圆月,池水清澈幽深,塔松环抱四周。如遇皓月当空,静影沉璧,清景无限,因而也得一景曰"龙潭碧月"。池侧也飞挂一道瀑布,高数十米,如银河落地,吐珠溅玉,景称"玉带银帘"。池上有闻涛亭,登亭观瀑别有情趣。眼可见帘卷池涛,松翠水碧;耳可闻水击岩穿、声震裂谷。

天池以西三公里处是灯杆山,海拔2718米,山体长3公里许。老君庙、东岳庙就建于此。当年道士在山顶立一松杆,上挂天灯,昼夜不灭,当年乌鲁木齐的百姓都以天灯为神喻,只要灯长明不灭就预示世道太平,故该灯又称太平灯。由灯杆山西眺,乌鲁木齐可尽收眼底,尤其在华灯初上之际,远看乌鲁木齐万家灯火,其乐无穷。

天池西南两公里处,有马牙山,海拔3056米,山体长5公里,山顶断崖绝壁,巨石林立,形似一排巨大的马牙,因而得名。马牙山石林是天池景区的一绝,那些巨石在风的剥蚀下,形成独特的马牙景观,其石奇形怪状,形态各异,或巨齿獠牙,如同猛兽血口,或层层翻卷如大海波涛。其中有一石极像古代牧人,头着毡帽,神态安然。走进石林总让你遐想联翩。在马牙山顶,北望天池,满目锦绣;东看博格达,雪海三峰尽收眼底;西眺乌鲁木齐,庐舍田庄,历历在目。

神话传说

相传在三月初三西王母生日这一天,各路神仙在瑶池聚会。会后西王母派太白金星查看凡间境况,太白金星在凡间见百姓安居乐业,和睦相处,与上界相差无几,返回后,向王母作了如实描述。王母有疑,就让太白金星到凡间请来周穆王,王母见到周穆王后信了太白金星的话。三日后,王母亲自领着周穆王游看蟠桃园和瑶池,并设蟠桃宴款待了周穆王一行人等,蟠桃宴后周穆王告辞,从此再也没有到过瑶池。后来,唐代诗人李商隐发出感怀:瑶池阿母倚窗开,黄竹歌声动地哀,八骏日行三万里,穆王何事不重来?

参考文献

［1］崔进．谈导游语言的节奏美［J］．宜昌师专学报：社会哲学版，1994（11）．

［2］盛霞．导游专业口语训练两步法［J］．职教论坛，1999（4）．

［3］贝思德教育机构编．导游口才训练教程［M］．西安：西北大学出版社，2002．

［4］殷群．从现场导游考试看学生导游语言运用能力的培养［J］．大理学院学报，2003（4）．

［5］孙海燕，刘伯奎．口才训练十五讲［M］．北京：北京大学出版社，2004．

［6］谭德姿．导游语言修辞八法［J］．修辞学习，2005（3）．

［7］刘雪梅．重视模拟导游课教学　培养学生的导游讲解语言艺术［J］．职业技术教育研究，2005（3）．

［8］常耀华．口语导游词的言语修辞风格初探［J］．平顶山学院学报，2005（4）．

［9］孙乐中．导游实用礼仪［M］．北京：中国旅游出版社，2005．

［10］王义宁．人际沟通与社交礼仪［M］．北京：北京石油工业出版社，2005．

［11］蔺海鲲．实用口才学［M］．兰州：甘肃文化出版社，2006．

［12］李国宁．方言区导游专业口语课程创新浅议［J］．职业教育研究，2007（9）．

［13］后东升．导游业务与技巧［M］．西安：西北大学出版社，2007．

［14］孙汝建．口语交际理论与技巧［M］．北京：中国轻工业出版社，2007．

［15］廖荣隆．四川导游资格考试口试复习资料［M］．北京：中国旅游出版社，2007．

［16］蒋文中．导游语言艺术一本通［M］．北京：旅游教育出版社，2007．

［17］张舒哲，高娴子．导游口语技巧［M］．北京：旅游教育出版社，2007．

［18］白稚萍．浅谈学生导游讲解能力的培养［J］．科技信息（高校讲台），2007（5）．

［19］王天枢．关于导游专业学生的口语训练［J］．职业教育研究，2007（10）．

［20］张锡东，等．社交礼仪［M］．北京：清华大学出版社，2008．

［21］李兴荣．模拟现场导游［M］．成都：四川大学出版社，2008．

［22］高雅杰．实用口才训练教程［M］．北京：清华大学出版社，2008．

［23］薛博，高媛．《导游口才》教学探索和体会［J］．科学大众·科学教育，2009（8）．

［24］汪念明，钟卫红．秘书实用口才［M］．北京：电子工业出版社，2009．

［25］高铁军．卡耐基口才学［M］．北京：北京燕山出版社，2008.

［26］卢海燕．演讲与口才实训［M］．大连：大连理工大学出版社，2009.

［27］李林浅．谈导游语言的训练方法［J］．高教研究，2010（1）.

［28］陈丛耘．口语交际与人际沟通［M］．重庆：重庆大学出版社，2010.

［29］蒋红梅，杨毓敏．演讲与口才实训教程［M］．北京：清华大学出版社，2010.

［30］孙汝建．秘书口语交际艺术［M］．武汉：华中科技大学出版社，2011.

附录　现场导游考试指南

导游人员资格考试每年举行一次，由国家旅游局委托各省、自治区、直辖市旅游主管部门执行，本部分将对此作简单介绍，其中着重介绍现场考试的信息，以供学生备考。

一、报考流程

（一）获知报名信息

1. 各地导游考试信息

从中国导游职业教育网（www.daoyoupx.com）的"各省考试公告"栏目中获知所需信息，或者直接登录你所在地的旅游局官网。以江苏省为例，可以登录省旅游局或具体某市（如南京）旅游局部门官网查询。

2. 报考资格

凡身体健康，语言表达能力较强，具有高中（含）以上学历，未受过刑事处罚（过失犯罪除外），有完全民事行为能力，能适应导游工作需要的本市或持有当地公安机关出具暂住证的外省市公民，均可报考。

特别要澄清的是，曾有某些高职院校教师传播小道消息称，导游资格证书考试对学历的要求将在近期内提升至本科，一时间在学生中造成学历担忧，进而产生从事导游职业的心理恐慌。教师应引导学生从正规渠道求证报考资格及其变更——具有权威性的政府部门或者官方门户网站，如当地的旅游局或国家旅游局官网。

3. 报名办法

（1）旅游中高职校导游专业及其他在校大学生直接到市旅游或园林局报名，或由所在学校组织集体报名。

（2）旅行社从业人员由旅行社统一向市旅游或园林局集体报名。

（3）其他社会人员直接到市旅游或园林局报名。

（二）准备报名材料

（1）登录中国导游职业教育网（www.daoyoupx.com），下载《导游人员资格考试报名表》（见附一，亦可在报名现场填写）。

（2）身份证的原件和复印件（原件仅作确认报名资格用，当场退还，下同）。

（3）学历证书（在校生学生证）原件和复印件。

（4）一寸红底彩照四张。

（5）符合加分条件的考生需提供的相关原件和复印件。

（6）考试费用。

（三）关注事项

在报名现场可以通过向工作人员咨询，了解与考试相关的详情，以下几点应留心：

（1）根据报名通知，在规定时间内前往指定地点现场报名，提交材料。

（2）在报名现场可以购买应考资料。

（3）官方建议的考前培训单位信息。例如，南京市考生可选择经江苏省旅游局授权委托的培训机构南京华丽旅游人才培训中心（地址：龙蟠中路 202 号西华门饭店北三楼；电话：84622716、51805837），旅游专业学生可在就读学校上培训班。

（4）用笔记录：①领取准考证的时间与地点；②考试时间与地点（或之后在准考证上获悉），特别注意笔试和口试的不同时间和考场；③查询成绩的时间与网站，领取成绩单的方式等；④领取证书的时间地点与方式；⑤申办导游 IC 卡的办法；⑥咨询部门的电话。

二、备考须知

（一）了解考试范围

（1）本年度导游资格考试大纲。

（2）考试科目及题型。

（3）考试用书及参考资料。

（二）熟悉考试程序

导游现场考试或口试与笔试有很多不同之处，这里作一介绍。[①] 现场考试一般采用室内模拟方式，条件好的地区采用实地现场考核，还有的考区对口试进行全程录音、摄像。

（1）按准考证上规定的时间到候考室，提交准考证（先交的先考）。

（2）数人一组，按交准考证的先后顺序到指定地点抽签（凭身份证），填写抽签登记表，注明所抽景点等信息；考生抽签后不得更改考场号、考试顺序号、题签，并必须在指定的区域内等待。

（3）准备时间：15 分钟。

（4）进入指定的考试室考试。

①将准考证、身份证交给评委，评委在《评分表》（见附二）登记考生姓名等信息；

②开始考试；

③考试结束后，退出考试室。

（5）退出考试室后，在考试登记表上签名，取回准考证、身份证。

（三）掌握口试礼仪

（1）准时，不能迟到。应按照准考证上规定的时间提前到达考场。

（2）着装得体，从导游员上岗时的服饰要求出发，选择着装。

（3）适度修饰仪表仪容，女性可化淡妆。

[①]导游资格考试的笔试方式与其他类考试共性较多，考生对此也颇为熟悉，此处不再赘述。

（4）行站姿态规范，面带微笑。

可运用导游礼仪课上学的知识，做好 2～4 项准备。

（5）自觉关闭手机。

（6）候考时听从考务工作人员的安排，保持安静，不到处乱走。不违反不能随身携带书籍和参考资料的规定。

（7）考试时不询问和观看考官的评分结果，不要强调因客观原因导致发挥失常，如果苦苦哀求或多嘴多舌反而可能产生负面影响。

考试结束及时离开，不要在考场逗留、闲逛，妨碍他人考试，更不可影响考场秩序。

（四）知晓评分规则

（1）口试总分的构成。通常，有几个考试项，总成绩就由几个部分成绩合计而来。

（2）考试项一般从考试要素出发，列出所需评判的得分项。

（3）评委根据考生的表现逐项判分。

①语言表达是否结构严谨，逻辑清楚，语言流畅，声情并茂，感染力强。

②仪表、礼仪是否规范、得体。

③景点讲解是否符合规范程序，技巧如何，对评委的提出景点问题是否回答迅速、准确。

④执行导游服务规范与工作程序的情况，以及处理突发事件的应变能力。

⑤综合知识掌握的程度。

三、备考策略

（一）备齐应考材料

各地考试针对口试会出版或印刷内部资料，例如《2011 年江苏省导游人员现场考试手册》、《安徽省 2011 年导游考试一本通》等，考生应及时购买考试当年新的印本。这些复习资料必不可少，它们往往是浓缩了的考核点。每个市口试考的景点不一样，一本在手，考生能确切知道具体的考试范围，节省时间、提高效率。

（二）注重平时，考前突击

"注重平时"与"考前突击"相辅相成，较多的知识积累主要靠平时，考前突击起强化作用，加上应考技巧与临场发挥，成功的可能性就会大大增加。

（1）平时积累就是在课堂上重视每门课程、每个环节内容的学习，有些知识或技能不是一蹴而就的，需要日积月累才能出效果，靠考前突击收效甚微。例如普通话音准，语言流畅度等。

各科任课教师应该在平时的教学中，围绕高职学生"双证书"教育①组织教学内容，在习题与实践环节中引入导游资格考试内容，增强学生学习兴趣。不仅是专业课

---

①学历证书与职业资格证书。

程，而且包括思想政治课（向学生灌输职业道德和旅游法规知识）等课程的共同辅助。

（2）考前突击

俗话说"临阵磨枪，不快也光"。考前，目的性明确，时间与精力集中，这时可在平时学习的基础上多做模拟题，能获得显著的复习效果。

如果能够参加考前培训班，在经验丰富的老师指导下复习与操练，那就更好了。

四、模考自主训练

3～5名同学为一组，每人轮流做一次考生，其他人充当考官，事先制作考试签条，模拟现场考试。有条件的话，邀请老师或高年级同学（最好是已经历过现场考试）做主考官，待某位同学考毕，主考作适当评点，以利于"考生"汲取经验，让模考练习收效更大。下面的考试过程与提示可作参考。

● 考试过程

1. 入场

敲门→慢步进门（轻轻关门）→鞠躬→双手递上准考证→退后约3米→开始讲解、答题。

2. 开场白

各位考官好，我是来自××××的考生，我叫×××，我考试的景点是×××。

3. 讲解

各位游客，早上/下午好！……

（1）语速适中，语言生动，抑扬顿挫，尽量放慢，有利于自己思考，也便于考官听清楚，这样会显得胸有成竹。一定要吐字清楚，表达流利，不要讲成流水账，要重点突出。

（2）克服背诵现象，生动形象的导游讲解就像正常带团一样。尽量做到情景模拟，自由发挥，身临其境。

4. 答题

（1）认真听题，听清楚问题是正确答题的保障。

（2）考官提问后，要认真思考，再回答。

（3）回答问题要严谨、清楚，不要画蛇添足。

（4）回答问题后说："各位考官，我的回答完毕。"

（5）遇到确实不会的题目，据实相告，可当场求教考官，切忌不懂装懂；或者微笑着大方地请考官换下一个问题。

5. 退场

答题完毕，致谢，道别，礼貌退场。

问题举例

1. 汤湖热矿泥山庄坐落在什么地方？

答：五华汤湖热矿泥山庄坐落在梅州市五华县转水镇圆龙村。

2. 请说出汤湖热矿泥对人体的作用。

答：汤湖热矿泥含有锰、锌、硒、钠、镁、钙、钾、硫、氟、氡等多种对人体有利的微量元素，可用于介质浸泡（泥浆浴）、包裹（局泥）、埋敷（全泥）躯体，进行保健和治疗疾病。它对治疗皮肤病、风湿关节炎、高血压、肥胖症及解除疲劳有明显功效，具有极高的医疗保健价值。

3. 请介绍西湖大酒店。

答：西湖大酒店位于交通便利的华城镇，酒店有 11 层，占地面积 2 万多平方米，是一座按三星级标准建造的温泉酒店，酒店的温泉水引自汤湖温泉，酒店内设有汤湖保健中心，是一个集疗养、娱乐、休闲、住宿、餐饮、会议等为一体的多功能高档酒店。

4. 请说一说在发生了游客受伤骨折情况时导游员的处理内容。

答：第一，现场对伤者采取止血、包扎、上夹板的急救处理；

第二，立即报告旅行社，请求派人协助；

第三，立即协同伤者亲属或其他旅游者送伤者去附近医院治疗，在抢救过程中，应请伤者亲属或其他旅游者在场并在有关文件上签字。

5. 如果导游员遇到旅游者散发宗教宣传品的情况，请说出正确处理的方式。

答：旅游者若在中国散发宗教宣传品，导游人员一定要予以劝阻，并向其宣传中国的宗教政策，指出不经我国宗教团体邀请和允许，不得在我国布道、主持宗教活动和在非完备活动场合散发宗教宣传品。处理这类事件要注意政策界限和方式方法，但对不听劝告并有明显破坏活动者，应迅速报告，由司法、公安有关部门处理。

● 提示

无声语言的表现也是打分项目，不要因忽略而在这些方面失分。

（1）保持良好的站立及行走的姿势。身体不要前后左右摇摆。

（2）微笑面对考官；说话时目光注视考官，表示尊敬。通过眼神与考官交流，获得考官的好感。

（3）讲解导游词时合理地运用体态语，如：手势、眼神。

（4）着装整洁、大方，体现阳光、自信的良好形象。

附一

编号：_____

××省导游人员资格考试报名表

报考类别：□ 中文新考　　　　□ 外语新考　　　　□ 粤语增考
　　　　　□ 外语增考　　　　□ 异地换证

姓名		性别		报考语种			照片
工作单位			联系电话				
通信地址				邮编			
出生日期		健康状况		考生类别	专职	□ 旅行社员工	
					兼职	□ 社会人员	
						□ 在校生	
身份证号				有否受过刑事处罚		□ 有	
						□ 否	
学历		毕业院校及专业				民族	
资格证书号①				导游证号②			
个人简历							
备注	1. 报名时交纳一寸红底相片四张，并按照表中所附位置贴好。 2. 报名时向报名点出示身份证、学历证明原件，并随表提供以上证件的复印件。在校生学历证明由学校统一开具。外省导游加试（异地换证）报名者及外语增考、粤语增考报名者需提供资格证原件及复印件。						
个人承诺	本人承诺：本表所填报名信息真实、准确。提供的学历证书等相关证件均真实有效。如有弄虚作假或填涂错误，由本人承担一切后果，并自愿接受有关部门的处理。 　　　　　　　　　　　本人签名： 　　　　　　　　　　　　　　　年　　月　　日						

贴身份证复印件	考　生　照　片		
	贴照片	贴照片	贴照片

注：①②加试考生需填。

附二

景点讲解评分表

准考证号 _____　　　　　　　　　　姓名 _____

项目	分值	评分标准与各项分值		得分
点题	10分	选点准确，站位稳健，立意新颖，主题突出	7～10分	
		选点基本明确，但有两个以上的分散讲点；站位基本稳健，主题较鲜明	4～6分	
		选点多且泛，点位移动，主题不明确	0～3分	
内容	20分	稳定的固有信息详尽、完整，新信息量大；既有宽度又有深度	16～20分	
		稳定信息量较大、完整，新信息量不足；宽度大于深度，但有一定厚度	11～15分	
		没有新信息，稳定信息量不大，有宽度无深度	10分以下	
讲解方法	20分	运用方法独具匠心，讲解的吸引度高，至少运用5种以上的讲解方法	16～20分	
		运用3种讲解方法	11～15分	
		运用2种以下讲解方法	10分以下	
语言	10分	结构严谨，逻辑清楚，语言流畅，声情并茂，感染力强	8～10分	
		首尾连贯较好，上下呼应和过渡较大，逻辑性强，表达流畅，有一定的感染力	5～7分	
		虎头蛇尾，无序，紊乱，结巴，倒带	0～4分	
备注	超过5分钟扣分（限10分） 不足3分钟扣分（限10分） 纠缠于考试无关的问题扣分（限10分） 其他（限10分）具体说明			合计 得分

评委签名：

日期：

附三

考生心得（江苏）

　　在此之前也经历了不计其数的考试了，不过大多是书面考试，像这种面对面的考试还是为数不多的，现在就前人经验和自己的亲身经历谈谈自己的体会。

　　和其他任何考试一样，事前准备是必不可少的。导游资格考试口试内容主要为致欢迎辞、介绍城市概况、景点讲解、回答问题。在考前一定要对这些内容做充分的准

备，要多去景点参观，学习其他导游的讲解技巧并形成自己的导游词体系，不断充实自己的知识储备。

自信和冷静依然是考试的法宝，过分紧张只会适得其反。对于抽到的景点，无论你准备得充分还是比较陌生，都要保持冷静，不要过分欣喜或过分沮丧。口试和笔试还是有差别的，从你敲门进考场的那一刻起考试就已经开始了，所以有礼貌的敲门也是非常必要的，至少会给考官留下一个良好的第一印象。一般轻敲三下，被允许后进入考场，和考官问好。

得到考官的指示后开始导游。

首先要致欢迎辞，欢迎辞的语言要组织得连贯生动。接着是介绍城市概况，尽可能内容充实，不能太过简洁，因为城市概况介绍这一环节是有时间规定的，要讲足时。在你讲解时，评委可能会交头接耳，不是很关注你，这时你也不能分心，继续讲你的内容，这有可能就是评委在考验你的耐力和心理素质。因为在实地导游时，并不是所有的游客都能专心听你的讲说，但是你作为导游人员却依然要保持投入的状态进行讲解。由于每个景点需要讲解的内容太多，在考场上不能悉数讲完，所以在景点讲解时，评委会突然打断你，指定你讲所抽景点中的某个地方，你要在语言上做好衔接，否则会给人一种生硬感，这也是对我们讲解技巧的考验，在平时要加强这方面锻炼。

最后的环节就是回答问题了。涉及的问题主要是景点知识、导游服务技能知识、综合问题处理能力、5A级景点知识及旅游时政知识。其中，导游服务技能知识、综合问题处理能力及5A级景点知识在《江苏省导游人员资格考试口试手册》一书中有详细记述，平时要加强记忆。在回答问题时，评委可能会对你的回答提出质疑，比如在回答某个具体时间时，他们会问你"是那个时间吗？你没记错吗？"对这种试探性的提问，在不能肯定自己答错了的情况下，最好不要轻易改变答案，谁能肯定这不是评委的故意试探呢？

电子教学资料密码申请表

书　名		书　号	
学　校		院　系	
课程名称			
任课老师		电　话	
E-mail			
学生人数	班级数：		每班人数：
备注		教务处（或院系）公章	

传真至 010－52227588－510（如有疑问，请咨询 010－52227588－504）

收件人：张利敏